Études de Philosophie Médiévale

Collection fondée par Étienne Gilson

Dirigée par

Joël Biard
Olivier Boulnois
Marta Cristiani
Alain de Libera

ASTROLOGIE ET SCIENCE AU MOYEN ÂGE

DANS LA MÊME COLLECTION

DECAIX V., *Constituer le réel. Noétique et métaphysique chez Dietrich de Freiberg*, 334 pages, 2021.

BOBILLIER S., *L'éthique de Pierre de Jean Olivi. Liberté, personne et conscience*, 288 pages, 2020.

LEMLER D., *Création du monde et limites du langage. Sur l'art d'écrire des philosophes juifs médiévaux*, 208 pages, 2020.

BONCOUR É., *Maître Eckhart lecteur d'Origène. Sources, exégèse, anthropologie, théogénésie*, 240 pages, 2019.

TREGO K., *L'impuissance du possible. Émergence et développement du possible, d'Aristote à l'aube des temps modernes*, 368 p., 2019.

CALVET A., *L'alchimie au Moyen Âge, XIIe-XVe siècles*, 282 p., 2018.

Miroir de l'amitié. Mélanges offerts à Joël Biard, éd. Ch. GRELLARD, 568 p., 2017.

MANGIN É., *La nuit de l'âme. L'intellect et ses actes chez Maître Eckhart*, 256 p., 2017.

ROQUES M., *L'essentialisme de Guillaume d'Ockham*, 228 p., 2016.

TREGO K., *La liberté en acte. Éthique et métaphysique d'Alexandre d'Aphrodise à Jean Duns Scot*, 384 pages, 2015.

FIELD S. L., LERNER R. E., PIRON S. (dir), *Marguerite Porete et le* Miroir des simples âmes, 368 pages, 2014.

KALUZA Z., *Études doctrinales sur le XIVe siècle. Théologie, Logique, Philosophie*, 392 pages, 2013.

JOLIVET J., *Medievalia et arabica*, 364 pages, 2012.

BIARD J., *Science et nature. La théorie buridanienne du savoir*, 404 pages, 2012.

STANCATO G., *Le concept de désir dans l'œuvre de Thomas d'Aquin. Analyse lexicographique et conceptuelle du « desiderium »*, 176 pages, 2011.

TREGO K., *L'essence de la liberté. La refondation de l'éthique dans l'œuvre de saint Anselme de Cantorbéry*, 304 pages, 2010.

DI MARTINO C., Ratio particularis. *Doctrines des sens internes d'Avicenne à Thomas d'Aquin*, 192 pages, 2008.

BERMON P., *L'assentiment et son objet chez Grégoire de Rimini*, 432 pages, 2007.

RICKLIN Th. (éd.), Exempla docent. *Les exemples des philosophes de l'Antiquité à la Renaissance*, 432 pages, 2007.

CASTEIGT J., *Connaissance et vérité chez Maître Eckhart. Seul le juste connaît la justice*, 480 pages, 2006.

JOLIVET J., *Perspectives médiévales et arabes*, 320 pages, 2006.

VIAL M., *Jean Gerson, théoricien de la théologie mystique*, 256 pages, 2006.

GRELLARD C., *Croire et savoir. Les principes de la connaissance selon Nicolas d'Autrécourt*, 340 pages, 2005.

KÖNIG-PRALONG C., *Avènement de l'aristotélisme en terre chrétienne*, 288 pages, 2005.

CAIAZZO I., *Lectures médiévales de Macrobe. Les* Glosae colonienses super Macrobium, 352 pages, 2003.

SIRAT C., KLEIN-BRASLAVY S., WEIJERS O. (éds.), *Les méthodes de travail de Gersonide et le maniement du savoir chez les scolastiques*, 392 pages, 2003.

SUAREZ-NANI T., *Connaissance et langage des anges selon Thomas d'Aquin et Gilles de Rome*, 272 pages, 2003.

CÔTÉ A., *L'infinité divine dans la théologie médiévale (1220-1255)*, 272 pages, 2002.

ÉTUDES DE PHILOSOPHIE MÉDIÉVALE

CXIII

ASTROLOGIE ET SCIENCE AU MOYEN ÂGE

UNE ÉTUDE DOXOGRAPHIQUE

Par

Graziella FEDERICI VESCOVINI

Ouvrage publié avec le concours
du Centre national du livre

PARIS
LIBRAIRIE PHILOSOPHIQUE J. VRIN
6 place de la Sorbonne, Ve

2021

Imprimé en France

ISSN 0249-7921
ISBN 978-2-7116-3003-5

www.vrin.fr

AVANT-PROPOS

Ce travail se propose d'élucider autant que possible l'histoire d'une doctrine qui a fait longtemps partie du savoir global, durant les siècles que l'on a considérés comme le Moyen Âge de l'humanité. L'astrologie était au cœur même de ce savoir, constituant un authentique système du monde. Je me propose d'en reconstituer l'histoire de façon organique, depuis ses origines grecques et arabes jusqu'au début de l'âge moderne, et d'en fournir certaines clefs de compréhension. Je suis bien consciente de la difficulté d'une telle entreprise, qui nécessite des recherches approfondies sur les auteurs, les ouvrages et les changements culturels d'un savoir enseveli sous seize siècles d'histoire, et dont on connaît en fin de compte bien peu de choses : seul un petit nombre de documents sont disponibles, et depuis peu. Cette recherche se structure comme une histoire des relations entre les sciences, parmi lesquelles l'astrologie a fini par jouer un rôle de plus en plus spécifique par rapport à toutes les autres, depuis la physique de Ptolémée, la métaphysique d'Aristote, la théologie chrétienne, jusqu'aux mathématiques et à la médecine des savants arabes et latins. Il s'agit avant tout ici de présenter un tableau de ces savoirs scientifiques et de considérer les transformations des systèmes des cosmologies antiques, leur origine et leur complexité depuis le IVe siècle avant J.-C. jusqu'à l'âge moderne de Galileo Galilée.

CHAPITRE PREMIER

LES SOURCES ANTIQUES DES SYSTÈMES COSMOLOGIQUES ET LEURS TRANSFORMATIONS

LES SPHÈRES DE L'UNIVERS

Les premiers cosmologues concevaient le cosmos comme un système des sphères célestes, un système divin et fermé, sans la Terre. Si le mot *mundus* est employé pour désigner la totalité des choses, on pense le cosmos achevé en sa perfection, en excluant la durée et en fermant l'horizon. Dans son ouvrage *Théologie cosmique et théologie chrétienne*, Jean Pépin soutient ainsi qu'il y a dès les origines une équivocité de la signification de l'univers : dans un sens restrictif, il désigne le ciel sans la Terre; dans un sens extensif, le ciel avec la Terre[1]. D'après Pépin, la notion restrictive du ciel commune aux cosmologues anciens, tels Eudoxe et Callippe, était aussi la première conception d'Aristote dans son œuvre de jeunesse *Sur la philosophie*, où il considérait le ciel comme une sphère divine, fermée dans sa perfection et excluant le monde terrestre. C'est une idée qu'il abandonne par la suite dans les œuvres consacrées à la nature : dans les huit livres de la *Physique*, il inclut la Terre dans le système de sphères de cet univers clos et divin[2]. Il sépare cependant le ciel de la Terre en fonction de la différence de leurs mouvements : circulaire, parfait et sans contraires pour le premier; rectiligne, imparfait et avec des contraires pour le second, étant donné que la Terre est constituée des quatre éléments opposés : terre, eau, air et feu.

Lorsqu'on redécouvrit les œuvres d'Aristote au Moyen Âge, l'ordre divin de sa cosmologie put s'accorder avec la mentalité religieuse judéo-chrétienne. Celle-ci se l'appropria donc et l'adapta sans difficulté à sa culture, que l'on peut

1. J. Pépin, *Théologie cosmique et théologie chrétienne*, Paris, P.U.F., 1964, p. 129, p. 136 et p. 145-146.

2. M.-P. Lerner, *Le monde des sphères I. Genèse et triomphe d'une réprésentation cosmique*, « L'âne d'Or », Paris, Les Belles Lettres, 1966, p. 114-121.

comprendre comme une culture du livre des trois religions (judaïsme, christianisme et islam), dans la mesure où la parole de Dieu s'exprime dans les Saintes Écritures de l'Ancien Testament, de l'Évangile et du Coran. La cosmologie chrétienne médiévale est un système de valeurs dans lequel le sens du réel est donné *a priori* par une finalité transcendante. Le transfert des valeurs du savoir grec entraîna une distorsion des doctrines puisque la prépondérance fut alors accordée à des thèmes étrangers entre eux : la génération par les cieux, la création par un Dieu. Ainsi la science judéo-chrétienne médiévale, dans sa majorité, se déploya à l'intérieur du cadre aristotélicien qui était « le paradigme normal » de la science médiévale [1] et qui définissait les normes générales à cette période. Ces normes occultèrent toutefois le sens de la réalité expérimentale, pratique et *a posteriori*, qui appartenait à la conception du monde exprimée dans l'astronomie de Ptolémée.

LES ASTRONOMES EUDOXE ET CALLIPPPE

Au cours de la deuxième moitié du IVe siècle avant J.-C., le cosmologue Eudoxe de Cnide adopta, pour expliquer les anomalies du mouvement des planètes, le principe général de Platon, d'après lequel il faut supposer que chaque planète est enchâssée dans une sphère qui lui est propre et qui la fait tourner. Il développa le système des sphères homocentriques, qui fut ensuite adopté par son disciple Callippe. L'axiome général, d'origine géométrique, se fonde sur l'idée de la révolution des étoiles fixes selon un mouvement circulaire et uniforme, le même type de mouvement que l'on attribuait au soleil et à la lune, suite aux observations de l'époque. Comme les mouvements des astres devaient tous dépendre des mêmes lois, on avait conclu par analogie que les anomalies relevées par l'observation de la course des planètes ne devaient être qu'apparentes et qu'on pouvait les expliquer en invoquant la « continuité » des mouvements circulaires uniformes. Ainsi Eudoxe avait-il imaginé que toutes les sphères étaient concentriques – et aussi symétriques – par rapport à la Terre. Aristote fut celui qui se chargea de la tâche de connecter en un système unique et ordonné la série entière des mouvements, en concevant les sphères inférieures comme dépendantes des sphères supérieures.

1. F. van Steenberghen, *La philosophie au XIIIe siècle*, Paris-Louvain, Publications universitaires, 1932 ; G.-G. Granger, « La doctrine de la science chez Aristote », dans R. Rashed, J. Biard (éd.), *Les doctrines de la science de l'Antiquité à l'Âge Classique*, Leuven, Peeters, 1999, p. 1-8.

ARISTOTE ET SIMPLICIUS

Sur le plan technique, Aristote adopte le système d'Eudoxe réformé par Callippe [1], qu'il modifie à son tour en plaçant un centre unique de toutes les sphères et en subordonnant tant les sphères supérieures que les sphères inférieures à ce centre unique, qui constitue alors leur moteur parfaitement immobile. Aristote admettait des sphères homocentriques pouvant aussi « tourner à rebours » (*revolventes*). Cette doctrine aristotélicienne ne parvint au Moyen Âge qu'au XIIIe siècle, grâce au commentaire explicatif que fit Simplicius (VIe siècle après J.-C.) du livre II *De caelo* et du livre XII de la *Métaphysique* [2].

Cette explication détaillée que fait Simplicius de l'astronomie d'Aristote est le premier témoignage de la réception de la cosmologie d'Aristote au Moyen Âge. Elle s'enrichit ensuite de nombreux commentaires, dont les principaux dus à Albert le Grand et à Thomas d'Aquin, contribuèrent rapidement à conférer à Aristote l'autorité d'un « philosophe » dans le domaine de la cosmologie, et notamment de la physique céleste. Ces commentateurs chrétiens, tout comme leurs prédécesseurs arabes, trouvèrent dans le système des sphères d'Aristote (un système qu'il n'avait pas développé dans le *De caelo*) la possibilité de prendre en considération certaines révélations de leurs Livres Sacrés; ils devinrent alors les représentants d'une cosmologie chrétienne.

Au XIIIe siècle, les astronomes arabes, musulmans, pratiquèrent de la même manière, en acceptant la cosmologie péripatéticienne. Ainsi parut le *De motibus caelorum* d'Alpetrage (Al-Bitrugi): en développant une critique du système concurrent des sphères excentriques proposé par Ptolémée (IIe siècle), il revenait aux sphères concentriques d'Aristote. Cette influence aristotélicienne eut pour conséquence la division en deux écoles de l'astronomie médiévale arabo-latine : d'un côté les ptoléméens qui énonçaient l'astrologie judiciaire (minoritaire), et de l'autre le courant aristotélicien dont les partisans convaincus s'appuyaient sur le *Commentaire* de Simplicius [3]. À la fin du XIIe siècle et au début du XIIIe, le *Corpus* des œuvres d'Aristote traduites en latin était presque entièrement achevé, ainsi que les œuvres latines du *Corpus* de Ptolémée. Les premiers traducteurs de Ptolémée et les commentateurs arabes l'adaptèrent à leur usage grâce à leurs mathématiques plus avancées.

1. E. Pérez Sedeño, *El rumor de las estrellas, Teoria y expériencia en la astronomia griege Eudoxo et sa teoria de las esferas homocentricas*, Madrid, Siglo Veinturo Espana Editores, 1986, p. 58-118.

2. La *Métaphysique* d'Aristote sera traduite en latin à la fois par Guillaume de Moerbeke, ami de Thomas d'Aquin, et par le platonicien anglais Robert Grosseteste.

3. *Cf.* F. Bossier, « Traductions latines et influence du Commentaire de Simplicius dans le *De Caelo* d'Aristote en Occident », dans I. Hadot (éd.), *Simplicius, sa vie, son œuvre, sa doctrine*, Berlin-New York, De Gruyter, 1987, p. 289-325.

En revanche, l'exposition des sphères homocentriques et « tournant à rebours » d'Aristote, que l'on connaissait grâce au *Commentaire* de Simplicius, fut critiquée par le seul et unique astronome à connaître et à suivre la théorie de Ptolémée : le philosophe, médecin et astrologue Pierre d'Abano (1250-1316)[1]. Celui-ci écrivit un volume en six chapitres, le *Lucidator dubitabilium astrologiae astronomiae* (*Élucidation des points douteux de l'astronomie*). Dans le chapitre V, Pierre d'Abano s'interroge sur la nouveauté géométrique des excentriques et des épicycles de Ptolémée et, selon lui, Simplicius n'aurait pas suffisamment tenu compte de la transformation accomplie par Ptolémée avec le système de la position du Soleil. En effet, le caractère géométrique des mouvements de Mercure et de Vénus ne serait pas changé si le centre de leur circulation secondaire était représenté non pas physiquement par la position du Soleil mais seulement géométriquement par un point imaginaire. Et Thomas d'Aquin lui-même remarquait de la même manière que le système des sphères excentriques et des épicycles de Ptolémée simplifiait positivement le système complexe des sphères tournant à rebours d'Aristote. Pour Thomas d'Aquin, cette nouvelle forme générale et abstraite de l'épicycle et du déférent constituait un mécanisme applicable partout où il s'agissait de donner des explications purement géométriques d'anomalies ayant un caractère périodique, et elle était moins compliquée que le système d'Aristote exposé par Simplicius.

Deux modèles philosophiques des sciences

Aristote et Ptolémée présentaient deux modèles de science, celui d'Aristote dominait, parce que l'on préférait comprendre le monde en termes d'essences immuables, de *res a priori*, plutôt que d'événements changeants. Par conséquent, l'intelligibilité du mouvement de l'univers était l'intelligibilité de « l'être » en mouvement du monde, et ne relevait donc pas de la « science » du mouvement en tant que mouvement. L'astronomie (la physique du ciel en mouvement) devint la *méta*-physique du mouvement du ciel par un premier moteur parfaitement immobile. Par opposition, l'astronomie/astrologie biface de Ptolémée (avec une face mathématique et une face physique, empirique) était une représentation géométrique de la manière dont les choses changent, et non des choses telles qu'elles sont. Cela supposait une mentalité pratique, laïque et immanente, totalement différente de la mentalité transcendante de la société chrétienne médiévale.

1. Pierre d'Abano, *Lucidator dubitabilium astronomiae*, diff. V, dans G. Federici Vescovini (a cura di), Pietro d'Albano, *Trattati di astronomia*, Padova, Esedra, 1992 (2 e éd.), p. 241-279.

Il est indéniable que les deux systèmes astrologiques [1] partageaient le même paradigme géocentrique, l'idée d'un cosmos fermé, et considéraient la Terre comme étant immobile au centre des sphères célestes, mais ils se différenciaient néanmoins au niveau technique par la doctrine du mouvement des sphères : pour Ptolémée leur mouvement était excentrique, pour Aristote il était concentrique. De plus, la conception du mouvement de la nature terrestre de Ptolémée était géométrique, alors qu'Aristote avait énoncé une physique-métaphysique très élaborée de l'être du mouvement, en distinguant le mouvement imparfait de la Terre du mouvement circulaire parfait des astres. En fait, alors que Ptolémée n'avait jamais parlé d'une nature des cieux contraire à celle des éléments terrestres, Aristote avait élaboré ce principe philosophique; de cette idée ressortit le problème de la conciliation de la nature des corps sublunaires rectilignes et donc imparfaits avec la nature parfaite des corps supralunaires, problème irrésolu qui sera par la suite constamment présent dans les querelles de tous les philosophes péripatéticiens médiévaux.

Aussi les systèmes astronomiques de Ptolémée et de Aristote étaient-ils profondément différents au sujet de la réalité structurelle de l'univers : pour l'un elle était mathématique, pour l'autre physico-métaphysique [2]. Les deux reconnaissaient que l'univers était en mouvement, mais l'explication d'Aristote était métaphysique, elle concernait le passage de la puissance, ou matière, à l'acte du Premier Moteur qui est la perfection de lui-même et de tous les autres moteurs en étant leur fin ultime. Le premier moteur est la cause réelle de tout le devenir de l'univers, parfaitement immobile dans son Acte parfait. Dans la sphère sublunaire des quatre éléments c'est la contrariété de leurs lieux (haut et bas) qui provoque leur mouvement rectiligne, incompatible avec le mouvement céleste circulaire et parfait. C'est de ces concepts métaphysiques de la physique d'Aristote que la physique mathématique de Ptolémée se différenciait [3].

1. M.-P. Lerner, *Le monde des sphères*, *op. cit.*, I, p. 114-121. Son explication concerne uniquement la cosmologie des péripatéticiens.

2. R. Morelon, « Astronomie "physique" et astronomie "mathématique" dans l'astronomie pré-copernicienne », dans R. Rashed et J. Biard (éd.), *Les doctrines de la science de l'Antiquité à l'âge classique*, Leuven, Peeters, 1999, p. 105-165.

3. G.-G. Granger, « La doctrine de la science chez Aristote », dans *ibid*, p. 1-8.

L'ASTRONOMIE DE PTOLÉMÉE

L'astrologie ptolémaïque était bâtie sur des présupposés expérimentaux se fondant sur les observations des astronomes arabes, depuis les observatoires de Bagdad et de Damas sur le méridien d'Arim, pour mettre à jour les calculs de la précession séculaire des équinoxes depuis les observations de l'époque d'Hipparque (actif à Alexandrie vers 150-127 av. J.-C.). Mais Ptolémée lui-même nous apprenait que, puisque Hipparque n'avait pas réussi à construire la théorie des cinq planètes, il s'appuyait sur les observations d'Hipparque pour compléter son travail inachevé en élaborant le modèle planétaire sophistiqué des excentriques et des épicycles. Ptolémée introduisit ainsi la trigonométrie plate et sphérique dans le monde grec en adoptant le système sexagésimal babylonien des tables d'Aristylle et de Timocharis (moitié du IVe siècle av. J.-C) [1] et non seulement pour la mesure des angles, mais pour toutes les autres figures. Après tout, Hipparque avait déjà utilisé ce système pour élaborer son astronomie quantitative. Avec des observations systématiques des positions du soleil et de la lune dans le firmament, il en était venu à formuler des prédictions raisonnables de leurs positions et était devenu adepte des prédictions des éclipses. Grâce à cette méthode empirique, il avait comparé les valeurs de la position de l'étoile de Spica avec celles de Thimocharis 160 ans plus tôt. Il avait découvert la précession des équinoxes et avait conçu avec ses calculs une surface trigonométrique plane et des projections stériographiques. C'était un pionnier dans l'utilisation des instruments et Ptolémée suivait son enseignement.

Malgré sa différence avec l'astronomie héliocentrique moderne, le système géométrique de Ptolémée, parachevé par les calculs algébriques et algorithmiques qu'il connaissait, ne s'imposa au Moyen Âge qu'auprès des astronomes qui possédaient l'intelligibilité mathématique du système, et l'acceptaient comme une connaissance valable pour les prédictions de la vie humaine. On se trouve ici à l'origine des controverses astrologiques non seulement du Moyen Âge mais de tous les temps. La mentalité péripatéticienne dominante ne pouvait pas adopter le principe d'une science dont la certitude est immédiatement fournie par l'expérience sensible et qui échappe à toute démonstration de *l'essence*, ni l'idée que l'on peut déterminer et prévoir tout ce qu'il est possible de connaître relativement au mouvement céleste, aux distances et aux grandeurs des corps célestes.

1. *Cf.* A. Jones, *A Portable Cosmos, The Antikythera Mechanism*, New York, Springer, 2007, sur les détails de ces systèmes; P. Duhem, *Le système du monde. Histoire des théories cosmologiques de Platon à Copernic*, Paris, Librairie scientifique A. Hermann et Fils, vol. 6, 1913-1915.

LES HYPOTHÈSES ASTRONOMIQUES

La scolastique chrétienne du XIIIe siècle balançait entre les deux systèmes, ainsi que le relève justement Frère Bernard de Verdun dans son *Tractatus optimus super totam astrologiam*[1]. Il y est justement question du débat entre les deux systèmes, et Bernard donne gain de cause au système des hypothèses de Ptolémée contre celui d'Aristote. Il soutient le principe que les hypothèses à la base de ce système sont valables et que leur vérité est démontrée par la cohérence qui existe depuis longtemps entre leurs déductions et les mouvements observés.

Pourtant, la plupart des astronomes refusèrent ces hypothèses, car elles n'étaient pas corroborées par le système métaphysique aristotélicien, lequel avançait par ailleurs des arguments propres à renverser les hypothèses mêmes qui avaient introduit la théorie contradictoire des sphères évoluant autour de centres distincts. Il demeure que la plupart des systèmes astronomiques médiévaux latins et arabophones semblent avoir admis l'axiome suivant : que les hypothèses astronomiques doivent être conformes à la nature des corps célestes et ramenées à des principes de physique reconnus. C'est pourquoi le système astronomique d'Alpetrage (Al-Bitrugi), fondé sur le principe des sphères concentriques comme celui du Stagirite, resta, du Moyen Âge jusqu'à la Renaissance, en faveur auprès des péripatéticiens intransigeants, davantage soucieux de garder les principes du Philosophe et de son Commentateur Averroès que de suivre les phénomènes célestes avec précision.

Aucun de ces courants aristotéliciens-averroïstes ne paraît avoir atteint le niveau scientifique de la doctrine formulée par les astronomes hellénistiques (dont fait partie Ptolémée), et selon laquelle le premier moteur – ou premier mobile – n'est *pas* immobile. Ce premier moteur est le firmament, le cercle que décrit le transit du soleil pendant l'année solaire selon leur mouvement apparent, un cercle qui contient tous les cercles excentriques et épicycliques des autres corps célestes. C'est un mouvement global unique, fermé, qui sollicite les mouvements des corps terrestres dotés de leurs propres virtualités ou possibilités.

Comme l'a souligné Pierre Duhem[2], la théorie de Ptolémée suppose qu'une science hypothétique fondée uniquement sur la vérification et l'observation empiriques puisse être valide. Ce principe est à l'origine de l'imbrication des problèmes qui se sont posés au fil des siècles entre la science mathématique astronomique de Ptolémée et le réalisme métaphysique d'Aristote et de Platon, réalisme qui était connu au Moyen Âge par le commentaire du *Timée* proposé par Calcidius. La science de Ptolémée repose sur l'intelligibilité mathématique du mouvement des sphères, celle des philosophes sur les mathématiques des

1. P. Duhem, *Sauver les apparences des phénomènes, Sur la notion de théorie physique de Platon à Galilée*, introd. P. Brouzeng, Paris, Vrin, 2003, p. 47.

2. *Ibid.*, p. 34-36.

formes et de leur mouvement. Les intuitions de la physique du *Timée* et celles d'Aristote étaient profondément fausses comparées à celles des modernes. Comme on l'a observé [1], elles appliquaient une mathématique de la forme ou de l'essence de la nature et commettaient l'erreur d'essayer de comprendre le monde en termes d'éternité, en ignorant le changement. La physique terrestre et céleste de l'astronomie moderne qui fonctionnera sera celle qui, à partir de Ptolémée, atteindra Galilée et Newton, jusqu'à Schrödinger. Ce sera la description mathématique de la façon dont les choses changent, et non la définition de leur être.

Au modèle scientifique mathématique de Ptolémée, le Moyen Âge judéo-chrétien préféra le modèle proposé par Aristote, car il était étroitement solidaire de la théologie, et cela jusqu'au XVIIe siècle. Ce succès fut aussi la cause de tous les jugements négatifs portés par les historiens modernes sur la science de la nature médiévale, en laquelle ils voyaient l'expression typique de l'obscurantisme moyenâgeux. Étant donné que la nature est aussi l'objet d'étude de l'astronomie, cette discipline fut un point d'application de toutes les disciplines, comprenant la médecine, la magie, l'astrologie, ce qui a poussé Georges Gusdorf à affirmer que cette notion de nature est « une notion confuse ou mieux, un mot vide de sens » au Moyen Âge [2].

L'*ALMAGESTE* ET LE *QUADRIPARTITUM* DE PTOLÉMÉE

Claude Ptolémée vécut à Alexandrie en Égypte, pendant la seconde moitié du IIe siècle. Grand mathématicien, astronome, opticien, il composa plusieurs ouvrages, dont les plus connus au Moyen Âge relèvent de l'astronomie : la *Syntaxe mathématique* appelée justement *Almageste*, comprenant aussi l'astrologie pratique du *Quadripartitum* (*Tetrabiblos*) (rédigé après 145, et qui ne fut pas connu en sa rédaction originaire mais à travers le commentaire d'Alî Ibn Ridwan), les *Tables manuelles* et les *Hypothèses des planètes*. De cette dernière œuvre on a perdu l'original grec et la nouvelle astronomie qui y est décrite, connue seulement en arabe et jamais traduite en latin, n'eut pas d'influence marquée dans l'astronomie d'inspiration ptoléméenne au Moyen Âge. Par conséquent elle ne put améliorer l'intelligibilité latine médiévale de la doctrine de *l'Almageste-Quadripartitum*. Ptolémée écrivit aussi les livres de *l'Harmonique* (*Harmonicorum libri*), la *Géographie* ou *Cosmographie* (traduite du grec tardivement, selon Carmody, par Jacobus Angélus, vers 1409), le *Planispherium* (traduit en arabe par Maslama avant 1007 ; en latin par Hermann de Carinthie, et selon Haskins dédié à Thierry de Chartres), ainsi qu'une remarquable *Optique*.

1. C. Rovelli, *L'ordine del tempo*, Milano, Adelphi, 2017, p. 90.
2. G. Gusdorf, *Les origines des sciences humaines*, vol. II, *Les sciences humaines et la pensée occidentale*, Paris, Payot, 1967, p. 239.

L'*Almageste* et le *Quadripartitum* furent également connus en traduction arabe par des résumés sous forme de petits livres indépendants, tels que *Les élections, Les Livres des images* (*Opus imaginum*, avec des graphiques représentant les positions des planètes et leur influence) qui connurent un nombre important d'exemplaires assez diversifiés (48 retrouvés par F. Carmody). En tout cas, l'*Almageste* et le *Quadripartitum*, étroitement associés, constituèrent un *corpus* d'astronomie biface, qui fut traduit, commenté et développé à maintes reprises au fil des siècles, par les arabes, les juifs et les latins. Ce *corpus* continua d'exercer une grande influence, malgré les querelles, jusqu'à l'âge moderne, même si, au cours de ce transfert, le *Quadripartitum* fut mutilé de sa partie astrologique.

On a également attribué à Ptolémée des écrits apocryphes, notamment un travail d'astrologie médicale magique, le *Centiloque* ou les *Cent sentences*, qui connurent un grand succès, surtout entre le XIVe et le XVe siècle, en tant que texte d'enseignement de médecine astrologique. Il circula en grec sous le nom de *Karpos* (*Fructus*). On l'avait ajouté – en gardant son titre – en annexe au *Tetrabiblos* à une époque postérieure à celle de Ptolémée[1] et il avait circulé en arabe assorti du commentaire d'Alî Ibn Ridwân et d'autres exégètes. Traduit en latin par Hugues de Santalla (1140 env.), par Jean de Séville et par d'autres encore (Platon de Tivoli, 1136), il fut commenté et connut plusieurs révisions, devenant un texte différent de la première version commentée par Alì. Sa dimension médicale est forte puisqu'un tiers des cent maximes (en particulier les maximes 39, 42, 55, 61 et 79) traitent des aspects et de l'influence de la lune dans le déclenchement, le développement et la guérison d'une maladie (par exemple, si la lune se trouve en conjonction avec une planète malfaisante ou bienfaisante). À la différence du *Quadripartitum*, le *Centiloque* donne de l'importance à des thèmes négligés par Ptolémée, venant de l'astronomie byzantine et hermétique orientale, à propos de la position des planètes dans les maisons ou domiciles (*domus*), les Décans, les constellations ascendantes (en grec, *paranatellonta*). Ce sont des sujets qui ne réapparaîtront clairement que dans l'astrologie de la Renaissance, grâce à la traduction de l'*Astronomicon* de Manilius.

La nouveauté que Ptolémée aurait introduite, avec des valeurs de données tirées des observations en tant qu'hypothèses astronomiques, soulevait beaucoup de questions épistémologiques dans le camp aristotélicien. Les hypothèses astronomiques, en effet, ne sont pas des connaissances portant sur la nature des choses et il n'est pas nécessaire qu'elles se déduisent des principes de la physique ni qu'elles s'accordent avec ces principes. Il n'est pas nécessaire non plus qu'elles se laissent figurer au moyen de corps solides, roulant les uns sur les autres. Elles sont de pures fictions géométriques et elles n'ont d'autre objet que de sauver l'apparence des phénomènes. L'astronomie ne saisit pas l'essence des choses célestes, elle en donne seulement une image en s'en

1. Claudii Ptolomaei, *Opera* III, éd. E. Boer, Leipzig, Teubner, 1961 (2e éd.).

approchant, et se contente d'être fort probable, par des artifices géométriques visant à sauver les mouvements apparents. Les prévisions sont ni vraies ni vraisemblables ; et si elles se montrent exactes, cela signifie que le point de départ n'est pas faux. Si l'on juge valable une doctrine qui ne prétend pas expliquer la réalité physique en soi, qui vise à sauver les apparences des phénomènes par ses constructions géométriques, et qui se désintéresse de ce qu'est sa réalité, elle peut être acceptée.

Au Moyen Âge la différence entre la conception métaphysique de la cosmologie d'Aristote et la conception mathématique et empirique de Ptolémée était choquante. Mais si elle avait été bien saisie par les traducteurs et les enseignants arabes du VIIIe siècle, fidèles à leurs textes, elle ne fut pas comprise par leurs interprètes ultérieurs, du XIIe et du XIIIe siècle, en particulier par les philosophes comme Averroès qui adoptaient la cosmologie d'Aristote et méprisaient l'astrologie. Il arriva également que leurs traducteurs latins mélangent et contaminent les deux explications astronomiques. Cela eut de larges répercussions doctrinales qui constituent la toile de fond des nombreuses querelles scientifiques ou morales sur l'astrologie. Elles finirent par concerner toute l'encyclopédie des sciences médiévales dans sa structure générale composite, comprenant la théologie, la métaphysique, les mathématiques, l'astronomie, la médecine, et qui caractérise la culture européenne jusqu'à l'époque moderne.

On a perdu le texte original grec de l'*Almageste* qui a été traduit en arabe à partir du syriaque, par trois traducteurs différents [1]. Dans la traduction, il est précédé d'un prologue (*Pulchritudo* ou *Bocados de oro*) [2] qui fut attribué à Ptolémée, alors que – on le sait aujourd'hui – il a été rédigé par un exégète arabe Al Fatiq. L'*Almageste* a été traduit en latin par Gérard de Crémone [3] (et il existe d'autres versions latines du prologue). L'influence de ce prologue apparaît évidente dans les discussions des maîtres scolastiques qui le lirent également dans la traduction de Platon de Tivoli. Ce texte fit l'objet d'interprétations diverses par rapport aux autres sciences de l'enseignement universitaire, qui comprenaient aussi la philosophie naturelle et la théologie.

L'auteur du prologue en question attribue à Ptolémée un classement des sciences mathématiques (dont l'une des branches comprend aussi l'astronomie et l'astrologie) parmi les sciences spéculatives ou théorétiques, et il leur confère, par rapport à la métaphysique et à la physique, un caractère de supériorité dû à la certitude de leurs démonstrations. On affirmait que la première science était la mathématique des « jugements » de l'astrologie. Cette suprématie fut acceptée par quelques philosophes, mathématiciens et astrologues

1. P. Kunitzsch, *Der Almagest, Die Syntaxis mathematica des Claudius Ptolomaeus in arabiclateinischer Überlieferung*, Wiesbaden, Otto Arrassowitz, 1974.

2. F. Carmody, *Arabic Astronomical and Astrological Sciences…*, *op. cit.*, p. 16-24 ; F. Sezgin, *Geschichte des arabischen Schrifttums, Astrologie*, Bd. VII, Leiden, Brill, 1976 et 1979, p. 15.

3. O. Pedersen, *A Survey of the Almagest*, Hauniae, Odense UP, 1974, p. 15.

latins, dont l'un des maîtres « ès philosophie et arts » les plus importants dans l'Italie des XIVe et XVe siècles : Blaise de Parme. L'interprétation de ce classement de l'astronomie et de l'astrologie comme se rapportant au même système mathématique que celui de l'*Almageste* et du *Quadripartitum*, sur l'enseignement d'un savoir mathématique, opératif, empirico-expérimental de la prévision des événements à venir, aboutit à une idée étrangère à la science d'Aristote : ce classement fut en général rejeté, voire supprimé des divisions des sciences dans les encyclopédies péripatéticiennes médiévales.

Cette dualité de la science ptoléméenne, avec un savoir mathématique théorique, mais aussi un savoir opératif, empirico-expérimental, dépendait du substrat mathématique commun constituant le fondement de la rationalité et garantissant l'universalité de la connaissance. La *mathématique* astrologique, par la certitude de ses conclusions, était le fondement scientifique de toutes les autres disciplines, y compris la médecine, la botanique, la géographie ou la cosmographie, qui élaborait la description des parties connues de la Terre en termes mathématiques. L'astrologue établissait un lien très étroit entre l'astrologie et la médecine, parce que cette connexion rendait possibles le diagnostic et le pronostic de la guérison sur la base du principe de la correspondance entre la complexion des organes du corps et celle des planètes de naissance, telles qu'elles se disposaient dans le graphique du ciel de naissance, l'horoscope ou *radix* – thème radical – *de nativitate*. Aussi Ptolémée, contrairement à toute forme de divination surnaturelle, expliquait-il la scientificité du jugement astrologique par sa géométrie des cercles fictifs des excentriques et des épicycles, géométrie qui ne prétendait cependant pas exprimer la « réalité » des cieux, sur laquelle on ne portait pas de jugements infaillibles.

Différences théoriques et technico-mathématiques

La doctrine géocentrique du mouvement circulaire des cieux proposée par Ptolémée affirmait des différences concernant certains points techniques et théoriques de la configuration aristotélicienne des cieux, qui causèrent d'innombrables divisions et querelles au sein de la science médiévale, quoique la plupart des maîtres aristotéliciens de cette discipline continuassent à pratiquer l'astrologie. Les pronostics de Blaise de Parme, qui pourtant commentait le *De Caelo* d'Aristote, en sont un cas exemplaire.

1) Ptolémée change l'ordre des planètes autour du soleil. Pierre d'Abano le démontrera dans son *Lucidator* (comme on le verra ensuite chez Copernic et Galilée).

2) Ptolémée change la doctrine de la nature des sphères célestes : celles-ci étaient conçues par Aristote comme des réalités substantielles du mouvement circulaire des astres qui y sont enchâssés, comme la « clef dans la roue » (*clavis in rota*) c'est-à-dire dans les sphères du ciel qui les entraînent en roulant. Aristote en avait parlé dans le livre II du *De Caelo* (II, 7-8, 289-290) ainsi que dans sa *Physique* et dans son *De generatione* (où il écrivait que même un brin

d'herbe est engendré par le soleil). Il concluait que, comme l'astre est immobile dans sa sphère (ou son ciel), lui aussi est immobile par soi, mû seulement par la perfection du premier mobile. En revanche, Ptolémée affirme que ce ne sont pas les sphères qui ont un mouvement substantiel ou pour soi, finalisé par rapport au premier moteur immobile, ainsi que le soutenait Aristote, mais que c'est le mouvement apparent du premier mobile – la huitième sphère ou firmament – décrit par le cercle fictif où s'écoulent les mouvements du soleil, qui est la cause rythmant la durée de l'année, du jour et la précession des équinoxes.

Excentriques et épicycles

Par cette théorie, Ptolémée introduit un système géométrique qui doit expliquer les anomalies du mouvement apparent des planètes rapides – Vénus, Mercure et aussi Mars – dont la vitesse n'est pas régulière : leur mouvement peut ralentir, s'accélérer, stationner. Ptolémée imagine un cercle (l'épicycle) qui se meut autour d'un cercle déférent concentrique. Il donne à cette hypothèse de l'épicycle toute sa perfection, en combinant l'épicycle et le déférent excentrique fixe, et en séparant le centre des distances égales, du centre des mouvements angulaires égaux. En effet, selon Ptolémée le centre de l'épicycle ne peut pas être mû avec une vélocité égale autour du centre du déférent. Par conséquent, la position variable de chaque planète est obtenue par le mouvement de deux cercles, le plus large étant le déférent de la planète imaginé comme l'orbite du soleil autour la terre, et l'épicycle étant l'orbite secondaire de la planète qui se meut sur le déférent. Ptolémée comprend aussi que pour déterminer cette correspondance des mouvements différents et de l'observation, il est nécessaire d'établir la mesure moyenne de positions variables des orbites, qui est donnée par un calcul mathématique avancé relevant de la trigonométrie. Il s'agit d'une valeur obtenue par une *équation*, qui est le point *d* appelé *équant*. Les difficultés de ces calculs mathématiques posèrent d'énormes problèmes aux astronomes médiévaux. Pourtant, il ne paraissait pas impossible à Ptolémée ou à certains mathématiciens médiévaux tels que Campanus de Novare (astronome du Pape Urbain IV) ou Pierre d'Abano, que le caractère géométrique des mouvements de Vénus et de Mercure puisse ne pas changer au cas où le centre de leur circulation secondaire serait représenté non pas physiquement par le soleil, mais seulement géométriquement par un point idéal. Dans une nouvelle forme générale et abstraite, l'épicycle et le déférent, ensemble, constituaient un mécanisme purement géométrique d'anomalies ayant un caractère périodique.

L'astronomie biface

L'*Almageste* est associée au *Quadripartitum*, qui en découle selon les affirmations de son Prologue. Ptolémée y affirme que pour obtenir un bon pronostic, ce qui est le but du *Quadripartitum*, il faut apporter deux connaissances : celle, mathématique, de tous les mouvements des corps célestes et celle de tous les changements physiques, terrestres, qui sont produits par l'influence de leurs mouvements. La première (l'astronomie de la *Syntaxe*), écrit-il, affirme une vérité qui est démontrée mathématiquement dans ce livre, tandis que la deuxième n'a pas la même certitude. Par conséquent, il faut associer les deux théories. Mais l'intelligibilité de la prévision (*pronosticon*) est toujours une possibilité physique, puisqu'il est bien évident que presque tous les événements terrestres ressortent des mouvements des cieux (I, i).

Comme son nom l'indique, le *Quadripartitum*, en grec *Tetrabiblos*[1], est divisé en quatre livres, eux-mêmes divisés en de nombreux chapitres. Traduit de l'arabe[2] par plusieurs traducteurs (Platon de Tivoli, Hermann de Carinthie, Robert de Chester, Gilles de Tebaldis), il constitua l'*auctoritas* des commentaires de tous les astrologues du Moyen Âge et jusqu'aux astrologues ptoléméens de notre époque[3]. Le Premier livre, divisé en 14 chapitres, s'applique à expliquer la légitimité et les limites de la discipline dont il énonce la théorie. Il s'agit d'une science prédictive concernant la nature, dont le but est la prévision (*pronosticon*) des événements futurs, sur la base de la connaissance du mouvement des astres dont ils dépendent; d'où découle la possibilité qu'ils se produisent (*de futuris contingentibus*). Ainsi la science astrologique, qui doit tirer le pronostic de l'astronomie, présente une méthode à deux faces : la première concerne la connaissance de la syntaxe mathématique de l'*Almageste* et la deuxième apprend à connaître les événements présents et à prévoir les événements futurs. Elle a une limite intrinsèque qui dépend de la force des dispositions aussi bien corporelles que psychiques des individus, et non pas du mouvement des astres. Et l'astronomie prend le nom d'« astrologie » pour autant que la syntaxe ou les rapports mathématiques des astres qu'elle établit sont l'instrument et le fondement de la prévision astrologique et la constituent. Et l'astrologie de la prévision – ou *Judicium* – s'appelle « astronomie » parce qu'elle ne pourrait pas donner ses jugements sans la connaissance de la syntaxe mathématique de *l'Almageste.*

1. *Tetrabiblos*, I, 14, texte grec, éd. S. Feraboli, Milano, Fondazione Lorenzo Valla, 1983 p. 63; Claudi Ptolomaei, *Opera* III, éd. E. Boer, Leipzig, Teubner, 1961, trad. fr. A. Barbault, *Quadripartite*, Paris, Club du Livre, 1972.

2. *Cf.* R. Lemay, « De la scolastique à l'histoire », *La diffusione delle science islamiche nel Medioevo*, Roma, Academia dei Lincei, 1987, p. 399-535.

3. *Cf.* Les rédacteurs de *The New Internationale Ephemerides* (*1900-2050*), Édition internationale, Saint-Michel-de-Boulogne, Éditions Saint-Michel, 1993.

Ce changement d'appellation (astronomie et astrologie) des deux ouvrages exigeait une compréhension fine du contenu abstrait rationnel, mathématico-empirique, de l'*Almageste* et du discours expérimental du *Quadripartitum*, à savoir des pratiques ressortant des observations des cieux des astronomes. Ptolémée avait conçu les doctrines comme étroitement liées entre elles, la première étant théorique, et la seconde pratique. Ces transferts de signification nous expliquent la raison pour laquelle le nom « astrologie », au sens d'« astronomie », a pu désigner l'œuvre de tous les astronomes depuis l'Antiquité jusqu'au XVIIIe siècle et *vice-versa*. Dans son cheminement tout au long du Moyen Âge chrétien, l'astrologie du *Quadripartitum* fut tout de suite dissociée de l'astronomie, et présentée comme une forme d'ignorance et de lourde superstition, un héritage de l'ancien paganisme et de l'astrolâtrie hermétique arabe. Cette conviction des premiers savants chrétiens fut l'une des sources de l'image d'« obscurantisme superstitieux » de cette époque, image créée par l'historiographie moderne qui l'a associée à toute la culture médiévale. Cette entreprise des encyclopédistes a projeté un espace restreint de la totalité de la culture scientifique du Moyen Âge – qui était pourtant très composite – dont l'astrologie était exclue et condamnée.

On ne doit donc pas s'étonner que dans les histoires modernes de l'astronomie ancienne, sous le nom de Ptolémée, on ne parle que de la grande œuvre de l'*Almageste* en ignorant le *Quadripartitum*; et que même dans une des meilleures bases biographiques de savants, le prestigieux *Dictionary of Scientific Biography*, on affirme simplement que le *Quadripartitum* « est une œuvre qui n'a aucune crédibilité. La prétendue justification scientifique n'est qu'une croyance superstitieuse »[1]. De toute évidence, si de tels jugements ressortent de l'historiographie moderne de l'astronomie antique, il est nécessaire de ressaisir l'évolution historique de l'astronomie, afin de mettre en évidence, sans préjugé, le conflit des deux épistémologies (Ptolémée et Aristote) et sa transmission dans la civilisation chrétienne médiévale avec ses incidences spirituelles et temporelles. L'accusation péremptoire de « vide scientifique » et de confusion de la physique médiévale relève d'une mauvaise compréhension de l'astronomie ptoléméenne et de son développement entre le IXe et le XVIe siècle. La plupart des historiens du XXe et du début du XXIe siècle, ne saisissent pas l'apport scientifique des mathématiciens et des astronomes arabes des VIIIe et XIIe siècles, apport indispensable à la connaissance de l'astronomie du Moyen Âge; ils se bornent en général à relever l'apport des commentateurs arabes de la philosophie d'Aristote, en particulier Averroès, en raison du succès de l'averroïsme dans l'enseignement scolastique en Europe, à Paris ou à Padoue; et ils négligent l'apport de la trigonométrie ou de l'algèbre des grands astronomes (donc aussi astrologues) comme Al-Battânî, Albumasar, ou d'autres qui avaient bien accepté et parachevé l'astrologie biface de l'*Almageste* grâce à leurs connaissances mathématiques.

1. *Dictionary of Scientific Biography*, ed. Ch. C. Gillispie, New York, Scribner, 1979, II, p. 198.

Le Quadripartitum

Dans cette œuvre, selon une ancienne tradition, la nature terrestre est conçue comme donnant vie à tous les êtres, depuis les plantes et les hommes jusqu'aux étoiles par l'influence des planètes et des constellations célestes. L'univers est représenté par un cercle animé, commençant et se terminant cycliquement, selon les douze mois de l'année, et appellé cercle zodiacal. Le prologue du premier livre du *Quadripartitum* énonce les raisons de la légitimité de l'astrologie en tant que prévision, et son association à la syntaxe de l'*Almageste*. Il éclaire ses notions générales et les modes d'influence générale de tous les mouvements des astres qui sont de deux types : 1) la cause des conjonctions universelles millénaires ou séculaires, et 2 la cause particulière, qui peut être individuelle (la naissance d'une personne) ou commune (la naissance d'une ville). Le premier mode d'influence universelle ne sera pas suffisamment expliqué par Ptolémée, en raison des difficultés mathématiques qu'il engendre, et il sera parachevé par les mathématiciens arabes médiévaux.

C'est le second type de causalité astrale – commune et individuelle – qui sera le propre de l'astrologie médiévale jusqu'à l'époque moderne, tout en subissant d'importantes transformations quant aux élaborations philosophiques et mathématiques, aussi bien arabes que latines, en raison des problèmes de calcul que Ptolémée n'avait pas résolus. Puisque les astronomes arabophones de l'âge d'or de la culture arabe vont élaborer, entre le IXe et le XIIe siècle, les mathématiques algorithmiques et algébriques jusqu'alors inconnues, ils parachèveront l'astrologie des conjonctions universelles du premier type en la complétant. Et ce sont eux qui perfectionneront cette modalité mathématique de l'astrologie universelle que Ptolémée avait seulement adopté. Ils le feront grâce à leur souci de technicité, qui sera l'une des principales causes de l'aversion des humanistes jusqu'au XVIIe siècle. Ce Prologue contient toute la doctrine astrologique qui, malgré ses diverses interprétations, est encore à la base des prévisions de la représentation du Zodiaque et de ses propriétés.

Dans les chapitres ultérieurs de ce premier livre, Ptolémée énonce les propriétés générales des planètes et les notions élémentaires nécessaires à la rédaction d'un horoscope ou géniture (d'où l'appellation d'astrologie généthliaque). Il donne une véritable *Théorie des planètes* en vingt-quatre chapitres : explication des vertus ou forces différentes des luminaires et des planètes ; de celles qui sont bienfaisantes et de celles qui sont malfaisantes ; des qualités des planètes masculines et féminines ; des planètes diurnes et nocturnes ; de la puissance des aspects des planètes avec le soleil ; de la vertu des étoiles fixes ; des propriétés des quatre saisons ; de la puissance des quatre angles ou parties de l'horizon ; des signes fixes, mobiles, communs ; des signes masculins et féminins ; des aspects parmi les signes ; des signes dominants et obéissants ; des signes équivalents ; des signes qui se contredisent ; des domiciles ; des trigones ; des exaltations ; des termes, des lieux et des grades ; de la face, du triomphe et du trône de chaque planète; de l'application et du détachement des planètes.

Il faut remarquer que les arguments de ces chapitres ont représenté l'autorité textuelle, l'*auctoritas*, de tous les commentateurs arabes ou latins du Moyen Âge; et il faut souligner aussi que, même si toutes les notions du *Quadripartitum* sont importantes, les passages les plus remarqués furent surtout le prologue et sans aucun doute le dernier chapitre du *Premier Livre*, où l'on explique les procédures pour déceler les capacités ou vertus de l'influence des planètes, soit depuis leurs propres caractéristiques, soit depuis les signes où elles se trouvent, et leurs positions par rapport au soleil et aux angles qu'elles tracent dans leurs déplacements. L'application ou le détachement signifient que les planètes peuvent s'associer à celles qu'elles suivent ou bien s'éloigner de celles qui les précèdent, pourvu que l'écart entre elles ne soit pas trop important. C'est ainsi que se produisent (s'engendrent) les aspects entre les signes et les planètes. Aussi l'aspect est-il essentiellement un rapport fondé sur l'écart angulaire s'établissant entre deux astres et en vertu duquel ceux-ci exercent une action commune. D'après Ptolémée, chaque astre est l'expression d'une tendance (ou fonction) dépendant de ses qualités constitutives et de son aspect par rapport aux autres astres, lequel détermine une relation entre les tendances représentées par les deux astres. Selon les interprétations des commentateurs postérieurs à Ptolémée, les deux planètes en aspect sont comparables à deux amis (*socii*) ou à deux adversaires. D'un point de vue technique, les aspects sont déterminés par les distances angulaires entre les planètes. C'est dire que celles-ci sont séparées par un arc mesurable en degrés qui, d'après Ptolémée, est à considérer dans les 360° du cercle zodiacal en distance : d'opposition (180°), de carré (40°) (les deux dysharmoniques), de trigone (120°) et de sextile (60°) (les deux harmoniques). Ou bien, si les deux planètes ont le même angle, l'aspect entre elles est de 0° et on parle de conjonction. L'interprétation découle de la connaissance de leur nature – à savoir de l'écart angulaire le définissant – et de la matière qui n'est rien d'autre que la nature des deux planètes en aspect et des signes où elles se trouvent. Par conséquent, comme l'univers est une série de mouvements ordonnés, l'aspect se présente comme un moment privilégié d'une totalité cyclique, l'unité de base de cette totalité étant le cycle planétaire qui y transite.

Le deuxième livre, divisé en 14 chapitres, traite de géographie astronomique en tant que partie de l'astrologie universelle générale qui regarde les peuples, les régions du monde selon les différentes latitudes de l'univers, établissant les ressemblances et les dissonances astronomiques et météorologiques des zones climatiques du monde, établissant aussi les qualités de chaque événement selon des propriétés astrologiques.

Le troisième livre développe la médecine astrologique selon les différentes phases de la vie humaine : moment de la conception, naissance, durée de vie et ses phases, jusqu'à son « point de mort », décrivant les positions planétaires respectives selon sa théorie généthliaque. Il énonce les aspects des planètes, et l'importance de la lune, d'où ressortent les différentes maladies, même chroniques, selon les organes vitaux, l'accouchement, la naissance des jumeaux et des corps difformes, la configuration somatique des corps ; il traite aussi de physionomie et de psychologie, énonçant une théorie d'astrologie psychosomatique qui sera la source de certains médecins des XIVe et XVIe siècles.

Le quatrième livre, divisé en dix chapitres, énonce la position des planètes dans les génitures pendant les différents âges de la vie, celles qui donnent une signification à la naissance, la richesse, le succès, les parents, les frères, les fils, les amis, le mariage, les voyages, le type de mort. Il conclut le livre par des éclaircissements ultérieurs de la division des périodes de la vie des hommes selon l'ordre des périodes des sept planètes.

Cette doctrine a été le fondement de toutes les lectures des astronomes, du Moyen Âge, jusqu'à l'époque moderne. De là vient la richesse de ses interprétations par les commentateurs ultérieurs. Ptolémée avait laissé en héritage trois problèmes à résoudre : la nécessité d'une connaissance avancée de la mathématique des épicycles ; la construction d'une doctrine harmonisant cette théorie mathématique des épicycles avec l'expérience ; la pratique de la prévision astrologique et la réalisation d'une théorie d'astrologie universelle qu'il avait promise et n'avait jamais élaborée Il représente l'autorité textuelle de tous les traducteurs et commentateurs arabo-latins du Moyen-Âge dont les ouvrages ont circulé autour de la Méditerranée, de Bagdad à Tolède. L'astrologie de ce *corpus* a été ainsi un nœud de problèmes en même temps qu'un révélateur des positions théoriques.

CHAPITRE II

LA CIRCULATION DES SAVOIRS AUTOUR DE LA MÉDITERRANÉE ET L'ASTROLOGIE ARABO-LATINE DANS L'ESPAGNE D'AL-ANDALUS

De Bagdad à Tolède, du VIIIe au XIIe siècle, l'héritage hellénistique n'a pas été transmis directement du grec mais par les transformations des traductions depuis le syriaque en arabe par des lettrés arabo-musulmans. Ils ont édité et écrit des chapitres jusque-là inconnus, dont l'élaboration a remodelé l'organisation de l'encyclopédie des sciences. La rupture accomplie à Bagdad par les traductions d'Euclide ainsi que les œuvres de Ptolémée s'affirma à Tolède.

L'Andalousie fut le creuset d'une culture arabo-judéo-latine dans laquelle les sciences firent des progrès considérables dans le domaine de la physique, de l'astronomie, de l'astrologie, de la médecine et des mathématiques, non seulement en préservant les œuvres de Ptolémée et des savants grecs au travers de traductions du syriaque, mais aussi en les développant[1]. Ces sciences pénétrèrent alors en Europe occidentale *via* la péninsule ibérique, suite à la conquête des principales villes d'Andalousie (*Al-Andalus*) sous les califats des Omeyyades et des Abassides. Durant cette domination, la culture arabo-andalouse venue du monde islamique véhicula un modèle tout à fait différent de ce qu'était la société féodale médiévale. Ce modèle s'est d'ailleurs révélé être un exemple exceptionnel de la coexistence des trois cultures, juive, arabe et latine, malgré l'universalisme linguistique de l'arabe parlé et écrit en ces siècles-là. Une historienne de l'Espagne musulmane, dans son livre sur *Al-Andalus et ses habitants*, soutient que l'histoire de cette époque sur la longue durée, a été proprement effacée de l'historiographie traditionnelle du XIXe siècle, ce qui visait à préserver l'identité romaine de l'Espagne par l'unification de ses territoires sous le royaume des Rois Catholiques[2]. Or un des principaux élements

1. G. Federici Vescovini, A. Hasnawi (a cura di), *Circolazione dei saperi nel Mediterraneo, Filosofia e scienze* (*secoli IX-XVII*), Firenze, Edizioni Cadmo, 2013.

2. M. Marin, *Al-Ándalus y los andalusíes*, Barcelona, Cidob-Icaria Editorial, 2000, p. 13 ; E. Lévi-Provençal, *Histoire de l'Espagne musulmane*, 3 vol., Paris, Maisonneuve et Larose, 1950.

de la culture scientifique apportée par les Arabes d'Al-Andalus fut le développement de l'astrologie qui, comme l'a affirmé H. Rashdall[1], représentait cette astronomie « humanisée » de Ptolémée, qui aurait duré jusqu'à Copernic. Les arabes l'ont même dépassée en complétant l'astronomie inachevée de l'*Almageste* et du *Tetrabiblos* par une mathématique plus avancée, à base d'algèbre et de trigonométrie, totalement élaborée par ces savants[2].

À l'origine de l'intense activité scientifique en vigueur en Andalousie, il y eut les traductions, depuis le syriaque et depuis le grec : de l'astronomie ptolémaïque, de la cosmologie d'Aristote et d'autres doctrines savantes d'auteurs anciens. Ces traductions sont à la base des recherches dans les mathématiques astrologiques pendant une longue période. Elles représentent l'apport de la culture arabe de l'Andalousie et sa médiation entre Orient et Occident. Ce processus s'arrêta à la fin de l'« âge d'or » de la science et de la philosophie arabes (VIIIe-XIIe siècles), à cause de soupçons d'irréligiosité de plus en plus menaçants à mesure que l'Islam s'affirmait.

Pendant cette période, la situation des astrologues arabes croyants était assez différente de celle des latins chrétiens, tout en présentant quelques similitudes. En effet, une tension croissante[3] s'était développée entre l'Islam religieux, les sciences et la philosophie[4]. Mais même si les religieux craignaient la vision athée qu'ils décelaient dans la rationalité des explications astrologiques, leur méfiance ne fut jamais très forte et, à la différence de ce qui se produisit chez les Latins, leur dissension ne porta jamais à de lourdes conséquences. En effet les religieux acceptèrent le principe général avancé par l'un des philosophes les plus importants de l'époque, également astrologue, de formation mathématique et optique, le *falasifa* Al-Kindî. Dans l'une de ses Épîtres[5], celui-ci élabore le principe d'un accord entre l'astrologie et la religion, expliquant que la gouvernance des astres dépend de la toute-puissance de Dieu, le seul et unique créateur, les cieux n'étant que les administrateurs du monde, dont la tâche est d'exprimer l'ordre du Créateur qui en garde entièrement le contrôle. Pour l'essentiel, cette théorie renvoie, malgré quelques différences philosophiques, à celle que Thomas d'Aquin a soutenu du côté chrétien.

Cependant, certains savants, tant des astrologues mathématiciens que des philosophes aristotéliciens (ou platoniciens comme Al-Fârâbî), ont formulé des critiques, de nature mathématique ou philosophique, à l'encontre de l'astronomie de Ptolémée. En effet, celui-ci avait laissé certains calculs et certaines observations épistémologiques irrésolus, et ces questions tourmenteront tous

1. H. Rashdall, *The Universities of Europe in the Middles Ages*, Oxford, OUP, 1895, vol. I.

2. G. Gusdorf, *Les origines des sciences humaines*, vol. II, *op. cit.*, p. 214.

3. I. Goldziher, « Stellung der Alten Islamischen Orthodoxie zu dem Antiken Wissenschaften », *Abhandlungen der Akademie der Wissenschaften*, 8, 1916, p. 55.

4. G. Saliba, *A History of Arabic Astronomy,* New York, New York UP, 1994, p. 55.

5. « Trois épîtres d'Al-kindî », éd. D. L. V. Vaglieri, G. Celentano, *Annali dell'Istituto Orientale di Napoli,* 34 n. s., 1974, p. 523-562.

les esprits les plus vifs jusqu'au XVe siècle. Les astrologues mathématiques arabes comme Al-Khawarizmi, Al-Kindî et Albumasar, remarquèrent ainsi que Ptolémée n'avait pas fourni assez d'explications sur la façon d'accorder la mathématique (l'anomalie des épicycles, la détermination de l'équation du mouvement moyen des planètes, la mesure de la variation séculaire de la précession des équinoxes) avec la pratique de l'astrologie d'observation. Ils élaborèrent alors une astronomie selon une nouvelle doctrine mathématique, en inaugurant ainsi la pratique de l'algèbre (dont la numération fut universellement adoptée) et de la trigonométrie. D'autres, des astronomes philosophes comme Ibn Tufail, Al-Fârâbî, Averroès et Alpetrage, refusèrent le système de Ptolémée parce qu'il lui manquait de solides principes théoriques ; ils accueillirent et diffusèrent ceux d'Aristote en développant des argumentations qui seront partagées aussi par les Latins pendant tout le Moyen Âge.

De cette manière, les Latins chrétiens parvinrent à accéder non seulement aux œuvres de Ptolémée, mais à ces mathématiques entre arithmétique et algèbre qui ne sont plus le reflet des sciences grecques [1], mais l'invention d'algébristes de la fin du Xe siècle, représentés par Al-Khawarizmi, renouvelées à la fin du XIIe siècle par Sharaf Al-Dîn Al-Tûsî [2] et par les œuvres d'astrologues mathématiciens arabes d'Andalousie qui prennent la relève. De cette région d'Espagne, donc, se répand une nouvelle science traitant de l'astrologie, de l'astronomie, des mathématiques et de la philosophie ancienne et les savants latins y retrouveront les clefs du savoir déposé par les savants arabes. Ainsi l'Espagne fut un pôle d'attraction et contribua à la diffusion de toute cette culture scientifique.

Les traducteurs de l'école de Tolède

Ce phénomène prit de l'ampleur au début du XIIe siècle grâce à l'extraordinaire activité de l'école des traducteurs qui fut promue par l'évêque Raymundus à la Cathédrale de Tolède. Ce n'étaient pas seulement de doctes ibériques comme Adélard de Bath, Platon de Tivoli, Hermann de Carinthie, Robert de Chester, Rudolf de Bruges, mais aussi une équipe de savants juifs, Pierre Alphonse, Jean de Séville, Abraham Savosarda et Abraham Ibn Ezra. Ce sont des savants que nous retrouverons constamment au cours du XIIe siècle. Mais le maître le plus actif et le plus fécond de cette école est sans conteste, dans la seconde moitié du XIIe siècle, Gérard de Crémone, des œuvres duquel on connaît la liste par une courte note biographique d'un de ses èleves qui en présente le catalogue. Gérard a traduit les ouvrages de Ptolémée, il a fait connaître la philosophie d'Aristote par la médiation du *De anima* et de la

1. P. Duhem (*Le système du monde, op. cit.*, vol. VII, p. 126) soutient la thèse contraire.

2. R. Rashed, « La notion de science occidentale », *Entre arithmétique et algèbre, Recherches sur l'histoire des mathématiques arabes*, Paris, Les Belles Lettres, 1984, p. 311.

Métaphysique d'Avicenne, bien avant la traduction d'Averroès par Michel Scot ; il a été également l'auteur d'une théorie simplifiée des planètes (*Theorica planetarun Gerardi*) qui deviendra le manuel d'enseignement de l'astrologie jusqu'au XVe siècle.

D'autres compilations étaient également disponibles, telles que les travaux d'Al-Battânî, le *Mouvement des cieux* [1], le *Catalogue des étoiles fixes* (*Liber de aggregatione stellarum*) d'Al-Farghani [2] et le *Mouvement de la huitième sphère* de Thâbit Ibn Qurra [3]. Il s'agit là d'une brochure dont les Latins ont connu plusieurs rédactions, probablement pas réalisée par Thâbit lui-même mais par son école, et dont on ne connaît pas l'original. Elle fut amplement commentée par de nombreux auteurs issus de différentes écoles (dont, par exemple, le kabbaliste Augustinus Riccius) [4] jusqu'au XVIe siècle. Ces ouvrages représentent la première exploration approfondie de l'astrologie comme science des astres (*scientia astrorum*) dont le mouvement se passe dans les huit cieux.

Les changements de la structure de l'astrologie des astronomes aristotéliciens

Ces élaborations réflexives sur les œuvres de Ptolémée de la part des savants arabes d'Andalousie entraînèrent peu à peu des changements par rapport à la structure d'origine de l'astronomie de Ptolomée. Néanmoins, aux VIIIe-IXe siècles, les premiers traducteurs ne modifièrent pas la doctrine centrale de Ptolémée à propos des pronostics tant « individuels » (sur des personnes, des choses ou des villes) qu'universels (sur les événements du monde). Le *De nativitate* de Abu Ali al Hayyat (né en 835 environ, connu aussi sous les dénominations d'Abouali ou Alboali) fut l'un des premiers ouvrages traduits par Omar Tiberiade (Umar Ibn al Farruhan al-Tabari) et cette œuvre rencontra aussitôt un vif succès. À cette même époque, Al-Farghani, Al-Battânî, Thâbit Ibn Qurra présentèrent aussi la sphère céleste selon la théorie exacte de Ptolémée, constituée de huit et non pas de neuf sphères, comme d'autres l'affirmeront plus tardivement.

Ce n'est qu'entre la fin du IXe et celle du Xe siècle que la structure du système astronomique de Ptolémée évolua suite à l'importante systématisation théorique et mathématique d'Albumasar (786-885). Grâce aux nouvelles

1. C. A. Nallino, *Al-Battânî sive Albateni Opus astronomicum latine versum adnotationibus instructum*, 2 vol., Milano, Pubblicazioni del R. Osservatorio di Brera, 1903-1907 ; éd. Regiomontano, *Al-Battânî Opus*, Nuremberg, 1537.

2. Al-Farghani, *De scientia astrorum,* ou *XXX Differentie,* trad. M. Gerardi, éd. R. Campani, Città di Castello, 1910.

3. R. Morélon, « Tabit b. Qurra and Arab Astronomy in the 9th Century », *Arabic Sciences and Philosophy,* 4, 1994, p. 111-13 ; *id.*, Thabit, *Œuvres d'astronomie,* éd. R. Morelon, Paris, Les Belles Lettres, 1987.

4. Augustinus Riccius, *De motu octavae sphaerae*, Parigi, Symon Colinaeus, 1521.

connaissances algébriques et trigonométriques acquises par les *algorismes* (*alcuarismi*) d'Al-Khawarizmi, Albumasar transforma l'astrologie en un système mathématique d'astrologie universelle, en introduisant la théorie des grandes conjonctions, impulsant une direction qui n'avait pas été développée par Ptolémée. Au cours de la même période, Al-Kindî, le grand philosophe syncrétiste des doctrines platonico-aristotéliciennes, amorça une astrologie météorologique et offrit ainsi la possibilité de rédiger des calendriers fondés sur les changements astrologiques, ce qui aura un grand succès jusqu'au XVe siècle, éclipsant les *Météréologiques* d'Aristote [1].

Au XIIe siècle, une nouvelle école se montra très critique vis-à-vis de l'astronomie de Ptolémée : représentée par Ibn Tufail, Al-Ghazâlî et Al-Bîrûnî, cette école dénonçait la non-conformité des principes de l'*Almageste* à la doctrine d'Aristote. Cette critique entraîna un changement doctrinal majeur, tandis que les premiers traducteurs du *Quadripartitum* de Ptolémée, comme Alî Ibn Ridwân (ou Ali Rodoan, m. 1068), restaient fidèles à la théorie du maître [2]. Cette activité de traducteurs, dont les plus grands ont été Gilles de Thébaldis et Platon de Tivoli, connut un grand succès chez les Latins, et devint le texte de base de l'astronomie astrologique jusqu'au XIIIe siècle, jusqu'à ce qu'un autre manuel introductif, plus facile, vint le remplacer : *l'Isagoge* d'Alkabise, datant du XIIe siècle mais seulement traduit au XIIIe siècle.

Le *Quadripartitum* d'Alí ne fit qu'accréditer la confusion terminologique de l'astronomie de Ptolémée de façon durable. Néammoins il eut le mérite de souligner les arguments philosophiques les plus importants de l'enseignement de Ptolémée. Il exclut la fatalité astrale : il n'existe aucune nécessité déterminante entre certains événements ; le jugement astrologique qui profère la sentence de la prévision n'est qu'une conjecture probable, même si elle est fondée sur des connaissances astronomiques correctes. Ptolémée ne pense pas que les planètes qui résident dans les dix degrés du signe (appelés aussi *décans*), puissent assumer le caractère de divinités, qui est le seul apanage des divinités hermétiques de l'astrolâtrie orientale. Il remplace les décans par sa théorie arithmétique des limites (*termini*) qui divisent en trois parties de dix degrés chacun, les trente degrés de chaque signe ; et les limites ne sont pas des divinités.

Les traductions latines du commentaire d'Alí emploient l'expression *astronomia* « des jugements », pour désigner l'astrologie pratique, alors qu'elles retiennent l'expression *astrologia quadrivialis*, « astrologie du *quadrivium* », pour l'astronomie mathématique (qu'on rapporte alors aux arts libéraux de Boèce, incluant l'arithmétique, la géométrie, l'astronomie et la musique).

1. P. Lettincx, *Aristotle's Meteorology and its reception in the Arabic World*, text, transl. and commentary of Ibn Bajja's [Avempace, Sarragozza, 1085 *circa*-1138], Leiden-Boston-Köln, Brill, 1990.

2. F. Carmody, *Arabic Astronomical Astrological*, *op. cit.*, p. 18.

Autrement dit, Alí appelle « astrologie » le système astronomique mathématique de l'*Almageste,* et « astronomie » l'astrologie judiciaire du *Quadripartitum*, en restant fidèle à l'affirmation de Ptolémée. Le terme « astrologie » est donc employé pour indiquer une science théorique – à savoir, l'astronomie *stricto sensu,* le terme « astronomie » désignant une science pratique, c'est-à-dire notre astrologie, ainsi qu'il apparaît dans le *Prologue* de Ptolémée. Il ne s'agissait pas d'une erreur, les deux disciplines se présupposant étroitement l'une l'autre. La confusion est due aux exégètes latins qui n'avaient pas bien saisi cette distinction et qui, par souci religieux, ont voulu séparer l'astronomie comme science des mouvements célestes, de l'astrologie *de iudiciis* comme prétendue divination superstitieuse, à expurger et à condamner.

L'INTRODUCTION MINEURE D'ALKABISE MANUEL OFFICIEL DE L'ASTROLOGIE EUROPÉENNE

La prolixité de cette interprétation erronée a été la raison la plus probable du grand succès dont a joui, de la fin du XIIIe siècle jusqu'à l'époque moderne, le « résumé » d'Alkabise, ou Al-Qabîsî (fin Xe siècle)[1], traduit par Jean de Séville sous le titre *Introductorius minor* (ou *Isagoga minor*). Elle se présente comme un texte simplifié introduisant à la théorie générale de l'astronomie, immédiatement suivie par une explication technique des procédures astrologiques. Il s'agit d'une synthèse, facile et élémentaire, du *Tetrabiblos* de Ptolémée, qui traite également des techniques persanes et égyptiennes d'Albumasar, de Dorothée de Sidon et d'Hermès. Alkabise a retenu et systématisé la doctrine des *triplicitates*, triplicités (c'est-à-dire la division des signes zodiacaux en quatre groupes de trois, représentés par des triangles équilatéraux) des *facies decanum* (à savoir les images des planètes divisées par les trois décans, dix degrés pour chaque signe de trente degrés) et surtout des « limites » (*oria*) selon la méthode égyptienne (fondée sur les domiciles) et la méthode chaldéenne (fondée sur les triplicités), en exposant aussi la doctrine des domiciles (*oikoi, topoi*) des sept planètes dans les douze signes zodiacaux et des exaltations. L'*Introductorius minor* est ainsi devenu le manuel officiel de l'enseignement de l'astrologie dans toute l'Europe médiévale jusqu'au XVIe siècle. À Bologne, dès que l'astrologie fut reconnue comme matière d'enseignement, l'*Introductorius minor* devint la lecture obligatoire et incontournable en troisième année dans les facultés des arts, philosophie et médecine, accompagné du troisième livre des *Éléments* d'Euclide, d'un traité sur le quadrant et du *Centiloque* avec le commentaire d'Alí.

1. Alkabise, *Liber introductorius, commentaire* de Johannes Donko *1331*, Paris, 1503. *Cf.* F. Carmody, *Arabic, Astronomical Astrological, op. cit.*, p. 144-145.

Dans l'*Introductorius*, Al-Qabîsî explique la signification de quelques termes astrologiques arabes[1] – *animodar*, c'est-à-dire le degré de l'ascendant de la naissance ; *hyleg*, le lieu de la durée de vie de la naissance ; *alcochoden*, le signe ascendant de l'heure de la naissance – et le procédé technique pour retrouver certains degrés du Zodiaque, les dénommées *Pars arabes*, de la mort, de la chance (*fortuna*), de la malchance (*infortuna*). C'est précidément la détermination de l'ascendant et donc de l'heure de naissance qui est l'un des sujets les plus importants traités par l'astrologie arabe, qui a poussé les savants à chercher non seulement le « pas » des planètes à des heures déterminées (midi ou minuit), mais aussi à étudier la fabrication d'astrolabes de plus en plus perfectionnés pour déterminer le transit des différentes planètes, aux différentes heures du jour, selon les coordonnées de la longitude et de la latitude. L'*Isagoga minor* d'Al-Qabîsî fut le texte indispensable, qui donna lieu à plusieurs commentaires célèbres à travers l'Europe, dont ceux de Jean de Saxe (1331 env.), de Léopold d'Autriche[2] et surtout de Cecco d'Ascoli, professeur à l'université de Bologne, dont la renommée est plutôt liée aux doctrines effrayantes qu'il a énoncées dans son commentaire à la *Sphère* de Sacrobosco.

L'ASTROLOGIE RÉFORMÉE DE LA NEUVIÈME SPHÈRE D'ALHAZEN

Un des astronomes arabes du IXe siècle, de formation non mathématique et critique de Ptolémée, Al Asan Muhammad Ibn Alhazen[3], élabora également un système des sphères bouleversant la théorie planétaire de *l'Almageste*. Il rédigea un traité – la *Configuration de l'Univers* – où il modifiait la sphère céleste de Ptolémée en un sens aristotélicien, à cause des nombreux problèmes non résolus par les commentateurs de Ptolémée : des principes philosophiques, mais aussi des valeurs relatives à la précession des équinoxes et à la mesure de la course du soleil le jour et la nuit. Il introduisit une neuvième sphère au-delà de la huitième sphère de Ptolémée, comme premier mobile de l'univers.

La *Configuration de l'Univers* a été éditée par Millás Vallicrosa en 1942 sous le titre *La configuration du monde* (*De mundo* ou *De sfera*) depuis une

1. P. Kunitzsch, « Glossar der arabischen Fachausdrüke in der mittelalterlichen europaeischen astrologische Literatur », *Nachrichten der Akademie des Wissenschaften in Gottingen* (*Philol. Hist. Klasse*), 1982, p. 457-571.

2. Leopold d'Autriche, *De scientia astrorum*, Augsburg, 1489.

3. À ne pas confondre avec le grand mathématicien et opticien homonyme, appelé Alhazen ou Alhacen (à l'origine Hasan Ibn al Haytham). *Cf.* R. Rashed, « The Configuration of the Universe : A Book by al-Hasan Ibn al Haytham ? », *Revue d'histoire des sciences*, 60, 2007, p. 47-63 et *id.*, « Le mathématicien et le philosophe », *Astronomie, Géométrie sphérique et Trigonometrie*, London, Al-Furqan Foundation, vol. V, 2002, p. 957-961.

traduction latine anonyme[1]. Dans un exemplaire retrouvé par la suite, on lit le nom de l'auteur – Asan Ibn Haytham[2]. C'est un ouvrage qui connut un remarquable succès parce qu'il offrait une combinaison des théories des planètes de l'*Almageste* simplifiées par des calculs mathématiques avec une cosmologie spécifique des sphères concentriques semblable à celle d'Aristote. Muhammad reformula ainsi le système des sphères de l'univers en avançant l'idée d'une neuvième sphère. L'univers revêt la forme d'un globe se composant de neuf enveloppes, ou coques sphériques qui glissent l'une sur l'autre. À l'intérieur de chaque coque, il y a d'autres enveloppes plus petites, dont le nombre dépend de la combinaison des mouvements, laquelle est nécessaire à l'explication des déplacements de chaque planète. Dans l'ensemble, Muhammad Ibn al-Haytham semblait suivre le modèle de Ptolémée, à l'exception, très importante, de cette introduction de la neuvième sphère qui doit être complètement dénuée d'astre, et donc des anomalies de leurs mouvements. Il fait dépendre de ce vide le mouvement de rotation diurne s'effectuant en vingt-quatre heures qu'elle imprimerait à la huitième sphère. Il formule également une critique radicale à l'encontre de la doctrine centrale de Ptolémée, à savoir son ingénieuse explication géométrique des cercles équants visant à justifier les anomalies des mouvements planétaires.

En définitive, Muhammad réintroduit les sphères homocentriques d'Aristote. L'introduction de la neuvième sphère comme premier mobile pour expliquer le mouvement diurne fut accueillie favorablement et adoptée par presque tous les astronomes arabes et latins dans un climat général propice à l'assimilation de la cosmologie d'Aristote. Plus tard, cette cosmologie sera tout particulièrement favorisée par la traduction du commentaire aristotélicien d'Averroès qui s'opposait à l'astrologie. On sait qu'au début du XIIIe siècle, circulait sous le nom d'Averrroès un opuscule traduit en latin puis égaré[3], qui expliquait sa pensée à ce propos. C'est ainsi que l'astrologie judiciaire se dégagea du système astronomique de l'*Almageste* de Ptolémée, en introduisant une grande confusion dans la détermination mathématique des déplacements des planètes. La confusion entre Muhammad et son homonyme, le mathématicien et opticien Hasan Ibn al-Haytham (Alhazen), vivant à la même époque,

1. *De mundo. Tractato de astronomia de al-Hazan ben al-Haytham en traduccion latina desconocida*, dans J. M. Millàs-Vallicrosa (a cura di), *Las traducciones orientales en los manuscritos de la Biblioteca Catedral de Toledo*, Madrid, Ed. Catedral de los Nueve Espejos, 1942, Appendix II, p. 284-312 ; et aussi M. Comes, H. Miel, J. Samsò (eds), *Ochava espera y astrofisica*, Barcelona, Universidad di Barcelona, 1990.

2. Cf. *Ibn al Haytham's On the Configuration of the World*, texte arabe et latin, trad. angl. T. Y. Langermann, New York-London, Garland Publishers, 1990, p. 2 *sq.* ; R. Rashed (éd.), *Al asan (Muhammad) Ibn al Haytham*, *op. cit.*, p. 47-63 ; et aussi « Les mathématiques infinitésimales d'Ibn al-Haytham Appendices », dans *Astronomie, géometrie sphérique et trigonométrie*, *op. cit.*, p. 881-895.

3. A. Birkenmaier, *Études d'histoire des sciences et de la philosophie au Moyen Âge*, t. I, Wroclaw, Warsawa, Ossolineum, 1970, p. 135.

créa un effet d'incompréhension. Son célèbre *De aspectibus* ou *De perspectiva* (dont on a repéré au moins 22 exemplaires qui circulèrent à partir du XIIIe siècle et que l'on a connu aussi en vulgaire italien)[1], eut une très grande influence sur les artistes de la Renaissance italienne, tels que Lorenzo Ghiberti et Léon Battista Alberti, intéressés par la construction de l'image artistique en perspective (ou *prospectiva pingendi*).

Les premières traductions latines qui circulèrent au XIIe siècle par les traducteurs de l'école de Tolède, proposaient une reconstruction simplifiée de la sphère du firmament ayant la terre en son centre, qui offraient toutes, elles, des connaissances nécessaires pour la reconstruction du ciel de naissance, d'où l'on tire le jugement astrologique. Mais les savants latins se montraient très désemparés face aux difficultés de ces doctrines, ce qui explique le large succès remporté par la compilation du grand traducteur Gérard de Crémone déjà évoquée, par l'*Epitome totius astrologiae* de Jean de Séville et par la compilation scolastique, au début du XIIIe siècle, du *De sphaera* de Johannes de Sacrobosco[2] – une étude qui prolongeait la théorie des planètes de Gérard, fournissant les notions primaires pour la représentation de la sphère céleste et terrestre. Il s'ensuivit que ces deux ouvrages furent si importants, et complémentaires de la *Theorica planetarum* dans l'enseignement de l'astrologie à la Faculté des Arts dans la deuxième moitié du XIIIe siècle, qu'ils devinrent des textes institutionnels. Ils firent l'objet de toute une série de commentaires de la part des maîtres de cette discipline jusqu'à l'époque moderne[3]. La *Sphaera* de Sacrobosco reproduisait non pas les huit sphères de Ptolémée, mais les neuf sphères de l'astrologie reformée de Muhammad Ibn al-Haytham.

On ne sait pas exactement quand la *Theorica* a été rédigée, mais on sait que Michel Scot l'introduisit dans son *Encyclopédie* avant 1235[4]. Il faut remarquer que la *Theorica,* en tant que manuel adopté dans les facultés des arts et de philosophie au siècle où se répandait la lecture des œuvres d'Aristote, contribua à la confusion sémantique qui allait caractériser l'astrologie-astronomie médiévale. On trouve également dans ce volume une grande confusion par rapport au problème de l'équation des planètes qui, dans le système de Ptolémée, résolvait les anomalies du mouvement apparent des astres.

1. G. Federici Vescovini, « Alhazen vulgarisé : le "De li aspecti" d'un manuscrit du Vatican (moitié du XIVe siècle) et le *Troisième Commentaire* de l'optique de Lorenzo Ghiberti », *Arabic sciences and philosophy*, 8, 1998, p. 67-97.

2. L. Thorndike, *The Sphere of Sacrobosco and its Commentators*, Chicago, Chicago UP, 1957.

3. O. Pedersen, « The *Teorica planetarum* and its Progeny », dans G. Federici Vescovini, F. Barocelli (a cura di), *Filosofia, scienza e astrologia*, introd. R. Klibansky, Padova, Il Poligrafo, 1992, p. 53-78.

4. G. Federici Vescovini, « Michel Scot et la *Theorica planetarum Gerardi* », *Early Science and Medicine*, 1, 1978, p. 272-282.

Aussi, dans ces compilations de la *Theorica*, ne trouve-t-on aucune uniformité entre traduction et interprétation, ni du coté théorique-mathématique, ni du coté pratique des pronostics. Le système astronomique hésite entre le modèle de l'astronomie « fabuleuse » des compilations du XIIe siècle (comme dans l'encyclopédie d'Arnaud de Saxe) [1] et un modèle mathématique rationnel. La confusion terminologique entre l'astronomie mathématique théorique et la science du pronostic, opérative et pratique, va se poursuivre dans les grands manuels introductifs pendant tout le XIIIe siècle, tels que le volumineux *Liber introductorius sive decem tractatus* de Guy Bonatti de Forli ou le traité de Barthélémy de Parme, tous deux étant encore liés aux fluctuations terminologiques du XIIe siècle.

1. I. Draelants, « Une mise au point sur les œuvres d'Arnoldus Saxe », *Bulletin de philosophie médiévale*, 34, 1992 ; 35, 1993.

Chapitre III

LA NAISSANCE DE L'ASTROLOGIE SUPERSTITIEUSE ET LE TRANSFERT SÉMANTIQUE DES CLASSEMENTS DES SCIENCES

C'est donc à Tolède au XIIe siècle que l'évêque Raymundus promut la traduction en latin des textes de la science et de la philosophie musulmanes élaborés en Espagne aux Xe et XIe siècles, en en confiant l'exécution à plusieurs traducteurs-commentateurs. À cette époque, les savants se posaient la question de savoir comment et jusqu'à quel point on pouvait assimiler le savoir hellénistique et musulman au savoir chrétien. Pour ces traducteurs arabo-latins du XIIe siècle, l'Arabe n'était plus seulement l'adversaire mais aussi une source de connaissance.

Néanmoins, dans les siècles précédents (fin V^e et VIe siècle) le moine Aurelius Cassiodorus avait rédigé pour sa communauté en Calabre, le *Vivarium*, une synthèse du savoir profane et du christianisme dans ses *Institutiones* en trente-trois livres (au nombre des années du Christ) donnant la liste des disciplines profanes, à côté des disciplines divines de la Bible. Manlius Severinus Boèce (475/77-524), patricien romain et philosophe chrétien, avait établi un classement cohérent des disciplines latines, avec les arts libéraux du *trivium*, déjà énoncé par Martianus Capella dans son *De nuptiis Philologiae et Mercurii*, en y ajoutant le *quadrivium* des disciplines scientifiques dans ses *Institutions mathématiques* et ses *Institutions de musique*. Aux siècles suivants, prenant la suite de l'activité encyclopédique d'Isidore de Séville (ca. 560-636), Hugues de Saint-Victor (1096-1141) concluait que, s'il était possible que l'astronomie nous donne une prévision certaine lorsqu'elle décrit la conversion du ciel dans le mouvement de conversion à la levée et au coucher des astres, elle était néanmoins diabolique et superstitieuse.

Les encyclopédistes latins et arabes (XII e-XIII e siècles)

En effet, dans sa recomposition d'une encyclopédie chrétienne des sciences – les *Étymologies* ou *Origines* – Isidore partageait la doctrine de Ptolémée en séparant la science des étoiles de la « superstition » liée à la prévision de leurs effets, dont auraient dû faire partie aussi les maladies, qui relèvent de la médecine. Il s'agit là de la branche de l'astrologie « mathématique » comprenant la *mathesis* ou mantique, que les astrologues « mathématiciens » suivent lorsqu'ils tirent les auspices des étoiles en les interrogeant. C'est de l'astrolâtrie, qui se distingue de l'astrologie médicale naturelle d'après laquelle la santé, la maladie et leurs cycles périodiques varient uniquement selon l'équilibre de la complexion des corps. Par conséquent, dans les sciences rationnelles mathématiques du *Quadrivium* de Boèce, qui comprenait l'astronomie, une certaine confusion était née entre la mathématique rationnelle de l'astrologie de l'*Almageste* et du *Quadripartitum,* et la dimension magique de la « mathématique divinatoire » (la *mathesis*) superstitieuse. Au XIII e siècle, Roger Bacon tentera d'y introduire plus de clarté, tout comme l'auteur du *Speculum astronomiae* (attribué à Albert le Grand).

On ne trouve aucune trace de cette interprétation de la mathématique astrologique comme mantique superstitieuse dans l'astrologie arabe : ni dans la classification des sciences d'Al-Fârâbî [1], ni dans l'élaboration d'Al-Bîrûnî [2]. On y soupçonne plutôt l'athéisme [3]. Al-Bîrûnî (973-1048) était astrologue, et également l'un des plus grands mathématiciens arabes de son temps. Dans son ouvrage *De l'instruction concernant les principes de l'astrologie* (1029), il propose des explications utiles pour l'introduction à la pratique astrologique, bien qu'il ne la tienne pas en grande estime [4]. Mais il resta parfaitement inconnu des savants latins, tandis qu'Al-Fârâbî gagna auprès d'eux une grande influence !

1. Th.-A. Druart, « Astronomie et astrologie selon Farabi », *Bulletin de Philosophie Médiévale*, 20, 1978, p. 43-47.

2. Al-Bîrûnî, *The Book of Instruction in the Elements of the Art of Astrology*, ed. et trad. angl. R. Ramsay Wright, London, Luzac, 1934 ; R. S. Pines, « The Semantic Distinction of the Terms Astronomy and Astrology according to Al-Bîrûnî », *Isis,* 55,1964, p. 343-344 ; S. F. Starr, *Lost Enlightenment Central Asia's Golden Age from Arab Conquest to Tamerlane*, Princeton NJ, Princeton UP, 2013, trad. it. Torino, Einaudi, 2017, p. 4-15 ; G. Saliba, « Astronomy and Astrology in Medieval Arabic Thought », dans R. Rashed, J. Biard (éd.), *Les doctrines de la science, op. cit.*, p. 131-164.

3. G. Saliba, *A History of Arabic Astronomy. Planetary theories during the Golden Age of Islam*, New York, New York UP, 1994, p. 55 ; I. Goldziher, *Stellung der alten islamischen Orthodoxie zu dem Antiken Wissenschaften,* Berlin, Abandlungen der Akademie der Wissenschaften, Bd. VIII, 1916, p. 25.

4. F. Sezgin, *Geschichte des arabischen Schrifttums, op. cit.*, vol. VI, p. 195-196.

Al-Fârâbî écrivit aussi plusieurs ouvrages philosophiques et, dans le domaine de l'astrologie, un commentaire de l'*Almageste* de Ptolémée, un traité contre l'astrologie et une encyclopédie *De scientiis*[1]. Cette dernière a été traduite de l'arabe aussi bien par Michel Scot que par Dominique Gundisalvi, et elle fut l'une des sources les plus importantes de l'organisation du savoir des Latins, bien avant les traductions du grec en latin, au XIIIe siècle, de l'*Aristoteles latinus*[2].

Le De scientiis *d'Al-Fârâbî*

Dans cette encyclopédie, traduite aussi en catalan, Al-Fârâbî ébauche une genèse des sciences. Il passe des mathématiques à la physique, de la physique à la théologie, de la théologie aux arts du langage. Comme les commentateurs arabes, il appelle « astronomie » la science mathématique du mouvement du premier mobile ou firmament, et « astrologie » la science des jugements, issue de la première ; et il reproche à Ptolémée d'avoir interverti leurs noms.

L'astronomie-astrologie, science gémellaire, fait partie des sciences mathématiques qui sont au nombre de huit : astronomie, arithmétique, géométrie, science des aspects (*scientia aspectuum*) ou perspective, musique, science *de ponderibus* (statique), science *ingegnorum* et enfin astrologie, justement en tant que dérivée des mathématiques. En général, l'astronomie est considérée comme la science des étoiles et elle est divisée en deux parties : l'une est la science de la signification des étoiles et concerne ce qui se produira dans le futur, c'est la science des « jugements », et elle n'est pas considérée comme superstitieuse ; la deuxième est la science théorique des étoiles ou pure fiction mathématique. Fârâbî ne partage donc pas l'idée d'une science superstitieuse, ce qu'en revanche deviendra l'astrologie selon la tradition chrétienne, c'est-à-dire une sorte de divination magique.

L'astronomie, *scientia stellarum*, est « selon le nombre » par ses sciences et ses doctrines, mais elle est une unique science rationnelle mathématique. On peut la diviser en trois types, décrits par Ptolémée dans le *Quadripartitum* : universelle, générale, individuelle. En tant qu'astrologie, elle se trouve dans les nombres qui donnent la connaissance d'un événement qui peut se produire ou ne pas se produire, selon l'intelligence de l'astrologue fournissant une prédiction du futur, non pas de l'être en tant qu'il est, mais de ce qu'il pourrait être ou *esse fore*. Ainsi, Al-Fârâbî introduit une nouvelle notion épistémologique, différente de celle des *Analytiques* d'Aristote (celle de l'être en tant qu'être ou être nécessaire), fondée sur la réalité du possible, le futur contingent,

1. M. Bouyges, « Notes sur les philosophes arabes connus des latins au Moyen Âge : sur le "De scientiis" d'Al-Fârâbî, récemment édité et sur le "De divisione scientiarum" de Gundissalinus », *Mélanges de l'Université Saint Joseph*, IX, 1923-1924, p. 49-70.

2. G. Lacombe, A. Birkenmajer *et al.*, *Aristoteles latinus*, Bruges-Paris, Desclée de Brouver, 1939-1961, nouv. éd. G. Verbeke, J. Brams, Leiden-Boston-Köln, Union Académique Internationale, 26 vol., 1961-2008.

et cette doctrine fera école. L'astrologie, science de l'être en mouvement, quoique de l'*esse fore*[1], en ayant la même valeur que l'astronomie, ne va pas être rayée du domaine du savoir de l'être. Il s'ensuit que toutes les deux sont comprises dans la science des étoiles, chacune gardant la même dignité. Elles sont une même doctrine.

Dominique Gundisalvi et l'astrologie superstitieuse

On constate en revanche son exclusion du domaine des sciences, en tant que superstition, dans l'encyclopédie chrétienne de Dominique Gundisalvi, le *De divisione scientiarum* ou *De scientiis*[2].

L'œuvre de Dominique Gundisalvi (né en 1115 env., disparu après 1181) érudit et philosophe, archevêque de Ségovie, représente un important point de repère pour l'histoire de l'astrologie médiévale dans le cadre complexe de la culture des siècles suivants. Il se proposait de doter l'ensemble de la religion révélée d'une tradition philosophique bien articulée, exprimée jusque-là dans la réforme grégorienne mais qui n'avait été que simplement énoncée par les premiers encyclopédistes. Le but de Gundisalvi était d'intégrer les notions de la science et de la philosophie arabes (Al-Fârâbî, certaines sections du *Kitab al-Shifa* d'Avicenne, la philosophie néoplatonicienne d'Avicebron) au *Quadrivium* de Boèce et aux premières doctrines connues d'Aristote récemment traduites, dont on n'avait pourtant pas bien assimilé les contenus. Cela explique l'ambiguïté ou le manque de clarté des définitions tirées de ses ouvrages. Gundisalvi a écrit des traités et des compilations (*De unitate*, *De anima*, *De immortalitate animae*) en plus de son *De divisione philosophiae*, mais celui-ci est le texte qui aura eu le plus d'influence sur la terminologie des sciences astronomiques, en transformant la science de l'astronomie mathématique en une « science » des jugements superstitieuse. Cette transformation s'opère par un échange sémantique entre l'astrologie mathématique conçue comme science du mouvement du ciel et la définition de l'astrologie des jugements (dans la mesure où les deux ont le même objet, à savoir le premier mobile). Il relègue ainsi cette dernière au domaine de la superstition. En effet, d'après la science du jugement, la signification d'un astre est sa destinée, l'astre étant le sujet d'où découle son « jugement » et cette idée sera considérée comme superstitieuse. De cette façon, Gundisalvi élimine de sa définition de l'astrologie des jugements l'interprétation proposée aux IXe-Xe siècles par les maîtres fondateurs de cette doctrine, Messahalla et Albumasar.

1. L. Thorndike, « The True Place of Astrology in the History of Science », *Isis*, 45, 1954, p. 273-278.

2. Dominique Gundisalvi, *De scientiis*, éd. M. A. Alonso, Madrid-Grenade, CSIC, 1954; *id.*, « De ortu scientiarum translatio Scoti », *in* C. Beaumker (Hrsg.), *Beiträge zur Geschichte der Philosophie des Mittelalters*, Munster i. W., Aschendorff, 1916, p. 17-22.

Dominique Gundisalvi développe un classement des sciences qui sera adopté par la majorité des savants chrétiens et péripatéticiens du Moyen Âge latin, en en excluant la science des étoiles, jugée superstitieuse. De cette manière il bouleverse le sens aussi bien de l'astrologie théorique mathématique de *l'Almageste* que de l'astronomie pratique de la prévision du *Quadripartitum*, qui provenaient de Ptolémée. Cette méconnaissance contribua à renforcer l'instabilité des désignations des disciplines scientifiques des corps célestes au Moyen Âge et à porter l'appréciation défavorable de « néant scientifique » des sciences médiévales par les historiens modernes.

Michel Scot

Le premier grand ouvrage à exposer la doctrine de l'astrologie universelle de l'*Almageste* fut le *Livre d'introduction majeur à l'astrologie* (*Liber introductorius maior in astrologiam*) d'un autre célèbre traducteur, Michel Scot (1175-1232). Fameux astrologue au service de l'empereur Frédéric II (1227-1236 env.) et renommé en tant que traducteur d'Al-Fârâbî et d'Al-Bitrugi (*De motibus caelorum*), Michel Scot traduisit aussi le *De animalibus* et le *De anima* d'Aristote, ce dernier dans le commentaire qu'en avait donné Averroès. C'est de cette lecture que jaillit la première école averroïste de Paris d'où se diffusa aussi, depuis Paris, l'aristotélisme averroïste dans les universités italiennes de Bologne et de Padoue. Pour sa réputation d'astrologue, Dante l'appelle dans la *Divine Comédie*, celui qui « voirement sut le grand jeu des magique feintises » [1].

Dans son *Liber introductorius in astronomiam*, qui s'adresse aux débutants désirant s'initier à l'art de l'astronomie, Michel Scot aborde tous les aspects de l'Univers – célestes et terrestres – représentant les secrets des philosophes et concernant l'art de l'astronomie. Le *Liber introductorius* est composé de trois sections : l'*Introductorius*, le *Liber particularis* (dont fait partie le *De mirabilibus mundi*) et la *Physiognomica*. Cette dernière partie comprend une section du livre de magie *Secretum secretorum*, qui était à l'origine la compilation arabe d'un Manuel du prince, véritable *summa* de pseudosciences [2]. Le *Secretum* contient, en plus de la physionomie, de longs chapitres sur la médecine, l'hygiène, l'onomatomancie, mais aussi justement des secrets de la divination des sciences occultes. On l'attribua d'abord à Aristote lorsqu'il fut traduit au XIIe siècle, peut-être par Platon de Tivoli puis par Barthélémy de Messine. Il fut

1. Dante Alighieri, *Divine Comédie, Enfer*, chant XX, vers 115-117, trad. fr. A. Pézard, *Œuvres complètes*, Paris, Gallimard, 1965, p. 1010.

2. A. Grignaschi, « La diffusione del "Secretum secretorum" (*Sirr al-'asrar*) nell'Europe occidentale », *Archives d'histoire doctrinale et littéraire du Moyen âge*, 47, 1980, p. 7-70 ; C. B. Schmitt, « Francisco Storella and the last printed edition of the latin *Secretum* (1555) », dans *Pseudo-Aristotle's The Secret of Secrets, Source and Influence*, London, The Warburg Institute, 1982, p. 124-131.

commenté au milieu du XIIIe siècle par Roger Bacon, qui voulut l'expurger des sections magiques.

Selon Michel Scot l'astrologie représente le savoir opérationnel du philosophe qu'on rapproche, à cause de cela, du magicien. On peut voir en elle l'art ou la science qui offre les instruments les plus sûrs pour s'emparer des forces célestes gouvernant le monde. C'est une connaissance qui se concentre sur l'influence du soleil et de la lune, les deux corps qui éclairent les âmes des hommes de raison et les acheminent vers les sentiers de la vérité. Aussi, les principes de la science et de la doctrine de la sagesse découlent-ils de la révélation de l'esprit immuable reçu du soleil et représentent-ils la sagesse de Dieu. Grâce au soleil on comprend la sagesse infaillible et grâce à la lune, la vertu de la sagesse ou la science du bien et du mal.

Dans ce contexte, l'astronomie et l'astrologie deviennent les sciences philosophiques par excellence, permettant d'atteindre l'admirable sagesse divine diffusée dans tout l'univers. Dans un passage de *l'Introductorius*, Michel Scot se rapporte à elles comme à deux sciences philosophiques-sapientiales fournissant le *subiectum commune*, à savoir l'*ens* de toutes les autres sciences. Ce passage rappelle les pages de la *Métaphysique* d'Avicenne où l'on présentait un classement des sciences spéculatives attribuant à l'astronomie, à cause de son aspect pratique astrologique, une place privilégiée en tant que science universelle du mouvement céleste, source de toutes les influences. Toutefois, à bien y regarder, Michel Scot ne semble présenter aucune justification philosophique et théorique particulièrement originale du lien entre astronomie et astrologie, à la différence de ce que, par exemple, fera un siècle plus tard Pierre d'Abano dans son *Lucidator dubitabilium astronomiae*, en se référant à la même source arabe.

La définition de la philosophie comme les définitions de l'astrologie et de l'astronomie proposées par Michel Scot sont des répliques des formulations contenues dans les florilèges et recueils des siècles précédents. Les références les plus évidentes sont en particulier la tradition « narrative » de l'astrologie d'Herman de Carinthie, de Daniel de Morley, du *Liber Hermetis sex principiorum* et de toute la tradition remontant à Calcidius, Macrobe et Isidore de Séville. Sur la base de ces définitions, il résulte que l'astronomie et l'astrologie sont une seule et même discipline, mais entendues dans un sens différent de celui donné par Ptolémée. En effet, le terme « astronomie », dérivé des termes grecs *astron* (« étoile » ou « astre ») et *nomos* (« science », « loi », « règle »), indique la loi des astres (*lex astrorum*) ou bien aussi la science *de astris*, alors que le terme « astrologie », dérivé de *logos* (« discours » ou « sermon »), est le discours (*sermo*) sur les astres ou encore une *sermocinatio de astris*. Ainsi, deux termes dérivent de « astronomie » : *astronomus* (*idest homo sciens artem*, l'homme qui connaît l'art) et *astronomista* (*idest homo imitans artem astronomiae*, l'homme qui imite l'art de l'astronomie). Deux termes dérivent aussi d'« astrologie » : *astrologus* (*homo utens haberi artem*, l'homme capable d'user de cet art) et *astrologista* (*idest imitans vestigia ipsius artis suo posse*, celui qui imite les vestiges de cet art selon sa possibilité).

Les mathématiques ne font partie d'aucune des deux définitions de l'astronomie. Et même lorsque Michel Scot introduit une distinction entre la science-*mathesis* (avec un « h ») et la *matesis* (sans « h ») des arts magiques – dont font partie la géomancie, l'hydromancie, l'auguromancie, la pyromancie, la nigromancie, des arts qu'il considère comme non chrétiens –, il continue de faire une confusion qui va durer jusqu'à la solution apportée par Roger Bacon. Dans l'astronomie, Michel inclut par exemple la nécromancie, c'est-à-dire l'invocation des esprits des démons enfermés dans la hiérarchie des 48 images célestes, à savoir les 12 signes du Zodiaque et les 36 constellations de l'hémisphère septentrional et méridional. Il y sépare la sphère divine, *suprasensibilis*, incorporelle et immobile, de la sphère sensible, corporelle et terrestre, gouvernée par le Soleil et par la Lune. Dans la préface de son *Introductorius*, la distinction entre les sciences de la *mathesis* et les arts de la *matesis* reste donc assez confuse.

LA RÉACTION
NICOLE ORESME

Les philosophes et les théologiens de la seconde moitié du XIIIe siècle réagirent vivement contre cette encyclopédie et ces florilèges parsemés de science arabe. C'est le cas du dominicain anglais Robert Kilwardby (*ca.* 1215-1279). Archevêque de Canterbury et cardinal, Robert enseigna à Paris et à Oxford, et son jugement était le même que celui des savants chrétiens du XIIe siècle : l'astrologie est une superstition. En philosophie, il soutient la doctrine de la pluralité des formes substantielles, et en 1277 il condamna à Oxford la théorie de l'unité de la forme substantielle de Thomas d'Aquin[1]. Il rédigea une remarquable encyclopédie des sciences philosophiques et mathématiques, prenant appui sur la philosophie d'Aristote : le *De ortu scientiarum*. Il y distingue les sciences humaines des sciences divines. La *ratio* humaine qui, dit-il, a « les raisons éternelles de la vraie lumière à l'intérieur et à l'extérieur d'elle-même », développe deux types de science : la première (intérieure) est celle qui suit les premières raisons éternelles, c'est la philosophie ; la deuxième (extérieure) est la mathématique qui « suit les raisons en elles-mêmes et les raisons en dehors qui sont occultes ». Ces dernières raisons viennent en aide à l'esprit par infusion (*adiuvant spiritus per immissiones*)[2].

1. A. Boureau, *Théologie, Science et Censure au XIIIe siècle*, Paris, Les Belles Lettres, 1999, p. 48-86.
2. R. Kilwardby, *De ortu scientiarum*, ed. A. G. Judy, « Auctores Britannica Medi Aevi » IV, Toronto, The Pontifical Institute of Mediaeval Studies, 1976, p. 31-34 et p. 36.

L'astronomie appartient aux mathématiques, avec la géométrie. Elle est fondée sur la quantité continue et elle est à son tour divisée en trois parties : la première est *vera mathematica* et considère la quantité ; la deuxième est « en partie » naturelle et fournit les causes des événements naturels se produisant par l'influence des astres dans notre monde inférieur ; la troisième est presque naturelle, mais elle est menteuse (*mendax*) et superstitieuse, car elle prétend deviner les événements futurs en scrutant la position des étoiles et leurs aspects. Elle s'appelle *sermo de astris*, elle « parle mais ne démontre pas » et elle est « associée à la magie ».

Au XIVe siècle, ce rejet de l'astrologie par les théologiens sera confirmé et étayé par de solides arguments philosophiques au lieu de simples accusations de superstition dans les œuvres de Nicole Oresme (1320-1382).

Chanoine de Rouen, consacré évêque de Lisieux et conseiller du roi Charles V, maître ès arts à l'université de Paris, à la fois mathématicien, astronome, philosophe et théologien, Nicole Oresme écrivit des œuvres critiques contre les *astrologos*[1] en développant des raisonnements de mathématiques célestes. Depuis ses traductions des œuvres d'Aristote (*le Livre du Ciel, le Livre des Économiques, la Politique*), jusqu'aux commentaires du *De generatione et corruptione*[2], *De configurationibus qualitatum et motuum*, *De mirabilibus mundi*, toute sa pensée oscille entre rationalisme et fidéisme. Dans les livres contre les astrologues, il invoque le principe de raison contre les prétentions scientifiques de l'astrologie conjonctionniste. Il recourt amplement à la théorie de la causalité d'Aristote, mais en la transformant selon une théorie qui la constitue comme une série de forces, mieux, de qualités agentes ou de dispositions qualitatives immanentes, s'exerçant d'après des lois intrinsèques à la nature, selon le cours habituel de la nature elle-même (*secundum cursum naturae*). Les traités *Ad pauca respicientes* et *De proportionibus proportionum*[3] posent les fondations rationnelles préalables à sa réfutation de l'astrologie conjonctionniste. Il se sert justement de sa formation mathématique pour attaquer la caution scientifique de l'astrologie, laquelle prétend fonder ses pronostics sur les mouvements des astres, qui ne sont jamais les mêmes, étant connus mathématiquement grâce à la géométrie des excentriques et des épicycles et par les calculs précessionnels. Ainsi, même s'il accepte en partie – comme tout le monde à cette époque – que les grands événements terrestres dépendent des astres, surtout en raison de leur capacité à altérer les rapports entre les qualités élémentaires (chaud, froid, sec et humide), Oresme ne croit

1. *Cf.* G. W. Coopland, *Nicole Oresme and the Astrologers, A Study of his* « Livre de Divinacions », Cambridge (Mass.), Harvard UP, 1952.

2. N. Oresme, *Quaestiones super de generatione et corruptione*, éd. S. Caroti, München, Akademie der Wissenschaften, 1996.

3. *Nicole Oresme and his « De proportionibus proportionum » and « Ad pauca respicientes »*, ed. E. Grant, Madison, University of Wisconsin Press, 1966 ; *id.*, *De commensurabilitate et incommensurabilitate motuum caelestium*, Madison, University of Wisconsin Press, 1971.

pas que les corps célestes se retrouvent dans les mêmes positions réciproques, d'où l'on pourrait tirer des prévisions certaines. Si leurs mouvements sont incommensurables, les prévisions qui en découlent vont être trompeuses. Comme il n'est pas possible de trouver un ordre rationnel dans les mouvements célestes - ceux-ci sont irrationnels - on ne pourra ni fonder une vraie science sur eux, ni argumenter de façon rationnelle à propos de leurs influences réciproques. L'astrologie se fait donc passer pour une véritable science, mais elle n'en a pas la rigueur, étant fondée sur des présupposés prétendument scientifiques qui sont de fait mathématiquement erronés.

L'hostilité affichée contre l'astrologie par Henri de Langenstein (ou Henri de Hesse l'Ancien, *ca.* 1325-1397), d'abord disciple puis collègue de Nicole Oresme, est la même que celle de son maître, tout en découlant d'une orientation philosophique plus proche de celle de Jean Buridan [1]. Dans ses réflexions sur l'astrologie, le point de départ d'Henri est une conception du monde physique différente aussi bien de celle d'Oresme que de celle des théologiens aristotéliciens. Il en parle dans plusieurs ouvrages, à savoir le *De habitudinibus causarum*, le *De reductione effectuum*, le *De cometa* et le *Tractatus contra astrologos conjonctionistas* [2]. Sa cible est la théorie de la causalité des cieux dans l'adaptation de la théorie aristotélicienne des causes premières et secondes qu'ont réalisée certains théologiens, dont Thomas d'Aquin. Henri soutient que le monde naturel est régi par un ensemble de forces actives immanentes qui s'exercent selon des lois intrinsèques soit à la nature commune de l'univers, soit aux natures et tendances particulières de chaque corps. Il n'existe pas de causes secondaires comme le soutiennent les théologiens légitimant l'astrologie, car dans l'univers il n'existe que deux types de causes véritablement efficientes : d'un côté Dieu en tant qu'agent « surnaturel », de l'autre la nature en tant qu'agent « naturel ». Les lois des corps célestes ne sont pas supérieures aux lois des corps terrestres, valables à l'intérieur de tous les êtres naturels corporels comme les cieux.

Néanmoins, tous ces adversaires furent des voix isolées, et depuis l'Andalousie se transmit une astronomie enrichie de l'apport de commentateurs arabes avec, parmi les plus grands, Albumasar.

1. Voir mon livre *Le teorie della luce e della visione ottica nel Medioevo*, Perugia, Morlacchi, 2003, p. 169-172.

2. H. Pruckner, « Studien zu den astrologischen Schriften des Heinrich von Langenstein », *Studien des Bibliothek Warburg* », XIV, 1933, p. 89-139.

CHAPITRE IV

L'INTELLIGIBILITÉ DE L'ORDRE DU TEMPS

L'ASTROLOGIE UNIVERSELLE D'ALBUMASAR (ABŪ MA'SHAR AL-BALKHĪ)

Les révolutions du monde

Abū Ma'shar (786-885), né à Balkhi en Afghanistan et ayant vécu à Bagdad sous le califat d'Al-Ma'mūn, est passé à la postérité en tant qu'astronome et mathématicien, en raison de la renommée qu'il a acquise chez les érudits latins par sa théorie de la révolution des grandes conjonctions – théorie dont il n'était pas l'initiateur.

Dans les quelques notices qui lui ont été consacrées [1], on souligne qu'Albumasar appartenait au milieu scientifique et juridique promu par le Califat et qu'il eut un rôle important dans le fonctionnement des institutions scientifiques alors mises en place. C'est aussi sous le règne d'Al-Ma'mūn que furent installés deux observatoires astronomiques, l'un à Bagdad, l'autre près de Damas : des observatoires certainement précieux pour les calculs d'Albumasar et qui permirent aux astronomes de cette époque de découvrir, entre autres, l'inclinaison de l'écliptique en 23,33°. Enfin, c'est sous ce règne encore que fut promu le travail essentiel des traducteurs du grec ou du syriaque, sous la direction d'Hunayn Ibn Ishaq (Johannitius pour les Latins). La communauté scientifique et juridique à laquelle appartenait Albumasar était étroitement liée au milieu religieux alors agité par le mouvement des *mu'tazilites*. Ceux-ci mettaient l'accent sur l'unité de Dieu selon le Coran : à l'unité de Dieu correspond l'unité de la croyance qui doit elle-même correspondre à celle de la communauté. Dans le même temps, l'introduction par les

1. Al-Bîrûnî, *Cronology of Ancient Nations*, ed. C. E. Sachau, London, W. H. Allen and Co., 1879, p. 25-26 ; *cf.* H. Suter, *Die Mathematiker und Astronomen der Araber und ihre Werke*, Lipsie, Teubner, 1900, n. 53 p. 30 et n. 53 p. 28.

traducteurs de la philosophie grecque donna naissance à la *falasifa*, l'école des philosophes, dont le plus fameux représentant était Al-Kindî et qui comptait Albumasar parmi ses auditeurs.

Suivant Al-Kindî sur le terrain des mathématiques, Albumasar put aussi se lancer dans la justification philosophique et historique de l'astrologie, tout comme dans la pratique courante de celle-ci. Sa théorie astrologique relève de la conception selon laquelle tous les événements survenant dans le monde sublunaire, aussi bien les vicissitudes de l'existence humaine que celles de la vie sociale, sont liés aux mouvements des cieux : ceux-ci dessinent l'histoire du monde qui est placée sous la dépendance des conjonctions des planètes dites supérieures, et tout spécialement de celles de Saturne et de Jupiter.

Les ouvrages d'Albumasar les plus importants, et qui seront connus des Latins jusqu'au XVIe siècle dans leurs éditions intégrales tout comme dans des anthologies, sont l'*Introductorium maius in astronomiam*[1], dans les deux traductions, presque contemporaines, de Herman de Carinthie (1133) et de Jean de Séville (1140) et le *De magnis coniunctionibus*. Albumasar est aussi l'auteur d'un ouvrage introductif plus court, *Isagoga minor Japharis in astronomiam*, connu dans la traduction d'Adélard de Bath. De nombreux extraits de ses ouvrages, comme le *De revolutionibus annorum* ou le *De significationibus planetarum*, circulèrent dans la traduction de Jean de Séville ainsi que dans des compilations anonymes, comme le *De electione planetarum* et plusieurs recueils des *Flores de electionibus*. Les curieux hasards de la transmission du savoir au Moyen Âge permirent également aux savants latins d'avoir accès à un court traité – *Les secrets astrologiques d'Albumasar* – par un des disciples d'Albumasar, Sadan[2], qui nous donne d'intéressantes informations sur ses doctrines plus secrètes.

L'*Introductorium maius in astronomiam* (ou *astrologiam* – les deux noms renvoient à une seule et même discipline, comme chez Ptolémée) eut une grande diffusion. Albumasar fit école et il eut à Bagdad, où il vécut pendant une longue partie de sa vie, de nombreux disciples. Les deux traductions de *La grande introduction*, par Herman de Carinthie et par Jean de Séville, divergent en particulier dans la rédaction de la *Differentia* 2 du Livre I. Elles présentent un grand intérêt historique dans la mesure où elles sont à l'origine de deux théories sur la science des jugements. Jean de Séville conçoit le jugement comme étant la signification de l'événement en introduisant l'idée du caractère sémiologique des mouvements des astres. Il les explique en allant au-delà des indications du *Quadripartitum* de Ptolémée et en se fondant sur des théories tirées de l'astrologie indienne, égyptienne et babylonienne ; il énonce

1. Albumasar, *Introductorium maius in astronomiam*, Augusta, E. Ratdolt, 1485 ; textes lat. et arab., éd. R. Lemay, Napoli, Istituto Universitario Orientale, 9 t., 1995-1999.

2. G. Federici Vescovini (éd.), « I segreti astrologici di Albumasar », *Archives d'Histoire Doctrinale et Littéraire du Moyen Âge*, 65, 1998, p. 273-330 (texte p. 297-330), trad. it. G. Federici Vescovini, *I segreti astrologici di Albumasar*, Torino, Aragno, 2000.

l'idée de signes ou schématismes célestes. Ces signes expriment la signification de l'influence des mouvements des grandes et des petites conjonctions des planètes, des Termes des signes ou des Décans, lesquelles dépassent la doctrine sémiologique de Ptolémée. C'est à Jean que l'on doit encore l'introduction du terme « impression » (*impressio*) pour définir l'action provenant du mouvement des Individus supérieurs, en exprimant ainsi le concept de radiation des corps célestes (terme extrait d'un ouvrage d'Al-Kindî, *De radiis*) [1].

Plus fidèle à Ptolémée, Herman de Carinthie soutient quant à lui que l'astrologie, la science des étoiles, appartient à une espèce gémellaire (*gemina specie*) : la science des mouvements est la même que la science de leurs effets, mais la première se fonde sur la mathématique des calculs (la *computatio* de leurs proportions et de leurs nombres), et la deuxième, naturelle ou physique, est le guide (*ducatus*) des accidents du monde [2].

L'influence d'Abū Ma'shar sur le Moyen Âge fut très importante, en raison de sa formation philosophique à l'école d'Al-Kindî, touchant à la fois à l'ontologie, la gnoséologie et la logique. Il modifia la structure des rapports entre astronomie et astrologie tels qu'ils avaient été présentés dans l'*Almageste* et le *Quadripartitum* de Ptolémée en perfectionnant les techniques mathématiques spécifiques de la prévision astrologique, et en s'inspirant d'une cosmologie néoplatonicienne contaminée par Aristote [3]. Les cieux qui, dans la physique aristotélicienne étaient conçus comme des causes essentielles, sont définis selon la doctrine néoplatonicienne comme des forces (*vires* ou *potentiae*). Ainsi sur le plan religieux, Abū Ma'shar, qui à la différence de Ptolémée était croyant, pensait que les cieux étaient des forces subordonnées à l'ordre divin parfait qu'elles représentent. Sur le plan philosophique, il réélabore l'astronomie mathématique de Ptolémée et l'astronomie physique du *Quadripartitum* selon une cosmologie où les termes du rapport entre la quintessence du ciel éternel et parfait et les qualités des quatre éléments terrestres imparfaits sont seulement énoncés sans être élaborés. Il en résulte l'un des problèmes interprétatifs les plus importants chez les savants chrétiens, par suite du mélange des notions de la physique aristotélicienne, qu'ils avaient acceptées, et de la cosmologie néoplatonicienne.

Abū Ma'shar reproduit-il le dualisme d'origine aristotélicienne entre le devenir imparfait des formes sublunaires et le mouvement circulaire parfait des entités éternelles supérieures, entre notre monde imparfait, contingent, et un monde divin, nécessaire. Quelle nature doit-on attribuer aux étoiles fixes et aux planètes : sont-elles physiques ou divines ? Sont-elles des causes

1. Al-Kindî, *De aspectibus*, éd. cit., p. 16.

2. Albumasar, *Introductorium maius*, I, 1, éd. cit., vol. VIII, 1999, p. 4.

3. *Cf.* R. Lemay, *Abu-Masar and Latin Aristotelianism in the Twelfth Century*, 6 vol., Beirut, 1962, réimp. *Albumasar, Liber introductorius*, Napoli, Istituto Universitario Orientale, 1995, vol. I, p. 1-97. R. Lemay a insisté avec excès sur son influence aristotélicienne chez les Latins alors qu'il n'était pas péripatéticien.

déterminantes ? Ces questions concernent le problème de la nécessité ou non de la causalité céleste, et donc aussi, celui de la liberté.

La liberté et la détermination astrale

Albumasar conçoit la contingence des événements selon le principe d'après lequel, avant de se produire, les événements sont en puissance dans le « guide » des étoiles (*in ducatu siderum*). Ils ne sont nécessaires qu'après s'être produits, et parce qu'il y avait des causes suffisantes pour les produire. De nos jours, on parlerait d'un « principe de raison suffisante ». L'astrologie est la science des événements possibles qui vont se produire seulement à certaines conditions, et de telle ou telle façon (*ad utrumlibet*). Cette discussion placée au commencement de l'*Introductorium maius* (Livre I, chap. IV) a longtemps représenté l'argument topique de la littérature astrologique médiévale : nos actions sont-elles ou non déterminées ?

Albumasar expose clairement comment il faut entendre cette science, en récusant les accusations portées contre elle par ses très nombreux adversaires (philosophes, religieux, mathématiciens, médecins) qui tentent de démontrer le caractère fallacieux de l'astrologie. On retrouve les mêmes arguments, avancés par tous les adversaires de l'astrologie – médiévaux ou modernes, d'ailleurs. Le contre-argument principal avancé par Albumasar est fondé sur une ontologie modale, du possible et du nécessaire, qui diffère de celle de ses adversaires aristotéliciens pour lesquels le possible devient nécessaire ou il est impossible (et donc n'est pas du tout). Selon le principe métaphysique de la logique d'Aristote, n'importe quel effet est ou n'est pas : alors, s'il est, c'est qu'il est nécessaire ; s'il n'est pas, c'est qu'il était impossible en définitive. Il n'y a pas de troisième voie. Par conséquent, l'astrologie qui admet une troisième voie est fausse, car elle affirme simultanément deux choses contraires. Pour Albumasar, si on ne conçoit pas qu'une action humaine puisse s'adresser à un certain événement et dans le même temps à un événement différent, l'homme se trouve à vivre entre la nécessité et l'impossibilité. Il n'y a aucune marge de liberté, car il est « contraint par la nécessité d'agir ou bien empêché par son impossibilité ». Albumasar explique que le temps des événements a trois moments (le passé, le présent, le futur) et il défend la possibilité d'une action intermédiaire entre le nécessaire et l'impossible, du fait que « l'action de faire est indéterminée », s'adressant aussi au futur.

La doctrine des cieux d'Albumasar permet de sauvegarder la liberté, parce que la substance des étoiles est faite de l'âme rationnelle et des quatre natures physiques élémentaires. C'est de leurs mouvements – l'un rationnel, l'autre physique – que dépend une loi universelle d'après laquelle chaque âme s'adapte à son propre corps, selon un accord stable. De cette façon on sauve aussi l'arbitre de la force de l'âme rationnelle qui dépend toujours de sa propre rationalité, alors que la force du corps s'oriente vers des directions différentes selon le mouvement des astres. Donc, les étoiles modèrent l'harmonie du corps et de l'âme en influant *ad utrumlibet* dans une direction ou dans la direction contraire, comme il advient dans le devenir contingent. Aussi l'astrologie est-elle un savoir herméneutique parce que la connaissance des figures décrites par les mouvements du firmament dans sa totalité et de ses planètes nous fournit l'explication des événements terrestres produits par leur mouvement. Albumasar soutient par ailleurs que l'astrologie est nécessaire à la médecine, comme d'illustres médecins de l'Antiquité – Hippocrate et Galien – l'ont déjà déclaré, en affirmant que l'astrologie est le guide de la médecine.

Ce savoir herméneutique est enraciné dans la notion néoplatonicienne de contraction : les cieux créés par Dieu avec de nombreuses forces peuvent « se contracter » dans les quarante-huit images d'où provient l'influence « contractée » en tant qu'action radiale ou « impression ». Cette notion de contraction de l'influence est d'une certaine importance historique puisque ce terme sera adopté par de nombreux philosophes juifs néoplatoniciens (Abraham Ibn Ezra, Abraham Savosarda), par Pierre d'Abano chez les Latins, qui l'applique à sa théorie de médecine astrologique ainsi que – ce qui est surprenant – par le cardinal néoplatonicien Nicolas de Cues qui l'applique à sa théologie.

Albumasar a développé la doctrine des quarante-huit images en complétant la même idée de Ptolémée. Il énonce un système complexe des événements terrestres qui dépendent de la succession ordonnée du mouvement des planètes, du Soleil, de la Lune (ou Zodiaque tropical) et des constellations (Zodiaque sidéral). En d'autres termes, Albumasar décrit un firmament qui est constitué par toutes les images de deux Zodiaques, le Tropical des planètes et le Sidéral des étoiles fixes, en les regroupant dans l'image unique d'un système de relations mathématiques, construisant ainsi une image unique des quarante-huit images du firmament. Elles comprennent celles des vingt et une constellation pour chacun des deux hémisphères, plus les douze planètes. Ce système des quarante-huit images qui est une description synthétique – en tant qu'elle donne des nombres, calculés exactement, de tous les mouvements apparents du firmament – exigeait un travail mathématique complexe et articulé. Pour les déterminer, il fallait élaborer des calculs trigonométriques et algorithmiques qu'Albumasar a introduits dans l'astronomie médiévale [1]. Cette préparation mathématique n'eut que très peu d'adeptes parmi les astronomes latins qui ignoraient ces mathématiques avancées, qui n'étaient pas enseignées dans les Facultés des Arts et de Philosophie au commencement du XIIIe siècle [2].

1. En effet, la construction géométrique des 48 images exige une analyse des échanges réciproques des positions soit des planètes dans les signes selon les excentriques et les épicycles, soit des constellations dans leurs transits dans les divers degrés astronomiques (ou *paranotellonta*). En ce qui concerne le Soleil et la Lune dans l'écoulement des années, on exige la connaissance de leurs anomalies, les conjonctions et les triplicités, ce qui requiert une préparation trigonométrique tout à fait extraordinaire dans le calcul des mouvements circulaires des planètes selon leur observation.

2. *Cf.* Albumasar, *Introductiorium maius*, V, XXX, éd. cit., vol. V, p. 200-201.

La théorie conjonctionniste

Dans le *De magnis coniunctionibus* Albumasar développe, en guise de complément mathématique, la théorie des révolutions des grandes et des petites conjonctions. Les révolutions sont les changements causés par les mouvements des conjonctions des planètes les plus lentes (les planètes Supérieures), Saturne et Jupiter, entre elles et avec Mars, et par les petites conjonctions de Mars avec les plus rapides, Mercure, Vénus et la Lune (les Inférieures) – toutes étant considérées dans un alignement avec le Soleil. Les révolutions peuvent avoir une durée millénaire, d'un siècle, de vingt ans, annuelle ou journalière, et de cette manière elles mesurent l'histoire des vicissitudes du monde : la naissance des royaumes, des empires et des religions ou encore les dépeuplements causés par des catastrophes et des déluges. Si l'apparition et la disparition de ces grands événements universels est ramenée aux grandes conjonctions des planètes majeures lentes, les événements mineurs sont ramenés aux petites conjonctions, lorsqu'elles se joignent aux planètes plus rapides. En d'autres termes l'horoscope des événements universels du monde est la description d'une histoire des événements, laquelle est décrite en les rapportant aux conjonctions avec lesquelles les événements sont en correspondance : c'est pourquoi cette doctrine astrologique de l'histoire a été appelée « conjonctionniste ».

La théorie conjonctionniste est fondée sur les calculs mathématiques de la théorie des triplicités, établie aussi par le savant juif Messahalla (env. 770-815), presque contemporain d'Albumasar. Les successions des conjonctions de Saturne et de Jupiter sont censées parcourir l'une après l'autre les différents signes de la même triplicité. En raison de 12 conjonctions pour chaque triplicité, les deux planètes, après quatre cycles de 12 conjonctions, reviendraient au point d'origine de la révolution, fixé au degré 0 du Bélier. Messahalla avait établi ce qu'il fallait entendre par les mots « conjonction grande, moyenne et petite » et par le terme « triplicité », sans pour autant articuler les deux notions (conjonction et triplicité) entre elles. C'est Albumasar qui va l'enrichir de ces combinaisons. On dit que deux planètes sont en conjonction lorsqu'elles ont la même longitude, quelle que soit leur latitude. Le mot « triplicité » désigne la traduction latine de *trigona* ou *triquetra*, termes par lesquels on indiquait l'aspect harmonique entre les signes du même élément [1], les signes étant subdivisés selon les quatre éléments : feu, air, eau, terre. Triplicité de feu : Bélier, Lion, Sagittaire, etc. Aussi les douze signes étaient-ils divisés en trois triangles équilatéraux, et à chaque triangle présidaient en tant que seigneurs (*domini*) de ces signes, les deux planètes majeures, Jupiter et Saturne. Une troisième planète s'y ajoutait, plus rapide, en tant que « compagnon » (*socius*), selon les théories

1. Albumasar, *Introductorium maius*, Liber V, cap. XIII, éd. cit., p. 200-201.

de l'exaltation, du domicile et de la chute des planètes [1]. Ces dernières doctrines avaient été diversement élaborées par les astrologues arabes et latins médiévaux, comme Messahalla, Al-Kindî, Albumasar, Alkabise [2], pas toujours en accord entre eux.

La théorie est complexe parce qu'elle connecte la succession des triplicités avec la successions des conjonctions dans les signes des quatre éléments, ce qui a été l'une des principales innovations introduites par Albumasar [3] concernant les révolutions et les conjonctions planétaires, dont la théorie avait été élaborée par Messahalla sans que celui-ci fournisse les calculs complexes nécessaires au passage d'une triplicité à l'autre. Partant, lorsque les transits des grandes conjonctions de Saturne et de Jupiter dans les quatre triplicités se sont achevés et que les planètes reviennent au degré 0 du Bélier dans la triplicité du feu, on a la conjonction maximale ou *fortis* [4] qui signe le millénaire.

La théorie des révolutions jusqu'au XIVe siècle

Les savants juifs

Émanant de la même source orientale commune de l'astrologie universelle, une théorie semblable des conjonctions fut élaborée par des savants juifs. Ainsi Messahalla [5] fut l'un des astronomes-astrologues les plus connus des Latins. Anticipant Albumasar, il élabora une doctrine d'astrologie universelle – *Les révolutions des années du monde* (ou *De sphaera motu*) – conçue comme clef de lecture des événements historiques. Il y reprenait la théorie de la causalité astrale du mouvement, modifiée par ses exigences religieuses de croyant juif, Dieu étant la cause première des choses dont on ne pouvait connaître la création que par l'étude du ciel. Le fondement de son modèle planétaire était celui de Ptolémée, corrigé par l'extension du nombre des sphères de huit à dix (comme les Dix Commandements). En outre, il en modifia le mode de calcul, en ajoutant un algorithme adéquat au mouvement universel de la précession des équinoxes, des éclipses et des comètes (au grand dommage de l'astrologie individuelle) ancrée non seulement dans le temps (les jours) mais aussi dans l'espace (les lieux). Il attribuait beaucoup d'importance aux éclipses et aux

1. En particulier, voir C. Nallino, *Al-Battânî sive Albategni Opus astronomicum*, vol. I, Milano Pubblicazioni del Regio Osservatorio di Brera, 1903, « Introduzione ».

2. *Ibid.*

3. F. Sadan, *I segreti astrologici di Albumasar*, *op. cit.*, p. 297-330.

4. C'est ainsi que l'avait appelée Abraham Savosarda dans son traité d'astrologie mondiale, le *Liber revelatoris.* C'est la conjonction qui rythme le millénaire IX. Voir M. J. Millas-Vallicrosa (éd. et trad.), « La obra enciclopedica di R. Abraham bar Hiyya », *Estudios sobre Historia de la ciencia española*, Barcelona, C.S.I.C., 1949, p. 219-262 ; C. Sirat, *History of Jewish Philosophy in the Middle Ages*, Cambridge, CUP, 1986, p. 97-112.

5. F. Carmody, *A Arabic Astronomical and Astrological Science, op. cit.*, p. 23-32.

apparitions des comètes et son traité *De eclipsi*, traduit par Gérard de Crémone et par Jean de Séville, fut un texte fondamental pour les astronomes médiévaux. Dans son traité *Les révolutions des années du monde*, il élabora la doctrine des triplicités planétaires qui rythment, avec le soleil et la lune (les seigneurs du temps), l'année, le mois, le jour, en énonçant l'idée que l'histoire du monde était périodisée par les révolutions des grandes conjonctions [1].

Un peu plus jeune que Messahalla, Sahl Ibn Bishr se rapporte à la même tradition. Il fut l'auteur de plusieurs ouvrages connus par les Latins, dont le *Liber temporum* et les *Fatidica* ou *Prognostica de revolutionibus*. Ces deux astrologues constituèrent la première génération d'adeptes de l'astrologie universelle dont l'influence sur Albumasar fut très importante. Sahl élabora par ailleurs un traité de magie astrale hermétique, le fameux *Liber sigillorum* cité également dans le *Speculum astronomie* d'Albert le Grand.

Les savants juifs des XIIe et XIIIe siècles vont développer l'astrologie universelle selon leur propre orientation philosophique, néoplatonicienne ou aristotélicienne. Comme le souligne Colette Sirat [2], ils étaient pour la plupart dénués de préjugés quant au caractère superstitieux de l'astrologie. Mais il faut en particulier souligner l'apport que fit au XIIe siècle l'aristotélicien Maïmonide (1135-1204) à la solution de nombreuses questions théoriques et pratiques qui étaient restées irrésolues, comme par exemple celle de savoir si le nombre des sphères d'où provient la pluralité des mouvements célestes, est de huit, neuf ou dix. Il fut l'un des premiers à comprendre dans son *Guide des égarés* l'astrologie biface de Ptolémée [3].

Les néoplatoniciens

Abraham Ibn Ezra

L'un des plus grands astrologues juifs de la première moitié du XIIe siècle fut Abraham Ibn Ezra, philosophe néoplatonicien qui écrivait en arabe, dans la langue universelle d'Al-Andalus mais fut connu des savants latins par la traduction que fit de ses travaux le traducteur juif Chajim ou Cagim. Il jouissait d'une telle renommée que l'une de ses œuvres fut même traduite par deux traducteurs au XIIIe siècle, Henri Bate de Malines et Pierre de Padoue. En effet, son œuvre encyclopédique, *De mundo* ou *Le Principe de la sagesse*, doit son

1. E. S. Kennedy, D. Pingree (eds), *The Astrological History of Masah'-Allah*, Cambridge (Mass.), Harvard UP, 1971.

2. C. Sirat, *A History of Jewish Astrology in the Middle Ages*, Paris, Éditions de la Maison des Sciences de l'Homme, 1985, p. 104-109.

3. Maïmonide, *Dux perplexorum, Le Guide des Égarés*, trad. fr. S. Munk, Paris, Maisonneuve, 1963, vol. II, 24, p. 193 : « bien que je pense que tout le problème soulevé par Ptolémée nous rende perplexes, tout cela ne concerne pas l'astronomie parce que Ptolémée n'a pas pour but de nous faire connaître sous quelle forme les sphères existent, mais de nous donner un système qui puisse admettre des mouvements circulaires, uniformes et conformes aux apparences visibles, sans se préoccuper de savoir si elles sont réelles ou non ».

succès à la traduction latine que fit Pierre d'Abano et à la traduction française effectuée par le copiste Robert de Montdidier, réalisée à la demande d'Henri Bate de Malines [1]. Le texte traduit par Pierre d'Abano [2] comprend sept livres, *Introductorius, Liber de rationibus, De nativitatibus et revolutionibus, De electionibus, De interrogationibus, Liber de revolutionibus annorum mundi seu de seculo*, qui développent une astrologie universelle. Les révolutions du monde sont fondées sur une vision néoplatonicienne d'après laquelle l'âme, en descendant des cieux, souhaite y revenir purifiée de son corps et, pour ce faire, elle doit connaître l'ordre des sphères célestes et les lieux des étoiles fixes dans le Zodiaque, d'où ressortent les aspects d'amitié ou d'inimitié entre les signes des planètes dès la naissance des hommes. Abraham, suivant en cela les Anciens, divise donc ses livres selon une description des figures et de l'ordre des sphères, des signes et de leurs planètes : c'est ainsi qu'il décrit les images, depuis les plus universelles (comme les constellations) jusqu'aux plus particulières, en en établissant les significations. Ce livre eut une large diffusion jusqu'à l'âge moderne, comme on peut le déduire des éditions imprimées à Venise en 1485 et 1507, un succès certainement dû à la clarté et au caractère exhaustif de sa présentation [3].

Abraham Bar Hiyya (*Savosarda*)

Dans ce tableau de la science astronomique juive médiévale, une place importante est occupée aussi par Abraham bar Hiyya Hanassi, dit Savosarda ou Savosarda (*circa* 1070-1136/1145), dont on a souvent confondu l'œuvre avec celle de son contemporain Abraham Ibn Ezra. Certains astrologues latins chrétiens, comme par exemple le cardinal Pierre d'Ailly, puisèrent amplement dans l'un de ses ouvrages, en particulier le chapitre 15 du *Traité d'eschatologie astrologique universelle*, le *Livre de la Révélation*, le *Megillat à Megallet* [4]. Rédigé entre 1120 et 1129, cet ouvrage fut traduit du français en latin par le dominicain Théodoric de Northen sous le titre *De redemptione Israel*. En interprétant le verset du psaume 19 (18) : « les cieux proclament la gloire de Dieu, le

1. Henri Bate de Malines traduit en latin à partir du français de Robert de Mondidier avec l'aide du traducteur juif Hagins ou Chajim, qui traduisirent Ibn Ezra de l'arabe.

2. Pierre d'Abano propose une nouvelle traduction à cause des erreurs qu'il dit avoir retrouvées dans celle d'Henri : Paris, BnF, ms. lat 7436, f° 63, et Paris, BnF, ms. lat. 10269. Voir mon livre, Pietro d'Abano, *Trattati d'Astronomia*, Padova, editoriale Programma, Esedra, 1992 (2 e éd.), p. 34-35.

3. *Abraham Iudeus appellatus Avenare, Liber rationum, Opera translatio Petri*, Venetiis, Petri Liechtenstein, 1507 ; Abraham Ibn Ezra, *Astrological Writing*, trad. fr. Salomon Munck, Paris, Maisonneuve, 1963 ; S. Sela, « Pierre d'Abano Translator of Abraham Ibn Ezra Astrological Writings », *Seferad*, 79, 2019, p. 7-87.

4. Le *Livre de la révélation* se trouve à la Bibliothèque communale de Parme dans la collection de Giambattista de Rossi qui a écrit à ce propos, *Della vana aspettazione degli Ebei del loro Messia Trattado* (dédié au Roi Vittorio Amedeo II), Roma, 1773. La traduction espagnole *du Livre de la révélation* est réalisée par M. J. Millas Vallicrosa, *op. cit.*, p. 219-262.

firmament raconte l'ouvrage de ses mains », il croyait que l'histoire d'Israël était écrite dans les cieux et il cherchait une confirmation scientifique de la détermination temporelle de la rédemption d'Israël par le calcul des grades des grandes conjonctions et des triplicités. Il y affirme que

> si nous voulons nous enquérir du royaume et de la rédemption d'Israël, nous devons commencer à calculer la conjonction la plus grande (valde magna) témoignant de la Rédemption d'Israël qui advient par le rachat d'Égypte et la naissance de Moïse [1].

Les calculs astrologiques, rapportés à des versets de la Genèse et surtout à la prophétie de Daniel, concernent le calcul de l'âge du monde. L'auteur se rapporte au *De magnis coniunctionibus* d'Abû Ma'shar, mais ses calculs ne sont pas toujours en accord avec ceux de celui-ci. D'après Abraham, les grandes conjonctions se produisent tous les 238 ans, alors que pour Abû Ma'shar elles ont lieu tous les 240 ans.

Abraham marque ainsi le temps des vicissitudes dans l'histoire d'Israël, en mettant en correspondance les prophéties avec les révolutions planétaires ; il parle de la conjonction qui a présidé à la naissance du Christ et à la prédication de ses disciples, de celle qui a précédé la venue de Mahomet, de la guerre entre les sarrasins et les chrétiens jusqu'à la victoire de ces derniers. Il décrit l'horoscope du Christ dont la naissance advint sous un signe indiquant sortilège et incantation, dans la grande conjonction de la triplicité de la Terre dans le signe de la Vierge, auquel Abraham attribue une signification analogue à la naissance de Mahomet se produisant dans la triplicité de la Balance, qui indique impiété et fausseté. L'œuvre de Savosarda a eu quelque écho en raison de ses calculs, et l'on retrouvera des références significatives au *Livre de la rédemption d'Israël* au XIIIe siècle dans l'œuvre encyclopédique d'Henri Bate de Malines et au XVe siècle chez Pierre d'Ailly.

Traducteur de la *Rédemption d'Israël* de Savosarda et également traducteur de l'autre Abraham, Abraham Ibn Ezra, l'érudit éclectique que fut Henri Bate de Malines est aussi l'auteur d'une monumentale encyclopédie en 23 parties, le *Speculum divinorum et quarumdan naturalium* (entre 1281 et 1305) où la partie dédiée aux choses naturelles relève principalement de l'astrologie et de ses calculs.

1. Abraham Savosarda, *De redemptione Israël,* Wolffenbüttel, Bibliothèque, ms. lat. 479, f. 177 et Leipzig, Bibliothèque, ms. lat. 1457, f° 214.

Les chrétiens

Le cardinal Pierre d'Ailly [1] (1350-1420) reviendra lui aussi à *La rédemption d'Israël* en tant que source principale et il provoquera une controverse mathématique en astrologie théocentrée, en critiquant les calculs des grandes conjonctions et surtout l'horoscope du Christ dressé par Abraham. Le cardinal et évêque de Cambrai s'approprie en partie les arguments des condamnations parisiennes d'Étienne Tempier (1270-1277) et ceux des écrits contre les prétentions divinatoires de l'astrologie de Nicole Oresme et Henri de Langenstein, alors qu'il partage l'idée de l'horoscope du Christ contenue dans le *De redemptione Israël* de Savosarda [2], même si parfois sa position change légèrement. Dans ses premiers ouvrages d'astrologie, Pierre d'Ailly cherche à adapter sa doctrine astrologique aux exigences de la science sacrée et de la théologie [3]. Aussi, en acceptant les distinctions apportées soit par les encyclopédistes chrétiens comme Isidore de Séville, soit ensuite par le classement des sciences licites de Dominique Gundisalvi et de Robert Kilwardby, il opère une distinction entre une astrologie superstitieuse et une astrologie universelle, qu'il considère comme valide. La première prétend prédire les événements individuels (généthliaque ou *de nativitate*) et elle comprend tout particulièrement le pronostic théorisé par Ptolémée dans son *Quadripartitum*. En revanche, l'astrologie mondiale des conjonctionnistes soutenant l'horoscope des événements du monde est, à son avis, acceptable. L'astrologie généthliaque ou astrologie des naissances individuelles est superstitieuse et illégitime car elle soumet la volonté humaine à des causes purement naturelles. Le cas de l'astrologie mondiale est différent car il ne concerne pas la volonté individuelle des hommes mais des vicissitudes universelles.

Néanmoins, dans ses premiers écrits traitant de cet argument, Pierre d'Ailly n'associe pas la prévision astrologique des grands événements religieux à la prophétie, alors que c'est la position qu'il va adopter dans les œuvres de la maturité à partir de 1411. Il vit les événements du grand schisme du Concile de Constance et s'interroge alors sur les vicissitudes d'une Église troublée par des discordes et des dissensions qui pourraient annoncer l'avènement de l'Antéchrist et la fin du monde. Peut-on en effet soustraire l'histoire à l'horizon du Jugement ? Est-il possible de penser une histoire sans fin, qui serait donc

1. B. Guenée, *Entre l'Église et l'État. Quatre vies de prélats français à la fin du Moyen Âge*, Paris, Gallimard, 1987, p. 125-299 ; en particulier, sur l'astrologie de Pierre d'Ailly, voir L. Ackermann Smoller, *History, Prophecy and the Stars, The Christian Astrology of Pierre d'Ailly*, Princeton, Princeton UP, 1994 et G. Federici Vescovini, *Le Moyen Âge magique*, Paris, Vrin, 2011, p. 253-275.

2. Voir mon étude « Pierre d'Ailly e Abramo Savosarda. Nota su due copie manoscritte », *Bochumer Philosophisches Jahrbuch für Antike und Mittelalter*, 18, 2005, p. 91-107, avec une édition partielle.

3. Pierre d'Ailly, *De falsis prophetis*, *in* Johannes Gerson, *Joannis Gersonii Opera Omnia*, vol. I, éd. L. Dupin, Antwerpiae, 1706, p. 511-603.

aussi une histoire sans justice[1] ? À cette époque, dans la vision théologique de l'histoire humaine, la fin de l'histoire se conçoit comme une nécessité parce qu'elle est soumise au Jugement de Dieu, aussi bien pour les « choses ultimes » (*novissimi*) des chrétiens que pour les juifs qui attendent encore l'avènement triomphant d'Israël avec la résurrection de la Nouvelle Jérusalem. Une vision eschatologique pénètre la pensée la plus intime des savants, qu'ils soient chrétiens ou juifs, surtout à chaque changement de siècle comme à l'époque de Pierre d'Ailly ; tant et si bien que sa position paraît assez proche de celle de Roger Bacon.

Dans un sermon de 1382, Pierre rappelle la prophétie de Joachim de Flore sur l'avènement de l'Antéchrist et la prévision d'Arnaud de Villeneuve dans son *De tempore adventus Antichristi*[2], pourtant menée selon une argumentation qui n'était pas astrologique mais religieuse, tirée soit de la Bible (surtout de la prophétie de Daniel), soit des écrits d'Augustin. Pierre d'Ailly estime alors que la fin du monde est proche tout en affirmant qu'on ne peut pas établir quand elle se produira. Dans le *De legibus et sectis contre supertitiosos astrologos* (1410), partant de l'idée d'un accord entre révélation biblique et conjonctions astrales, il reprend le schéma d'Albumasar et il établit que les religions sont au nombre de six – dont cinq sont connues (celle des chrétiens, celle des juifs, celle des chaldéens, celle des Égyptiens, celle des sarrasins) alors que la sixième doit encore se manifester. La théorie conjonctionniste est justifiée par Pierre d'Ailly (alors qu'il juge la généthliaque superstitieuse) sur la base d'une certaine tradition précédente, selon laquelle elle porterait sur des événements généraux sans concerner l'action des individus, sans en déterminer par conséquent le libre arbitre. De toute façon, affirme prudemment Pierre d'Ailly, toute prévision n'a pas un caractère nécessaire, mais seulement conjectural et probable. En effet, les procédés de la nature ne sont jamais nécessaires, dans la mesure où ils *dépendent* du décret divin (*nutu Dei*) par lequel Dieu a disposé de « coopérer avec les causes naturelles, sauf là où interviendrait une cause miraculeuse ». À son avis, l'ordre naturel qu'exprime la *potentia Dei ordinata,* telle qu'on en discutait alors dans les universités à l'occasion de la lecture des *Sentences*, ne constitue pas une limite pour la *potentia Dei absoluta*[3].

Ces thèses sont amplement développées dans la *Trilogie* de ses ouvrages, dont les affirmations vont tellement scandaliser Pic de la Mirandole : *Vigintiloquium seu concordantia, astronomicae veritatis cum theologia ; Concordantia astronomicae veritatis cum historica narratione ; Elucidarium* (Augusta, Ratdolt, 1490, 1499). Dans ces textes, Pierre d'Ailly veut nous faire comprendre qu'il croit, davantage que dans ses œuvres précédentes, à la validité des

1. *Cf.* J. Benoît, « La fin de l'histoire », dans F. Merlini, *Après la fin de l'histoire, temps, monde, historicité,* Paris, Vrin, 1998, p. 17.

2. Arnaud de Villeneuve, « De tempore adventus Antichristi », dans J. Perarnau (éd.), *Arxiu de Textos Catalans Antics*, 7-8, 1988-1989, p. 67-133.

3. Pierre d'Ailly, *Questions sur les Sentences*, éd. incunable Jean Petit, Paris, s.d., f° 192 B.

prévisions de l'astrologie, dans lequelles il paraît très compétent. En particulier, non seulement on y trouve l'influence des plus grands astrologues arabes, comme Messahalla et Albumasar, mais surtout il reconnaît l'origine hébraïque de l'astrologie, qui remonterait à Noé, lequel, illuminé par Dieu, avait prévu le déluge universel. Aussi affirme-t-il pouvoir montrer la concordance entre des prophéties guidées par l'inspiration divine, et les révolutions astronomiques. Celles-ci peuvent s'accorder avec les prophéties et même confirmer, grâce aux jugements qu'on tire de l'étude des transits des planètes, les grands événements religieux.

Dans l'*Elucidarium*, Pierre d'Ailly se rapporte ponctuellement au texte d'eschatologie astrologique, le *Liber de redemptione Israel* qui apparaît clairement comme la cinquième partie, la seule traduite en latin, du *Liber revelatoris* (*Megillat-a-Magalleh*) d'Abraham Savosarda [1]. Celui-ci avait cherché à établir la date de la rédemption d'Israël à l'aide du calcul des horoscopes du Christianisme. Aussi Pierre d'Ailly discute-t-il avec cet auteur l'horoscope du Christianisme (et donc indirectement celui du Christ), celui des Juifs et celui de Mahomet pour les musulmans, qu'Abraham avait illustré dans son ouvrage. Pierre accepte sans réserve le schéma de la théorie des conjonctions de Savosarda, soutenant l'accord entre la révélation religieuse et les calculs astrologiques, mais il en critique âprement les chiffres et les dates qui selon lui faussent la naissance du Christianisme et, donc, celle du Christ. Aussi dans son *Elucidarium*, des chapitres 24 à 32, puis au chapitre 34, il conteste les valeurs numériques du *Liber de redemptione Israel* et en vient à corriger les horoscopes du Christianisme et du Christ présentés par Abraham pour les remplacer par les siens. Pierre réfute la reconstruction astrologique de ceux qui acceptaient la description de l'horoscope de la religion selon les données fournies par Albumasar, et qui acceptaient donc que le Christianisme soit né avec une triplicité de terre et avec l'ascendant entre le 5e et le 7e degré de la Vierge (« voilà qu'il est ascendant d'une Vierge en robe blanche »), même si cet aspect paraissait justifier la naissance du Christ d'une Vierge Immaculée. Selon d'autres interprètes, cette figure ne paraissait pas s'y adapter, parce qu'elle entraînait aussi l'opposition entre Mercure et les Poissons et l'ascendant en Vierge était interprété comme étant un aspect négatif. Pierre d'Ailly le critique donc fortement et préfère remplacer toute la conjonction de la triplicité de terre ayant présidé à la naissance du Christ, et donc indirectement à celle du Christianisme, par la triplicité d'air avec l'ascendant en Balance. En effet, de l'avis de tous les astrologues d'alors, cet aspect avait une signification haute et noble, car la Balance était le signe de la Justice dont le Christ en représentait le Soleil.

1. Wolfenbüttel, Bibliothèque, ms. lat. 479. *Cf.* G. Federici Vescovini, « Una versione latina medievale dell'opera escatologia di Abram Savosarda », dans *Filosofia e cultura. Per Eugenio Garin*, Roma, Editioni Riuniti, 1991, p. 5-37.

La correction apportée par Pierre d'Ailly à ces calculs était justifiée par les nouvelles connaissances astronomiques, dues aux nouveaux systèmes de calcul fourni par les astronomes d'Alphonse X de Castille, au milieu du XIIIe siècle. Ils avaient en effet connecté les données de la précession des équinoxes de Ptolémée (revues par Al-Battânî et par Al-Soûphî) à celles de la doctrine de l'oscillation en avant et en arrière de la huitième sphère d'Azarchel, dite « trepidaxio fixarum ». Et les *Tabulae alphonsinae*[1] avaient été, elles aussi, mises à jour (1320-1325 env.) par Jean de Murs et Jean de Lignières, mais diffusées seulement au milieu du XIVe siècle par Jean de Saxe[2] et ses *Canons*. C'est Pierre d'Ailly qui les utilisa le premier pour corriger les calculs dépassés d'Abraham Savosarda.

Ces discussions de Pierre d'Ailly peuvent être considérées comme le point de référence précis des très nombreuses critiques dont il fit l'objet pendant le XVe et le XVIe siècle, comme celles de Pic de la Mirandole, qui le cite à plusieurs reprises, et consacre même plusieurs chapitres à l'attaquer et à en démolir les thèses dans les moindres détails[3].

L'aristotélicien Gersonide

Au XIVe siècle, à la tradition aristotélicienne des astronomes juifs appartient Levi Ben Gerson ou Gersonide (1288-1344), appelé Léon l'Hébreu par les latins, apprécié pour sa mathématique et ses prévisions[4] des grandes conjonctions. Gersonide, qui vécut en Languedoc, à Avignon et à Orange, fut l'un des grands maîtres du XIVe siècle. Le Midi de la France, bien avant le Nord du pays, était alors devenu le creuset presque unique de la production astronomique et astrologique en Europe. Cela était dû en partie à l'établissement de la papauté à Avignon, mais aussi à la ferveur politique et religieuse suscitée par la curiosité intellectuelle d'un pape comme Clément VI. Celui-ci promut la traduction en latin depuis l'hébreu des 136 chapitres du *De Astronomia* de Levi Ben Gerson en 1342.

Gersonide était non seulement un grand astronome et mathématicien, mais aussi alors le plus grand philosophe péripatéticien juif avec Maïmonide. Dans une partie de son monumental *Traité d'astronomie,* il expose sa théorie sur la nature du monde. En tant qu'astronome mathématicien, il est l'auteur de textes développant des opérations arithmétiques complexes et aussi l'auteur d'un

1. Alphonse X, *Libros del Saber de astronomia del Roy don Alfonso X de Castilla*, éd. M. Rico y Sinobas, 5 vol., Madrid, 1863-1867.

2. En particulier, E. Poulle, *Les Tables alfonsines avec les Canons de Jean de Saxe*, Paris, CNRS, 1984, p. 6 et 17-19.

3. Jean Pico, *Disputationes adversus astrologiam divinatricem* [Bologne, 1496], éd. E. Garin, Florence, 1942, 1946, 1952; réimp. Turin, Nino Aragno, 2004. Contre Pierre d'Ailly, voir livre II, chap. 4, 11, mais surtout livre IV, chap. 7, 8, 9, 10, 15, 16.

4. P. Duhem, *Les systèmes du monde*, *op. cit.*, vol. IV, p. 38-43.

Traité innovant de calcul algébrique [1]. Il inventa un instrument appelé « Bâton de Jacob » permettant de mesurer les distances angulaires entre les corps célestes, et avec lequel il fit ses observations astronomiques. En fait, Levi reprend les anciennes observations de Ptolémée, en discute les principes fondamentaux et suggère des solutions sur la base des nouveaux calculs fondés sur ses observations personnelles des éclipses solaires ou lunaires, et de tous les événements qu'il observait. Le Bâton de Jacob, qui lui permettait d'avoir des mesures précises et de perfectionner les calculs astrologiques, fut employé dans la navigation pendant des siècles. Cette brochure fut traduite en latin en 1342 par le moine augustinien Pierre d'Alexandrie et dédiée au pape Clément VI.

Levi a écrit un important traité, *Les guerres du Seigneur*, dans lequel le chapitre V est entièrement consacré à l'explication du gouvernement des étoiles, parce que la science des astres est le préalable et le fondement de toutes les autres : elle occupe une position supérieure [2] puisqu'on y lit la providence de Dieu, son instrument étant le ciel accessible par nous. Gersonide a une vision eschatologique très personnelle de la relation entre l'influence des étoiles toujours réglée par Dieu, et notre liberté. Il pense, selon l'interprétation des philosophes croyants, que notre liberté n'est pas nécessitée par un astre, mais qu'elle est une possibilité indéterminée d'agir dans l'une ou l'autre de deux directions (*ad utrumlibet*). Selon sa doctrine, l'astrologie est la science physique fondée sur la doctrine de la dépendance céleste de tous les événements terrestres et cette connexion entre ciel et terre exprime l'ordre général divin que seul l'intellect l'actif du prophète peut atteindre. Ainsi, il connaît l'ordre astrologique des aspects généraux ou universels du monde dans les moindres détails (comme l'avait affirmé Abraham Ibn Ezra) [3], et il peut énoncer une histoire eschatologique universelle.

Gersonide ne pratiquait pas les techniques de l'astrologie individuelle des élections, mais comme ses prédécesseurs, les deux Abraham, il appliquait la doctrine de l'histoire universelle du monde rythmée par les grandes conjonctions afin de connaître, dans la mesure du possible, les desseins divins, inaccessibles à tous sauf au savant éclairé par Dieu. Aussi rédigea-t-il des *Pronostics* annuels traitant des grandes conjonctions, comme celui de 1345 où il déclarait être l'auteur d'une autre prédiction, adressée au pape Benoît XII en 1339 et aujourd'hui perdue, portant sur la peste noire. À ce moment-là, en France, l'astrologie ne faisait donc plus l'objet de condamnations, comme

1. G. Freudenthal, « Levi ben Gershom as a Scientist : Physic, Astrology and Eschatology », *Science in the Medieval Hebrew and Arabic Traditions*, Ashgate, Variorum Reprint, 2005, VI, p. 65-72.

2. C. Sirat, *History of Jewish Philosophy in the Middle Ages*, *op. cit.*, p. 97-112.

3. S. Sela, « Gersonides'Astrology and Abraham Ibn Ezra », *Aleph, Historical Science and Judaism*, 17, 2017, p. 291-321.

durant le pontificat précédent de Jean XXII, le canoniste Jacques Duèze (1244 environ-1334) [1].

L'ORDRE DU TEMPS ASTROLOGIQUE FORMALISÉ EN UN SYSTÈME COHÉRENT DE RÉVOLUTIONS

Tous les astronomes arabes et juifs qui réélaborèrent l'astronomie de Ptolémée de façon systématique, du Xᵉ siècle au XIIIᵉ siècle, vont exercer une très grande influence dans le monde occidental jusqu'à la fin du XVIIᵉ siècle. En effet, ce grand système cohérent issu de l'astrologie ptoléméenne viendra se formaliser en un *corpus* de livres astrologiques, dont l'ordre fournit l'intelligibilité. La typologie qu'ils définissent sera valable jusqu'au XVIIᵉ siècle.

Il s'agit d'un genre littéraire assez complexe. L'œuvre de Ptolémée s'est transmise grâce aux traductions arabophones, qu'on a commencé à connaître grâce aux premières éditions d'incunables jusqu'au début du XVIᵉ siècle. Mais après l'invention de l'imprimerie à la fin du XVᵉ siècle, seule une partie de ces livres – et pas toujours les plus importants – fut éditée et eut une ample diffusion en Allemagne, et surtout en Angleterre, jusqu'au début du XVIIᵉ siècle. Malgré les attaques contre l'astrologie portées par des théologiens tels que Nicole Oresme au XIVᵉ siècle, puis à l'époque de la Réforme par Martin Luther, et par des philosophes comme Pic de la Mirandole ou des savants comme Descartes et Pascal, les livres d'astrologie ont continué à circuler jusqu'à nos jours.

Cette astrologie, la science des jugements de Ptolémée, telle que l'ont exposée ses commentateurs juifs et arabes, présente une articulation conforme à sa doctrine complexe des jugements. Les divers ouvrages présentent une typologie diversifiée, exigeant des connaissances différentes, théoriques ou pratiques. Ainsi, les livres d'*Introduction* se partagent en des livres *théoriques*, fournissant une connaissance mathématico-physique des influences célestes et où les mathématiques sont d'indispensables préalables, et des livres *pratiques* fournissant une technique d'exercice et enseignant comment tracer l'horoscope qui est la carte du ciel de naissance pour en établir un pronostic.

Ces livres d'introduction *théorique* se partagent en livres de grande et petite introduction, une division qui était retenue dans l'enseignement. La petite (*minor*), connut plus de succès dans l'enseignement jusqu'au XVIIᵉ siècle, comme par exemple le manuel d'Alkabise, déjà évoqué, l'*Isagoge*, qui se substitua à celui plus étendu d'Alí. Ces livres de courte introduction circulèrent sous une forme encore plus brève dans des *Florilèges* ou recueils anonymes de résumés (*flores*). Les introductions plus longues furent remplacées au XIIᵉ siècle par les compilations des savant latins de l'école de Tolède.

1. G. Federici Vescovini, « La consultation sur la magie de Jean XXII », *Le Moyen Âge magique*, *op. cit.*, p. 165-179 et p. 301-341.

Les livres *pratiques* d'exercice, ou d'astrologie judiciaire exercitative, renvoient au second livre de l'astronomie de Ptolémée, le *Quadripartitum*, c'est-à-dire à sa partie empirique. Ils se partagent en quatre genres de révolutions (*de revolutionibus*) qui correspondent aux techniques astrologiques parvenues sans grands changements jusqu'à nos jours sous le titre de « pronostics » ou plus couramment d'« horoscopes ». Il s'agit des livres 1) des révolutions (*de revolutionibus*) ; 2) des nativités ou génitures (*de nativitatibus, de genituris*) ; 3) des interrogations (*de interrogationibus*) ; et 4) des choix (*de electionibus*) soit, en termes plus modernes, d'astrologie horaire.

1) Les révolutions pratiques d'exercice (*de revolutionibus*) se sont elles-mêmes développées en trois types : comme révolution a) universelle millénaire et séculière du monde ; b) annuelle (pronostic de l'année) ; c) atmosphérique ou météorologique.

a) Dans le cas de la révolution mondiale, on considérait que les 120 grandes conjonctions dépendent du mouvement très lent du firmament (précession des équinoxes) et des grandes conjonctions des planètes lentes comme Saturne ou Jupiter avec Mars.

b) La révolution planétaire annuelle était déterminée en général au commencement de l'année, c'est-à-dire lors de l'équinoxe du printemps. Elle pouvait concerner la naissance d'un individu (pour laquelle les transits de l'année en cours se superposaient aux traits de la naissance de cet individu, appelés « géniture », terme qui signifie la date astronomique de naissance ou bien, s'il s'agissait d'une ville, d'un État ou d'une nation, du gouvernement d'un Prince ou d'un Pape, on individuait la signification de l'année en cours et on la superposait à celle de la date de naissance de la ville ou de l'État.

c) La révolution météorologique considère la disposition de l'atmosphère et les pluies par rapport au soleil, à la lune et aux planètes. Les livres de ce type s'appelaient *De dispositione aeris et de pluviis* et se développèrent en forme de commentaires à l'œuvre *De mutatione aeris* des météorologues les plus importants du Moyen Âge, Al-Kindî et Avicenne [1]. Ce sont de ces livres sur les pluies ou les prévisions du temps que sont issus tous les almanachs divers et variés des pronostics quotidiens du temps, rythmés selon les positions aux différentes heures du jour, ou à une heure particulière, du Soleil, de la Lune et des planètes dans la voûte céleste. Ces pronostics étaient établis sur la base des Tables astronomiques (d'où a surgi toute la littérature des livres des Tables et les éphémérides).

1. Une partie des *Météorologiques* d'Aristote était attribuée à Avicenne par le compilateur et traducteur Alfred de Saresel (Shareshill), mais on a retrouvé qu'il s'agit d'une complilation d'Alfred de Shareshill des *Metereologica* d'Aristote en quatre livres dont le quatrième était le *De mineralibus* d'Avicenne. *Cf.* E. Rubino, « Il "De mineralibus" d'Avicenna tradotto da Alfredo de Shareshill », *Bulletin de philosophie médiévale,* 58, 2016, p. 87.

Toute la littérature des almanachs provient de ces livres, dont le plus célèbre fut sans doute au Moyen Âge celui de Guillaume de Saint-Cloud (sur le mouvement de la huitième sphère), ainsi que tous les Calendriers issus des premiers *al-manakhs*. Ces derniers qui, à l'origine étaient des tables indiquant les degrés des transits célestes (heures, jours, années, etc.), se transformèrent suite à l'invention de l'imprimerie, et l'on en rédigea chaque année en compilant prévisions du temps, fêtes religieuses et prophéties astrologiques. Ils étaient aussi destinés aux gens vivant à la campagne, comme le célèbre Almanach *Barbanera*. On y ajouta au fil des années les éléments les plus disparates : résumés des événements des années précédentes, portraits de personnages célèbres, conseils en agriculture ou en médecine, éléments d'interprétation des rêves, etc. On peut citer entre autres l'*Almanach* de Nostradamus (1554) qui en 1555 se transforma en *Centurie*, et l'*Almanach* de Gotha (1763). Dans un cadre littéraire, ce genre aboutit par exemple à l'*Almanach des muses* (1765-1833).

2) La seconde forme d'astrologie pratique est la *Géniture* dont on traite dans l'abondante littérature des *Livres de naissance* (horoscope *stricto sensu*). Toutefois elle peut traiter de la naissance d'un individu ou d'une ville selon la date de sa fondation : une genèse fameuse est celle de Florence, d'après la *Chronique* de Filippo Villani. Dans le cas d'individus, il s'agit d'*Astrologie radicale* (de la racine, *radix*), à savoir l'horoscope des individus à partir duquel les médecins tirent un diagnostic et un pronostic nécessaires au traitement.

3 et 4) Les livres des interrogations et des élections ou choix concernent des opérations étroitement connectées. L'élection est le choix du moment le plus favorable au début d'une activité, d'où provient l'astrologie horaire (encore pratiquée à notre époque). Lorsqu'il est nécessaire d'interroger le ciel, on doit savoir si le moment est favorable. En d'autres termes, on pratique l'interrogation après avoir choisi le moment favorable à la question. Le livre du choix de l'heure a traversé le temps, surtout à l'époque moderne, où sa diffusion a concerné toutes les couches sociales, en aboutissant au XVIIe siècle au manuel universel qu'est la *Christian Astrology*[1] de William Lilly (1602-1681). Les nombreux « Traités des interrogations » au VIIIe et IXe siècles servirent de modèle à bien des œuvres postérieures[2]. Mais le remplacement, qui se produisit au XIIIe siècle, de l'interrogation des images des planètes en tant que mouvements physiques, par les opérations des prières aux planètes en tant que divinités, selon une tradition de magie hermétique arabe, engendra au Moyen

1. W. Lilly, *Christian Astrology*, London, John Macock, 1659, rééd. London, London Publishing Company, 1985 ; P. Curry, *Prophecy and Power, Astrology in Early Modern England*, Princeton, Princeton UP, 1989.

2. F. Carmody, *Astronomical and Astrological…*, *op. cit.*, p. 26-28 ; *Liber novem iudicum*, Venezia, 1509 ; Bâle 1571.

Âge latin une tradition littéraire d'astrologie magique qui fut violemment repoussée par la majorité des savants chrétiens.

Si le savoir médiéval se constitua à la base par un dialogue entre la foi de la révélation chrétienne et les grandes œuvres d'Aristote - qui ne seront récupérées que dans les derniers temps de la période médiévale –, ce schéma astrologique a assuré sa perfection par une doctrine mathématique et par l'expérience de ses observations, introduisant ainsi une épistémologie différente de la logique déductive *a priori* de la science selon Aristote.

CHAPITRE V

TEMPS BIBLIQUE ET TEMPS SÉCULIER
L'ASTROLOGIE THÉOCENTRIQUE

L'histoire, au sens moderne d'une conscience de la durée, est une notion tout à fait étrangère à l'époque médiévale. Le temps de la civilisation médiévale, dont la structure dominante est celle de la vie ecclésiale, se présente comme un temps immuable scandé par les cloches de l'église. On y affirme le sens théologique de l'histoire qui correspond à celui du salut selon le schéma judéo-chrétien de l'histoire sainte, représenté de façon exemplaire dans la *Cité de Dieu* d'Augustin [1].

LE CHANGEMENT DU PARADIGME DE L'HISTOIRE BIBLIQUE DANS LA PROJECTION DES PROPHÉTIES

Dès qu'elle commence à se constituer en tant que discipline d'étude, l'histoire se dégage du déterminisme d'une cyclicité temporelle ou d'une succession linéaire. En même temps – ou presque – les discussions sur la mesure du temps, indiquée par les prophètes dans l'histoire sainte et donc au sens spirituel des prophéties, tendaient à attribuer une valeur tout à fait figurée aussi bien à la fin du monde qu'au temps dont parlent les Écritures, qu'il s'agisse du moment de la rédemption d'Israël pour les Juifs, ou de celui de l'avènement de l'Antéchrist ou de la résurrection du Christ pour les Chrétiens. Cependant, dès le XIIe siècle, comme l'a montré F. Von Bezold [2], certains philosophes et savants développèrent la vision astrologique d'une histoire universelle, et tentèrent d'instituer une médiation entre l'histoire sainte et l'histoire profane, entre une théologie de l'histoire et une philosophie naturelle de l'histoire. Ils se posèrent le problème de l'intelligibilité de l'histoire biblique dans la projection des prophéties ; on aboutit alors à la conviction que cette

1. *Cf.* H. I. Marrou, « Qu'est-ce que l'histoire ? », dans *L'histoire et ses modes*, « Encyclopédie de la Pléiade », Paris, Gallimard, 1961, p. 21.

2. F. Von Bezold, *Astrologische Geschichtesconstruction im Mittelalters*, London, The Warburg Institute/University of London, 1958.

compréhension était rendue possible dans l'écoulement du temps rythmé par les transits astrologiques auxquels correspondraient les événements divins. L'histoire du monde fut ramenée aux scansions universelles des événements majeurs que sont les révolutions des grandes conjonctions planétaires. La voûte des cieux ne mesurerait pas seulement l'écoulement des temps terrestres mais aussi les grands événements historiques, présents, passés et futurs. L'histoire universelle astrologique devient un moyen terme entre une conception naturelle et une conception théocentrique de l'histoire.

D'après la règle de l'apparence astronomique, les conjonctions ont comme unité de mesure le millénaire. De cette doctrine universelle jaillit une philosophie naturelle de l'histoire du monde, de la naissance des royaumes, des religions, des déluges, d'après laquelle celle-ci dépendrait de la révolution physique des astres – une doctrine bien diffèrente de l'histoire comme conscience des évolutions du monde et de l'homme, bâtie sur la phénoménologie de l'esprit de l'idéalisme allemand du XIXe siècle. Par cette théorie naquit aussi l'idée d'une théologie sécularisée de l'histoire[1], l'astrologie étant elle aussi une théologie naturelle de l'histoire.

En suivant la tradition de l'Antiquité se rapportant au *Phèdre* de Platon, Isidore de Séville, dans les *Étymologies*, appelle habituellement « divins » (en bas latin, « devins ») les astrologues parce qu'ils pratiquent la « divination » et sont inspirés par les dieux. Aussi croyait-on que n'importe quelle prévision du futur, et non seulement celle qu'on lisait dans les astres, était due à l'intervention de la divinité qui inspirait le devin, la divination étant ainsi à rapprocher de ce que les religions entendent par « prophétie ». De cette tradition naît l'idée d'une étroite connexion entre la prévision astrologique (la « divination ») et la prophétie. En conséquence, l'astrologie suscite également l'intérêt des religions, ou plus exactement de toutes les religions du Livre, selon les vicissitudes historiques narrées dans l'Ancien et le Nouveau Testament ainsi que dans le Coran. Ceci vaut aussi bien pour le moment de la rédemption d'Israël pour les juifs, pour l'Avènement de l'Antéchrist pour les chrétiens que pour la destruction de la religion de Mahomet pour les musulmans. Il manque aux philosophes et aux savants des trois religions monothéistes la confirmation scientifique de leurs histoires sacrées et ils la cherchent dans les modèles mathématiques de l'astrologie de Ptolémée.

On en vient à expliquer l'histoire religieuse du monde dans leur relation aux événements majeurs selon la succession des transits des planète lentes et rapides, à savoir les apparitions des grandes et des petites conjonctions planétaires et les éclipses. L'histoire des peuples et des religions est régie par les

1. K. Pomian, « Astrology as a Naturalistic Theology of History », in *Astrologi hallucinati. Stars and the End of the World in Luther's Time*, Berlin-New York, De Gruyter, 1986, p. 38-43 ; T. Gregory, « Temps astrologique et temps chrétien », dans J.-M. Leroux, *Le temps chrétien de la fin de l'Antiquité au Moyen Âge*, Paris, C.N.R.S., 1984, p. 557-573.

desseins de Dieu qui sont impénétrables et invisibles en eux-mêmes, mais dont on décèle les traces dans les prophéties. On peut les interpréter dans les signes que Dieu lui-même a gravés dans les cieux en créant le firmament (*Psaume* (19) 18)[1]. C'est grâce à une sensibilité commune que les savants des trois religions tentèrent de lire dans les cieux le futur des événements extraordinaires de leurs religions. Au XIIIe siècle, les chrétiens craignaient la venue de l'Antéchrist, les arabes redoutaient l'invasion des païens qui détruiraient leur peuple et leur religion, et les juifs attendaient leur Rédemption[2].

La conviction que les mouvements des corps célestes ne mesuraient pas seulement l'écoulement du temps terrestre mais aussi les grands événements de l'histoire sacrée prit forme, et avec elle l'idée qu'on pouvait les anticiper à l'aide du calcul astronomique. C'est ainsi qu'une conception théocentrique de l'histoire astrologique vit le jour, l'événement astrologique étant conçu comme étroitement lié à l'événement surnaturel, selon la présupposition que les desseins de Dieu et sa Providence pouvaient être lus dans les cieux. Le sort des terriens apparaissait indissolublement lié au projet divin d'une étroite connexion entre le divin et le terrestre, le religieux et le séculaire. Toutefois cette conception fut aussi combattue sur deux fronts : par les défenseurs d'une histoire purement profane à laquelle on pouvait ramener l'horoscope des religions d'Albumasar, et par ceux qui, à l'instar de saint Augustin, concevaient l'histoire dans une perspective rigoureusement théocentrique et sacrée, déconnectée de toute contingence terrestre.

Les six religions

L'astrologie universelle conjonctionniste d'Albumasar décompte seulement six religions. Pourquoi ? Il ne s'agit pas d'une invention fantaisiste, mais bien d'une doctrine profondément enracinée dans sa théorie mathématique et astronomique. C'est à ce problème qu'il consacre le premier chapitre *Des grandes conjonctions* où il explique la naissance des prophètes et des religions selon le mouvement universel des conjonctions majeures. Ces conjonctions concernent les trois planètes supérieures (Saturne, Jupiter, Mars) et les trois inférieures (Vénus, Mercure et la Lune). Dans les supérieures, Saturne signifie malchance et dureté ; Jupiter, lois, décrets et justice ; Mars, guerre et victoires. Quant aux trois planètes inférieures : Vénus signifie les mariages ; Mercure, l'écriture et le calcul ; la Lune, troisième planète succédant à toutes les autres

1. *Psaume* (19), 18 : « Les cieux racontent la gloire de Dieu et l'œuvre de ses mains. Un jour en proclame la parole à l'autre jour, et une nuit le fait connaître à l'autre nuit. Il n'y a point de langage, il n'y a point de paroles. Toutefois leur voix est entendue ».

2. Giambernardo Battista De Rossi, *Della vana aspettazione degli Ebrei del loro Messia Trattato* (dédié à Vittorio Amedeo II), Roma, 1773, en particulier p. 129.

(« planetam tertium succedentem »)[1], les voyages et les déplacements, les accroissements et les diminutions. Toutes sont associées au Soleil. Ce sont les six principes généraux des conjonctions universelles dont chacune est connectée aux planètes selon l'ordre temporel de leur mouvement, depuis le plus lent de Saturne jusqu'au plus rapide de la Lune[2] – six principes, donc six religions. Albumasar écrit que

> les réalités (*res*) par lesquelles est signifiée la prescience des effets universels et de leurs particularités dans les temps futurs, sont tirées (*accipiantur*) de ces six commencements qu'on peut appeler fondements (*principia*)[3].

La conjonction des deux planètes supérieures Saturne et Jupiter avec Mars est la conjonction maximale qui revient tous les 960 ans et elle mesure environ la durée d'un millénaire. Les calculs se fondent sur cette conjonction maximale millénaire; on peut ensuite y intégrer le moment des triplicités des planètes supérieures (Jupiter et Saturne, Jupiter et Mars) se produisant tous les 240 ans (12 x 20), nombre qu'on obtient en multipliant les douze conjonctions par la durée de chaque triplicité, c'est-à-dire 20 ans. C'est Jupiter qui, selon la planète à laquelle il se joint, gouverne la foi et les changements dans les religions : à Saturne est associée la religion juive, à Mercure la religion chrétienne, et à Vénus la religion musulmane. Quant aux trois autres religions, Albumasar n'indique ni le nom du peuple païen pratiquant le culte de l'adoration du feu, gouverné par la conjonction de Jupiter avec Mars, ni le nom des adorateurs d'idoles pratiquant le culte solaire, gouvernés par Jupiter avec le Soleil. Lorsque Jupiter se joint à la Lune, c'est un signe d'instabilité dans la religion précédente, indiquant même la possibilité de sa chute; mais Albumasar ne donne aucune indication précise sur ces événements[4].

Alors que dans son ouvrage il ne parle que très vaguement de la naissance de la religion chrétienne grâce à l'union de Jupiter et de Mercure[5], dans l'*Introductorium maius*, il présente un horoscope du Christ avec l'ascendant en Vierge qui sera à l'origine des discussions les plus passionnées de quelques interprètes latins intéressés par cette doctrine. Albumasar écrit :

> et voilà surgir dans la première image de ce signe (de la Vierge) une jeune fille [...]. Et c'est une vierge belle, pleine de dignité et de grâce, aux longs cheveux, agréable à regarder, au visage resplendissant, tenant dans sa main deux épis : elle est assise sur un trône couvert d'un tissu, et elle allaite un enfant en le

1. Albumasar, *De magnis coniunctionibus*, tract. primus, diff. prima, éd. cit., p. 8.

2. L'astrologie médiévale avait joint la lune et le soleil, les « luminaires », aux cinq planètes, suivant l'interprétation de Albumasar.

3 Albumasar *De magnis coniunctionibus*, p. 8.

4. *Ibid.*, tract. primus, p. 29-30.

5. *Ibid.*, p. 28.

nourrissant dans un lieu qui est appelé Abrie. Et un peuple appelle cet enfant Jésus, qui en arabe se dit Eice [1].

La discussion très passionnée qui s'ensuivit sur l'horoscope du Christ porta aussi sur l'identification de la sixième religion, régie par la conjonction de Jupiter et de la Lune, qui était censée signifier la destruction de la précédente, sa disparition ou sa transformation; pour les chrétiens, il s'agit de la venue de l'Antéchrist. À la fin du XIIIe siècle, les chrétiens vivaient dans une grande crainte de la destruction de la chrétienté par l'arrivée de l'Antéchrist, et c'est ainsi qu'un savant comme Roger Bacon en vint à écrire des ouvrages appuyant cette doctrine sur l'astrologie.

ROGER BACON

Roger Bacon estime que les prévisions astrologiques, une fois dépouillées de leurs incrustations magiques, sont valides, et il justifie l'astrologie universelle en invoquant la grande richesse des arguments en sa faveur, dans la quatrième partie de son *Opus maius de iudiciis astronomiae.* Aussi bien dans cette section que dans son commentaire au *Secretum,* Bacon accomplit l'exploit de sauver l'astronomie, présente dans le *Quadrivium* mathématique de Boèce, de ses « infiltrations » magiques. C'est à cause de ces dernières qu'on interprétait les mathématiques de l'astronomie à l'instar de la mantique de la divination astrologique magique du paganisme gréco-romain et oriental. Il juge l'astrologie comme la « reine de la nature ». De la doctrine des grandes conjonctions d'Albumasar, d'où ressort l'horoscope des religions, on peut selon lui connaître par déduction le moment où il s'agit de lever les armées chrétiennes contre les sarrasins, ou encore le moment d'un renouveau du christianisme.

Comme on l'a dit, Bacon craignait l'avènement de l'Antéchrist qui, d'après la théorie des grandes conjonctions, devait se produire lors de la conjonction tout à fait exceptionnelle de Jupiter, Saturne et Mars joints à la Lune, et qui était proche. L'apparition de cette grande conjonction dans la triplicité de terre du Capricorne manifesterait la sixième secte [2] qui serait (d'après certains) la secte des idolâtres et des païens alors que pour les musulmans, elle préfigurerait la chute de Mahomet, et pour les Juifs le salut d'Israël. Pour Roger Bacon, elle annonce la venue de l'Antéchrist, ayant pour but de détruire le christianisme [3]. À son avis, la connaissance de cette doctrine astrologique était très utile, la prévision de l'avènement de l'Antéchrist pouvant aider les Latins à se

1. Albumasar, *Introductorium maius,* tract. VI, diff. 1, *Facies Virgo,* éd. cit., vol. V, p. 224. Même référence chez Albert le Grand, *Speculum astronomie,* éd. cit., p. 36-37.

2. Albert le Grand, *Speculum astronomiae et ses énigmes,* éd. P. Zambelli, Pisa, Domus Galilaeana, 1977.

3. J. North, « Roger Bacon and the Saracen », dans G. Federici Vescovini, *Filosofia e scienza classica arabo-latina medievale e l'età moderna,* Louvain-la-Neuve, FIDEM, 1999, p. 120-160.

préparer à le combattre. L'ascendant Vierge de l'horoscope du Christ évoqué par Albumasar confirme pour Bacon le caractère rationnel et divin du christianisme, car Mercure en Vierge signifie la prophétie, la foi rationnelle, l'écriture, le savoir : la religion resterait pour toujours indestructible, même s'il était possible qu'elle fût un jour bouleversée par l'avènement de la dernière *lex*, la sixième, signifiée par la conjonction de Jupiter avec la Lune. Les peuples des six religions sont désignés dans la *Moralis philosophia* comme étant : 1) les sarrasins (religion musulmane)[1] ; 2) les Tartares païens ; 3) les idolâtres ; 4) les juifs ; 5) les chrétiens ; et 6) les destructeurs de la religion chrétienne par la venue d'un guerrier qui serait l'Antéchrist[2].

Bacon soutient une doctrine causale modérée, selon laquelle les planètes ne sont pas des causes, mais des signes indiquant que, depuis l'éternité, Dieu a disposé que tout adviendrait soit selon la nature, soit selon la volonté humaine, soit selon la raison de sa Toute-puissance[3]. Aussi les chrétiens sont-ils persuadés que les causes ne sont pas mues en vertu des planètes, mais par la grâce de Dieu, même si elles peuvent modifier leurs complexions corporelles et les pousser à accepter des mœurs et des religions différentes[4]. La complexion corporelle, influencée par l'astre, coopère avec la grâce de Dieu. Cette doctrine fut aussitôt condamnée[5] (et Bacon enfermé au couvent) parce qu'elle paraissait ôter toute liberté et toute puissance aux desseins de Dieu, en les soumettant aux lois mécaniques des mouvements planétaires. Ainsi, il n'est pas surprenant qu'à quelques rares exceptions près, très peu de savants latins aient adopté ces doctrines, coupables aussi de véhiculer les *graphiques* de la naissance du christianisme et indirectement du Christ ou de Mahomet. En effet, dans ces écrits, les horoscopes, bien qu'universels, étaient appelés improprement[6] horoscopes du Christ ou de Mahomet et non, plus précisément, de la religion des chrétiens ou des musulmans, contrairement à ce que fera Jérôme Cardan à la Renaissance, dans son « scandaleux horoscope » de la naissance du Christ, qui justement était individuel.

1. J. North, « Roger Bacon and the Saracen », art. cit., p. 149, 151.

2. Roger Bacon, *Opera hactenus inedita*, éd. R. Steele *et al.*, vol. 16, Oxford, OUP, 1905-1940, p. 8-9 et p. 42-50 ; *Moralis philosophia*, éd. F. Delorme et E. Massa, Zurigo, Thesaurus Mundi, 1953, p. 200.

3. Roger Bacon, *Opus maius*, éd. J. H. Bridges, Oxford, Clarenton Press, 1897-1900, p. 266.

4. *Id.*, *Un fragment inédit de l'*Opus tertium, éd. P. Duhem, Firenze, Quaracchi, 1909, p. 169.

5. J. Hoorman, *A History of the Franciscan Order from its Origins to the Year 1517*, Oxford, OUP, 1968, p. 145.

6. J. North, *Horoscopes and History*, London, The Warburg Institute, 1986, p. 164 ; O. Pompeo Faracovi, *Gli oroscopi di Cristo*, Venezia, Marsilio, 1999, p. 150-155.

L'ASTROLOGIE PASTORALE

La crainte de la venue d'un terrible ennemi qui détruirait le Christianisme imprégnait tout le XIIIe siècle et ce thème fut aussi le principal sujet de la prédication religieuse se fondant sur le modèle de l'astrologie pastorale (*praedicabilis*). En effet, quelques prêcheurs qui entendaient faire référence, dans leurs sermons, aux corps célestes comme à des signes précurseurs et non comme à des causes d'événements religieux contribuèrent à l'établissement d'une tradition d'« astrologie pastorale » (ainsi dénommée par Dominique Chenu)[1]. Ces prêcheurs se rapportaient à l'apparition de l'étoile de Bethléem apparue à la naissance du Christ et évoquée dans l'Évangile. Cela devint un *topos* repris par certains philosophes de la Renaissance comme Pierre d'Ailly, Marsile Ficin et d'autres encore.

C'est ainsi que la crainte de l'avancée des musulmans dans la chrétienté au XIIIe siècle poussa le précheur Pierre de Sepière (ou Pierre de Limoges, *De Lemovicis*)[2], par ailleurs astronome et *magister theologiae* à Paris, à rédiger son sermon *De Antichristo* dans les années mêmes où Roger Bacon était en pleine activité.

Pierre de Limoges (1240-1306) décrit une révolution du monde divisée en quatre âges : le premier commence à la naissance d'Abraham, le deuxième à celle de Moïse, suivis par la naissance du Christ, jusqu'à la fin du monde marquée par l'arrivée de l'Antéchrist. Pierre décrit quelques aspects de la naissance du Christ, puis ceux de la naissance de l'Antéchrist en des termes messianiques bibliques[3], selon les indications astrologiques des domifications des planètes de Messahalla jointes aux exaltations d'Alkabise, plus simples, moins articulées par rapport à la complexité des computations de la théorie arabe des grandes conjonctions. Aussi le Christ ne naît-il pas avec l'ascendant en Vierge, mais avec l'ascendant en Balance en gloire de Saturne ; l'Antéchrist avec l'ascendant en Capricorne en gloire de Mars[4]. Désormais le monde serait parvenu au moment de la position d'exaltation des planètes Mars et Saturne dans le signe du Capricorne, ce qui, au moment de la conjonction avec la Lune, signifierait l'avènement de l'Antéchrist et la fin des temps.

Voilà, à nouveau, une théorie apocalyptique astrologique des quatre âges du monde, dans laquelle l'avènement de l'Antéchrist entraîne la fin. Cela est encore lié à la conjonction malfaisante de Saturne et Mars avec la Lune dans le signe du Capricorne. Cette doctrine était critiquable d'un point de vue astronomique, les transits de la Lune étant très courts et changeants. Aussi ne

1. *Ibid.*, p. 96

2. M.-D. Chenu, « *Astrologia praedicabilis.* Les pressentiments de l'économie chrétienne chez les païens », *Archives d'Histoire Doctrinale et Littéraire du Moyen Âge*, 31, 1964, p. 61-65.

3. N. Bériou, « Pierre de Limoges et la fin des temps », *Mélanges de l'école française de Rome*, 98, 1986, p. 65-107, ici texte p. 96-102.

4. *Ibid.* p. 98.

pouvait-on pas établir d'une façon certaine un événement si important, ayant des conséquences aussi indéfiniment prolongées. De plus, on connaît de Pierre une note autographe sur un verset hébraïque « Les Juifs fêtaient le sabbat (*judei feriant in sabbato*) » avec des gloses [1] révélant une certaine connaissance de l'astrologie hébraïque dont il partage l'idée d'une correspondance entre histoire biblique et mouvements célestes. Et il révèle les liens qu'il institue entre l'astrologie et les problématiques religieuses, puisqu'il expose les concordances entre les sept jours de la création et les planètes. Pierre procède en exposant la position de Mercure et de Vénus par rapport au Soleil, se montrant informé des discussions que partageaient les astrologues croyants, aristotéliciens et néoplatoniciens, juifs et chrétiens, différentes de celles des adeptes de la doctrine de Ptolémée, qui situaient autrement Vénus et Mercure par rapport au Soleil.

Henri de Harclay

Cette théorie conjonctionniste avait toujours entraîné l'opposition de l'Église. Le dominicain Henri de Harclay (1312-1317) écrivit ainsi son *De Antichristo* contre la théorie conjonctionniste inspirée d'Albumasar. Rédigé principalement contre Joachim de Flore mais aussi contre Arnaud de Villeneuve, cet ouvrage s'attaque à l'avènement de l'Antéchrist fondé sur la grande conjonction des planètes supérieures avec la Lune. Dans son *De tempore adventus Antichristi* (1297) [2], Arnaud de Villeneuve avait seulement introduit des argumentations bibliques, sans considérations astronomiques. Henri repousse non seulement les argumentations biblico-religieuses d'Arnaud, mais il y ajoute des affirmations (*dicta*) des astrologues pour les réfuter. Et sa cible est Albumasar L'avènement de l'Antéchrist, le fondateur de la sixième et dernière secte, se produirait par la conjonction de Jupiter, maître de la foi, avec la Lune, censée aboutir à « la venue du législateur scélérat, à savoir l'Antéchrist » (*adventum legislatoris nefandum scilicet Antichristi*). Cependant la même conjonction, pour les musulmans, annonçait la naissance d'un faux prophète qui entraînerait la destruction de leur religion. À cause de la rapidité, de la mutabilité, et de la volubilité de son mouvement, sans compter la petitesse ou le peu de valeur de l'astre lunaire, cette conjonction ne durerait que peu de temps (*parum ergo durabit*). L'avènement de cette sixième religion, prévoyant la chute des religions de plusieurs peuples, envisageait la ruine de celle de Mahomet, selon le calcul arabe de ces années, pour l'année 660,

1. Pierre de Limoges, *Iudei feriant in sabbato*, dans Pierre d'Abano, *Il Lucidator*, éd. cit., p. 399-404 ; S. Sela, « The Ibn Ezra-Henri Bate Astrological Connection and the three Abraham », *Mediterranea International Journal of Transfert of Knowledge*, 2, 2017, p. 167-186.

2. F. Pelzer, « Die *Quaestio* Heinrichs von Harclay über die zweite Ankunft Christi und die Erwartung des baldigen Weltendes zu Anfang des XIV. Jahrhundert », *Archivio italiano per la storia della Pietà*, 4, 1948, p. 27-82, texte p. 53-83.

c'est-à-dire, déclare Henri de Harclay, exactement à l'année 1313 de l'ère chrétienne, l'année où il était lui-même en train d'écrire et alors que rien de tout cela n'était arrivé. « Il est étonnant - écrit-il - que des hommes si intelligents puissent accepter une telle doctrine » [1].

Toutefois cette théorie d'Albumasar avait rencontré un grand succès parmi les savants arabes et son élève Sadan (Abu-Sa'id Shadan b. Bar) en était un fidèle interprète, comme le montre son opuscule *Excerpta de secretis Albumasar* (*Extraits des secrets astrologiques d'Albumasar*) [2]. Les musulmans craignaient eux aussi, depuis toujours, la probable chute de la religion de Mahomet, terrassée par ses ennemis, autant que les chrétiens craignaient pour la leur. Sadan, actif à Bagdad à la fin du IXe siècle, en témoigne en rapportant le bref dialogue qu'il eut avec son maître. Soucieux du sort réservé à sa religion, il demande à Albumasar si, par la théorie des grandes conjonctions, il est possible que leur religion disparaisse et passe à une autre, mais il n'obtient qu'une réponse vague : Albumasar lui dit

> qu'il ne le sait pas encore avec précision, mais que cela pourrait bien s'avérer, parce que, en cette période de fin de millénaire, n'importe quel apostat hérétique proposant son hérésie pourrait obtenir ce pouvoir (*regnum*) [3].

Sadan rappelle aussi une pratique des rois de Grèce qui, lorsqu'ils priaient Jupiter en conjonction avec la Lune et qu'ils étaient eux-mêmes en conjonction avec la Tête du Dragon (*Caput Draconis* ou *Kaît*) - au milieu du ciel et dans un bon aspect -, obtenaient la faveur demandée.

Pellegrino Prisciani

Cet opuscule de Sadan connut un certain succès à la fois au Moyen Âge chez Pierre d'Abano [4] puis au cœur de la Renaissance par le secret de cette étrange prière à un signe céleste - rappelant plutôt l'astrologie indienne. C'est le savant et secrétaire à la Cour des Estes à Ferrare, Pellegrino Prisciani (1435 env. -1518), qui diffusa alors sa pensée [5]. En citant Sadan, Pellegrino Prisciani suggère dans une lettre à la princesse Isabelle d'Este cette prière pour obtenir une grâce. Elle n'est censée être efficace que si elle est adressée au moment de l'arrivée de la configuration bienfaisante de la Tête du Dragon dans le Milieu du ciel (la dixième maison du succès), ce qui était justement en train de se

1. *Ibid.*, p. 80.

2. F. Sadan, *I segreti astrologici di Albumasar*, texte et trad. ital. G. Federici Vescovini, Torino, Aragno editore, 2000, p. 69-139.

3. G. Federici Vescovini, « Una versio latina des "Excerpta de secretis Albumasar" di Sadan », *Archives d'Histoire Doctrinale et lLittéraire du Moyen Âge*, 65, 1998, p. 273-330.

4. Pierre d'Abano, *Lucidator*, éd. cit., p. 146 ; *Conciliator*, éd. cit., *differentiae*, 9, 10, 49, 114.

5. A. Rotondò, « Pellegrino Prisciani (1435-1518) », *Rinascimento*, IX, 1960, p. 69-110.

produire alors. Si cette prière était adressée avec la dévotion qui lui était due, elle serait exaucée [1].

La vision des cieux de Pellegrino n'était déjà plus celle des astrologues des siècles précédents. En néoplatonicien chrétien, il estimait que Dieu avait ordonné le monde admirablement avec tous les cieux, en les sertissant d'étoiles fixes rayonnant de lumière et de mouvement, qu'il avait dotées de forces et d'énergies animées par les Intelligences séparées et par les Saints. Il mêle ces images avec celles des saints, opérant ainsi une contamination de la religion, de l'astrologie et de la magie qui, en d'autres temps, avait été soutenue par Antoine de Montolmo. À l'époque de Pellegrino, cet amalgame est l'expression d'un nouveau climat humaniste, celui de l'hermétisme néoplatonicien mâtiné de magie inauguré par Marsile Ficin.

1. À propos du culte de l'oraison des planètes, *cf.* A. Warburg, *La rinascita del paganesimo antico*, éd. E. Cantimori, Firenze, La Nuova Italia, 1966, p. 249, et mon essai « Gli affreschi astrologici del Palazzo Schifanoia e l'astrologia alla corte dei Duchi d'Este tra Medioevo e Rinascimento », dans P. Morel (éd.), *L'Art de la Renaissance entre science et magie*, Roma, Institut français, 2006, p. 52-82.

Chapitre VI

LES DIVERSES RÉCEPTIONS DE L'ASTROLOGIE DANS L'EUROPE DU XIIIe SIÈCLE

L'invention de l'université et la scolastique

Un des éléments essentiels des structures religieuses et sociales au Moyen Âge fut un mouvement communautaire [1] dont l'Église prend elle-même conscience et qu'elle laisse s'exprimer en adaptant dans ce domaine social la notion générale d'*universitas* : une entité réelle qui possède son existence et ses exigences propres. Elle est dirigée vers le bien commun de ses membres, c'est une valeur et, à ce titre, elle possède une dignité en soi. Elle a également une fonction pédagogique qui, dans la structure corporative de la société, prend elle-même la forme d'une corporation hiérarchisée, ordonnée au service de la connaissance. Elle représente la consécration de la fonction intellectuelle dont l'autonomie doit être reconnue aussi bien par le pouvoir religieux que par le pouvoir politique. Puisque, en toute époque, la culture est solidaire des institutions dans leur ensemble et, plus particulièrement, des programmes d'études qui inspirent l'enseignement, l'invention de l'Université développera sa pensée et ses sciences en codifiant sa « scolastique ». Elle apparaît dans cette perspective comme l'esprit corporatif particulier de la *civitas* des doctes, qui possèdent un langage commun, la langue latine de l'Église, codifiant ainsi le latin scolastique médiéval exécré par les humanistes de la fin du XIVe siècle jusqu'à l'âge moderne.

Chaque université a de fait sa propre histoire, et nourrit des relations extérieures avec les pouvoirs publics et ecclésiastiques, sa politique intérieure étant influencée par les rapports entre les diverses facultés, ainsi que par les relations entre les maîtres et les collèges d'étudiants. En Europe occidentale, du milieu du XIe jusqu'au XIIe siècle, se manifestent d'importantes concentrations

1. *Cf.* P. Michaud-Quantin, *Universitas. Expression du mouvement communautaire dans le Moyen Âge latin*, Paris, Vrin, 1970.

d'étudiants, dans plusieurs villes comme Salerne, Bologne, Paris, Montpellier, Cambridge, et dans diverses écoles renommées pour les études des Arts, de droit, de théologie. À Oxford, de nombreux étudiants viennent suivre des cours sur les Saintes Écritures. Tout en restant en liaison avec les autorités ecclésiastiques et tout en gardant en partie une condition « cléricale », de nouvelles institutions commencent à suivre ce modèle et dès l'année 1300, il existe en Europe des écoles bien organisées, instituées avec des constitutions reconnues par l'autorité papale et impériale. En 1224, Frédéric II attribua à l'école de Naples le nom de « Faculté » ; en 1231, Grégoire X reconnut plusieurs écoles parisiennes. Les Statuts d'Oxford furent confirmés par Innocent IV en 1284.

LES FACULTÉS DE THÉOLOGIE

La culture chrétienne médiévale attribuait un rôle privilégié à la théologie, dans la mesure où tout le savoir était consacré au service de Dieu. Mais c'est à tort que l'historiographie de la première moitié du XIXe siècle a affirmé que la théologie primait alors sur toutes les autres sciences (*philosophia ancilla theologiae*)[1]. La philosophie scolastique était alors présentée soit comme un système théologique aristotélico-chrétien, soit comme une philosophie chrétienne, mettant de côté les sciences physiques et mathématiques.

Pourtant, à côté de l'énorme autorité dont ait pu jouir la faculté de Théologie à Paris[2], les facultés de théologie étaient à peine plus nombreuses que les cinquante facultés des arts, de philosophie et de médecine, alors existantes. Elles avaient toutes été instituées à la même époque, c'est-à-dire dans la première moitié du XIIIe siècle, et elles étaient déjà actives en 1241, lors des premières condamnations émanant de l'évêque de Paris. À l'origine, les facultés de théologie proviennent de l'initiative de Frédéric II qui en 1224 fonda le *Studium generale* de Naples.

Thomas d'Aquin fréquenta la Faculté des Arts en 1239-1243, avant d'entrer dans l'Ordre des Prêcheurs, dont le cycle d'études générales fut fondé par le même Thomas. À Rome, il était à la cour du Pape Clément IV avec son confrère Guillaume de Moerbeke qui, sous son conseil, traduisit du grec toute l'œuvre d'Aristote, et cette Cour devint le principal centre de diffusion de l'aristotélisme médiéval. En même temps, à Paris, la Faculté de Théologie devient la métropole théologique de la Chrétienté; la cité de l'orthodoxie chrétienne: elle reçut même l'approbation papale d'Innocent III et Grégoire IX.

1. F. van Steenbergen, *La philosophie au XIIIe siècle,* Louvain-Paris, Nauwelaerts, 1966, p. 63.

2. *Cf.* S. Stelling Michaud, « L'histoire des universités au Moyen Âge et à la Renaissance au cours des 25 dernières années », dans *XIe congrès international d'histoire des sciences historiques* (Göteberg-Stockholm (1960)), Uppsala, Almquist & Wiksell, 1962, t. I, p. 97-143.

LES FACULTÉS DES ARTS ET DE PHILOSOPHIE

Les programmes scolaires parisiens de la nouvelle faculté des arts, ne sont ni nombreux, ni très explicites au XIIIe siècle, mais en 1215, Robert de Courson prend des dispositions sur le cycle d'études et interdit la lecture d'Aristote pour la plus grand part, interdiction qui sera répétée par Grégoire IX en 1231. On y retrouve le statut des Arts libéraux qui nous montre la survivance du *Trivium* amputé de la rhétorique, et également l'ostracisme dont on fait preuve envers les sciences mathématiques du *Quadrivium* de Boèce : ainsi par exemple, l'astronomie est remplacée par des ouvrages de philosophie naturelle, le *De caelo et mundo*, le *De generatione et corruptione* et les *Météorologiques*[1].

Du quadrivium *aux* scientiae mediae

Mais au commencement du XIIIe siècle, on revient au *Quadrivium* de Boèce avec l'astronomie en lui accordant une attention particulière : dans les statuts des facultés, l'astronomie est rattachée à la philosophie d'un côté, et à la mathématique des sciences arabes de l'autre côté. À la suite de l'œuvre d'Albumasar en particulier, qui défend la validité de l'astrologie en l'enracinant dans la philosophie naturelle, et à l'initiative des encyclopédistes chrétiens du XIIe siècle comme Dominique Gundisalvi (dont nous avons déjà parlé), un bon nombre d'autres sciences vont se joindre aux disciplines du *Quadrivium* qui seront appelées sciences intermédiaires ou *scientiae mediae.* Les frontières entre sciences mathématiques et sciences physiques sont mises en question, et de l'ensemble des débats suscités va émerger une nouvelle catégorie de sciences intermédiaires, parmi lesquelles l'astrologie mathématique.

À ce propos, une œuvre qui mérite l'attention pour avoir exercé une remarquable influence par sa théorie des sciences intermédiaires est celle d'Avicenne (Ibn Sina). Dans le *Liber sufficientiae* (livre I, chap. 8), Avicenne range l'astrologie sous la géométrie mais aussi parmi les sciences naturelles, parce que « son sujet » fait partie de celui des sciences naturelles. Il affirme que l'astrologie est « presque un mixte de physique et de mathématique » (*quasi sit mixta ex naturali et disciplinali*)[2]. Il ajoute que l'astrologie se caractérise comme une science qui « s'applique » à la mathématique abstraite, mais qui néanmoins concerne une matière concrète. Donc les principes de l'astrologie sont dits à la fois physiques et mathématiques. On en conclut que, selon Avicenne, si les disciplines (*disciplinales*) arithmétiques et géométriques et les sciences naturelles ont des sujets différents, toutefois, en raison de la diversité de l'application de

1. P. Kibre, « The *Quadrivium* in the Thirteenth Century University with Special Reference to Paris », dans *Arts libéraux et philosophie au Moyen Âge*, Actes du quatrième Congrès international de philosophie médiévale, Université de Montréal, 27 août-2 septembre 1967, Paris, Vrin, 1969, p. 172-191 ; voir aussi J. Cagné. « Du *quadrivium* aux *scientiae mediae* », *ibid.*, p. 975-986.

2. Avicenne, *Opera philosophica omnia, Sufficientia*, Venice, 1508, réimp. Louvain, Éd. de la Bibliothèque S. J., 1961, f° 18 ra.

leur matière, ces disciplines se diversifient en tant que mixtes; et les sciences qui ont le plus d'affinité avec les sciences naturelles comprennent donc à juste titre l'astrologie [1].

À Paris [2], depuis le Statut du 1252, et plus spécifiquement en 1366, le *Cartularium Universitatis Parisiensis* nous confirme que les sciences mathématiques n'étaient pas considérées comme un sujet d'étude régulière puisqu'on supposait – ou craignait – qu'elles mettent en danger l'orthodoxie des étudiants [3]. Les *curriculums* ou contenus des livres à étudier dans ces facultés sont semblables et ne comportent entre eux que de modestes différences.

On dispose néanmoins d'un témoignage remarquable, au commencement du XIIIe siècle, confirmant que les sciences mathématiques et astronomiques-astrologiques, consolident leur réputation à Paris. Auparavant, l'astronomie en tant qu'astrologie, ainsi que la médecine avaient été exclues des arts libéraux (en particulier la médecine était considérée comme un art mécanique et non comme une science). Pourtant, à la fin du XIIe et au début du XIIIe siècle, elles avaient été ré-introduites dans le *Quadrivium* grâce à la circulation des œuvres des savants latins et arabes, due aux encyclopédistes de l'École de Tolède [4]. Ce témoignage nous est rendu par la *Biblionomie* de Richard de Fournival (1201-1260), qui est la description d'une bibliothèque représentée par l'allégorie d'un jardin.

Richard de Fournival

Richard de Fournival connaît parfaitement les classiques de l'astrologie : Ptolémée, Albumasar, Johannes Herfordiensis, Léopold d'Autriche. Il rédige sa « nativité » (*nativitas*) le 10 octobre 1201, en ajoutant des informations remarquables sur sa vie dans la *Biblionomie*. Il s'agit aussi d'une bibliographie qui donne la description détaillée de 162 manuscrits, non seulement des textes de philosophie, mais aussi et surtout des textes de mathématiques, d'astronomie-astrologie, de médecine, et dont on a retrouvé quelques exemplaires dans la bibliothèque du Collège de Robert de Sorbon. Elle présente la transformation des relations entre les disciplines du *Quadrivium* boétien, entraînée par la greffe des sciences arabes sur l'enseignement des mathématiques, de l'astrologie et de la médecine. Comme la *Biblionomie* a été rédigée après 1241 (l'année où Richard de Fournival est nommé chancelier de la cathédrale

1. Avicenne, *Sufficientia*, f 18 ra. Ce sont *doctrina sphaerae mobilis, musicae, de aspectibus, astrologia.*

2. P. Kibre, « The *Quadrivium* in the Thirteenth Century », art. cit., p. 175

3. *Cf.* G. Beaujouan, *L'interdépendance entre la science scolastique et les techniques utilitaires* (*XIIe-XIIIe-XIVe-XVe siècles*), Paris, Université de Paris, 1957.

4. H. Hugonnard-Roche, « La classification des sciences de *Gundisalvi* et l'influence d'Avicenne », dans J. Jolivet et R. Rashed (éd.), *Études sur Avicenne*, Paris, Les Belles Lettres, 1984, p. 41-75; J. Jolivet « Classification des sciences arabes et médiévales », dans R. Rashed, J. Biard (éd.), *Les doctrines de la science…*, *op. cit.*, p. 211-236.

d'Amiens), on a la certitude que les ouvrages cités ont été écrits avant cette date.

C'est grâce au témoignage de Richard de Fournival que Jourdain de Nemore apparaît comme l'un des rénovateurs du *Quadrivium* boécien, pour avoir mis en circulation les connaissances algébriques et trigonométriques des savants arabes et indiens des IXe, X^e^ et XIe siècles. Mais surtout la *Biblionomie* témoigne de la présence à Paris de quelques recueils astrologiques importants, tels que les *Grandes conjonctions* d'Albumasar, ouvrage résumé par lui dans le *De vetula,* qu'il fait passer pour une œuvre d'Ovide [1] et dont le troisième livre traitait de prédictions astrologiques. Ces manuscrits attestent la connaissance des traités sur l'astrolabe et des Tables astronomiques [2] ayant une fonction non seulement mathématique mais aussi pratique pour calculer les heures du jour. Les ouvrages traitant des *Grandes conjonctions* d'Albumasar font circuler des théories sur l'influence astrale qui vont être condamnées par la censure en 1270 et en 1277 [3]. Richard de Fournival possédait également un manuscrit contenant la quasi-totalité des traductions astrologiques arabo-latines disponibles vers 1250.

Tous ces ouvrages témoignent, dans la première moitié du XIIIe siècle, d'une association entre la philosophie, la médecine et les mathématiques qui n'existait pas dans la réflexion des sciences théoriques proposée par Aristote [4]. La science « normale » inspirée d'Aristote donnait un classement des sciences théoriques où la place des mathématiques n'était pas bien définie, à côté de la métaphysique et de la physique. Elle introduisait un paradigme qualitatif et non pas quantitatif des mathématiques, qui eut un grand crédit dans l'enseignement scolastique mais fut nuisible à la naissance du paradigme quantitatif de la physique moderne. En effet, selon cette théorie, tous les objets mathématiques se trouvent dans la nature comme déterminations catégoriales du procès logique de la science. Dans le livre XI de la *Métaphysique*, Aristote faisait coïncider la mathématique avec la géométrie, en laissant de côté l'arithmétique dont l'objet est la quantité nombrable, à savoir une pluralité divisible en parties discrètes, alors que la géométrie traite de quantités mesurables, à savoir des grandeurs infiniment divisibles en parties continues en deux ou trois dimensions. C'est de cette exposition complexe de la mathématique du nombre, de la mesure, du divisible et de l'indivisible, qu'est issu le paradigme

1. The pseudo-Ovide *De vetula*, texte, introd. et éd. D. M. Robathan, Amsterdam, A. M. Hakkert, 1968, p. 130 et p. 133.

2. *Liber tabularum Alzekel Hispani* (*Tables tolédanes*) *réformées des astronomes d'Alphonse X de Castille au milieu du XIII e siècle* dans A. Birkenmajer, *La Bibliothèque de Richard de Fournival, Études d'histoire des sciences et de la philosophie au Moyen âge* [1970], Cracovie, Ossolineum, I, 1930 (2 e éd.), p. 174 et p. 215.

3. R. Hissette, *Enquête sur les 219 articles condamnés à Paris le 7 mars 1277*, Louvain/Paris, Publications Universitaires/Vander-Oyez, 1977.

4. A. Mansion, *Introduction à la physique aristotélicienne*, Paris, Vrin, 1945, p. 143 *sq.* et G. Federici Vescovini, *Teorie della Luce*, Perugia, Morlacchi, 2003, p. 287-289.

de la subordination de l'arithmétique à la physique, des formes de la géométrie infiniment divisible dans le continu et, donc, sa dépendance envers la théorie causale métaphysique du mouvement, autrement dit le paradigme qualitatif métaphysique des mathématiques. Néanmoins, les querelles qui se sont produites au Moyen Âge au sujet des calculs géométriques des mouvements des corps célestes, et les solutions apportées par la trigonométrie et l'algèbre des astrologues juifs, arabes et latins des IXe-XIIIe siècles[1] ont contribué à la naissance de l'autonomie de la mathématique en tant que science en se dégageant des principes qualitatifs de la science aristotélicienne.

Grâce à cette *Biblionomie*, circulaient à Paris les traductions de plusieurs ouvrages d'astrologie en même temps que celles des ouvrages d'Aristote, Averroès et Avicenne. Tous, en traitant de la génération des formes, introduisaient des questionnements sur la causalité des cieux. L'afflux d'un matériau si composite entraîna une attitude défensive de la part des autorités universitaires parisiennes qui interdirent à plusieurs reprises la lecture et le commentaire des œuvres d'Aristote, et essayèrent de freiner l'enthousiasme des jeunes étudiants de la Faculté des Arts. Ceux-ci voyaient dans l'astrologie une doctrine cohérente expliquant les événements terrestres selon une chaîne continue qui partait de la créature et parvenait jusqu'au Créateur sans aucune fracture. En effet, dans ses *Météorologiques*, Aristote semblait faire appel à l'astrologie en affirmant que le monde sublunaire dépendait nécessairement du mouvement continu du premier mobile (*ex necessitate*)[2]. Et les œuvres de physique d'Avicenne venaient compléter cette doctrine de la continuité nécessaire entre le monde sublunaire et le monde céleste. Les théologiens étaient en accord avec les positions de saint Bonaventure qui, dans les *Collationes in Hexaemeron*, avait fait une distinction entre l'astrologie « sûre » et celle qui était « dangereuse » – à savoir l'astrologie judiciaire.

Néanmoins, à Paris, le dominicain Jean de Vercelli, évêque de Paris, promut une sorte d'enquête épistémologique sur les discussions astronomiques à propos de la localisation du Paradis et des âmes des bienheureux. Et en 1241, il condamna formellement la croyance que les âmes saintes et les bienheureux se trouvent non pas dans le ciel Empyrée (la dixième sphère), mais dans le ciel inférieur (la neuvième, ou le Cristallin). Cela n'empêcha pas une diffusion de plus en plus importante de la théorie de la causalité des astres dans les discussions de ce problème.

1. Jordanus de Nemore, *De numeris datis (circa 1225)*, texte et trad. angl. B. B. Hughes, Berkeley-Los Angeles, University of California Press, 1981 ; A. P. Juszkiewicz, *Geschichte der Mathematik im Mittelalter*, Lipsie, Kessinger Publishing, 1961 ; et les éditions d'histoire des mathématiciens arabes : *Les mathématiques infinitésimales du IXe au XIIe siècle*, textes et trad. fr. R. Rashed, London Al-Furqan Foundation, 2002-2006, vol. 2 ; *A History of Arabic Sciences and Mathematics*, ed. N. El-Bizri, London, Routledge, 2012-2017, 3 vol.

2. *Physica*, I, 2, 242-334 et VIII, 9, 265.

À cette condamnation s'ajoutèrent celle de 1270 et celle prononcée en 1277 par Étienne Tempier, alors Évêque de Paris. Les thèses condamnées en 1270 étaient plus circonscrites que les suivantes (et elles n'étaient qu'au nombre de 13) : elles portaient sur la négation de l'immortalité de l'âme et de la providence divine, la doctrine averroïste de l'unicité de l'intellect, celle de l'éternité du monde, la négation du libre arbitre et surtout l'affirmation de la causalité nécessaire de l'action des astres : « tout ce qui se produit dans le monde inférieur est sujet à la nécessité des corps supérieurs / *quod omnia que his inferioribus aguntur subsunt necessitati corporum superioribus* » [1]. Si la deuxième condamnation, en 1277, fut beaucoup plus étendue (elle concernait 216 erreurs), on le doit aussi aux enseignements averroïstes de Siger de Brabant et de Boèce de Dacie, puisés dans les cahiers des maîtres et des élèves. La condamnation de l'astrologie y dépasse celle de 1270 : si la causalité nécessaire et déterminante de l'action astrale sur le corps doit aussi s'étendre à l'âme rationnelle et à la volonté, une telle doctrine conduit à de graves affirmations concernant l'intellect. Elle aboutit aussi – ce qui est encore plus grave – à un véritable *matérialisme astrologique*, en soutenant la génération spontanée, à partir de la matière, « des formes supérieures de l'âme rationnelle grâce à la *virtus stellarum* » sous certaines conditions favorables : même la forme intellective pourrait ressortir de la puissance de la matière (*educitur de potentia materiae*) !

C'est seulement dans quelques universités italiennes, à Bologne, Padoue et Florence, qu'à partir du XIIIe et jusqu'au début du XVe siècle, les facultés de Droit, des Arts, de Philosophie et de Médecine réussirent à conserver une certaine autonomie par rapport aux autorités ecclésiastiques. En effet, les collèges de Théologie (d'où l'on pouvait exercer un contrôle doctrinal) se structurèrent en Italie plus lentement que dans le reste de l'Europe. On a affirmé [2] que l'institution des Arts libéraux a été la plus grande révolution sociale et intellectuelle de l'histoire médiévale – en logique, dialectique, philosophie, dans les sciences astronomiques et mathématiques, le droit canonique et civil, la médecine. Ces universités « laïques » témoignent aussi de la grande attention portée à l'existence humaine, dont elles favorisent la protection sociale et physique par la défense des droits et le bien-être par la médecine.

1. *Chartularium Universitatis Parisiensis*, I, Paris, 1888, n. 184 p. 486 *sq.*

2. L. J. Paetow, *The Arts Course at Medieval Universities, with special reference to Grammar*, Urbana-Champain, University of Pennsylvania Press, 1910, p. 7.

La place de la médecine astrologique dans les facultés des arts et de philosophie en Italie

En Italie, au début du XIIIe siècle, on constate que dans les facultés des arts et de philosophie, l'enseignement de la médecine astrologique est associé à la philosophie. À Bologne, à Padoue, dans ces facultés laïques, elle est une discipline complémentaire de la philosophie : selon la définition d'Aristote[1], elle est une philosophie naturelle en tant que science de la nature, et elle est connaissance de la nature en tant que mouvement de génération et de corruption des formes. Relativement à la nature de l'homme, elle relève d'une science appropriée, la médecine. Aussi dans le *curriculum* ou déroulement des études dans ces facultés des arts et de philosophie, on intégre la philosophie naturelle d'Aristote à la discipline spécifique qu'est la médecine. Cependant, les rapports de la science médicale avec l'enseignement de la philosophie ont été différents, à la fois selon les périodes et selon les diverses orientations des maîtres, surtout après l'acceptation de la doctrine métaphysique d'Aristote sur le mouvement local des corps terrestres. Le système aristotélicien était en désaccord avec la conception mathématique-astrologique du mouvement de tous les êtres terrestres et célestes de Ptolémée. Des difficultés surgissaient pour concilier la théorie du mouvement naturel d'Aristote avec l'explication mathématique du mouvement du ciel d'origine ptolémaïque. À partir de l'explication des effets du mouvement sur les corps terrestres, et surtout sur la santé ou la maladie des hommes, on proposa une médecine astrologique d'où surgirent des querelles se prolongeant de siècles en siècles, surtout dans les facultés italiennes des arts, philosophie et médecine – elles furent moins nettes, voire presque inexistantes en France, où la faculté de médecine était séparée de celle des arts.

Bologne

Les facultés les plus renommées de l'enseignement de la médecine astrologique en Italie, furent celles de l'université de Bologne et de Padoue. À Bologne, la faculté était constituée de collèges d'étudiants et de docteurs. Il advint que les étudiants et les enseignants en médecine, supportant mal d'appartenir à un enseignement unique par rapport aux autres disciplines, s'en dégagèrent et se donnèrent leur propre filière spécifique. Ils purent obtenir un « corps » distinct (mais non séparé) de celui des « artiens » et des philosophes, avec le pouvoir de décerner le titre de docteur en médecine et astrologie. Leur *curriculum* disciplinaire prévoyait la division des lectures de cours selon les orientations propres aux artistes, aux philosophes et aux médecins de la filière astrologique. Les disciplines furent codifiées dans le Statut de 1405, publié par C. Malagola, le statut précédent de 1378 ayant été perdu. La liste des ouvrages à étudier pour la filière de médecine astrologique en dit long sur la nature

1. *Physique*, Livre II, 192b-194b.

mathématique et astronomique de l'enseignement médical : les mathématiques de l'*Almageste* côtoient la physique du mouvement du *Quadripartitum*. Les docteurs en médecine astrologique ont comme textes de base de leur enseignement en première et deuxième années, la *Theorica planetarum Gerardi* de Campanus de Novare et la *Sphaera* de Sacrobosco. En troisième et quatrième années, ils doivent lire en plus de l'*Ysagoga* d'Alkabise, le *Centiloque* et le troisième chapitre de *l'Almageste*, la *Géométrie* d'Euclide, les *Canons* sur les *Tables de Lineriis*, le *Quadripartitum*, et le Traité *De urina non visa* de Guillaume l'Anglais (1219) de l'école de Marseille[1]. Dans cette même quatrième année, on imposait également des lectures de médecine tirées de plusieurs sections du *Canon* d'Avicenne[2], établies par le recteur et ses conseillers.

Parmi les œuvres de maîtres les plus renommés qui furent introduites à l'université de Bologne dès la seconde moitié du XIIIe siècle, ce fut l'encyclopédie de Guy Bonatti, *Somme de toute astrologie*, qui eut un extraordinaire succès jusqu'au XVe siècle, au même titre que les leçons d'astronomie de Barthélemy de Parme, son commentaire de la *Sphaera* de Sacrobosco et sa pratique astrologique de la géomancie.

Guy Bonatti, né à Forli à une date mal connue, mort en 1296, est l'un des plus célèbres auteurs de traités d'astrologie au XIIIe siècle. Il a longtemps joui d'une grande renommée pour sa capacité de prévision presque infaillible et pour ses vastes connaissances. On devine quelle fut son existence à la lecture de son ouvrage monumental, l'*Introductorius sive decem tractatus astronomiae*. En 1233, il fut chargé de l'enseignement de l'astronomie (astrologie) à l'université de Bologne et il y acquit une autorité telle qu'elle lui permit d'intervenir dans les verdicts déjà prononcés par le juge de la ville et de les modifier à sa guise. Au retour d'un voyage au cours duquel il avait visité les universités les plus importantes, dont celle de Paris, il joua un rôle actif non seulement comme professeur d'astrologie judiciaire, mais aussi dans sa ville comme chef militaire, en dirigeant les mouvements de troupes d'après des prévisions astrologiques.

Son livre d'astronomie est une véritable somme, qui suit les notions de toute la littérature arabo-ptolémaïque dans les traductions courantes, avec une partie introductive, une description de toutes les techniques et un chapitre final sur la météorologie. Un long développement est consacré à la confrontation de toutes les critiques, y compris envers ceux qui reprochent aux astrologues de ne pas considérer l'influence des étoiles fixes ou du firmament. Il leur répond que ces étoiles régissent la causalité universelle des grandes conjonctions des

1. G. Federici Vescovini, « On the Connection between Astronomy and Medicine, William of England », *Proceeding of the Conferences INSAP III, Université de Palermo, 31 December 2000-7 January, 2001, Memorie della Società astronomica italiana*, I, 2002, p. 75-82.

2. J. Chandelier, *Avicenne et la médecine en Italie. Le Canon dans les universités* (*1200-1350*), Paris, Honoré Champion, 2017.

planètes lentes et non l'influence particulière des aspects des planètes sur les élections (choix) et les interrogations qui forment la partie la plus importante de l'astrologie pratique. L'extension de cette pratique astrologique sur laquelle il insiste montre l'intérêt pour les réponses que l'astrologue peut apporter à des questions spécifiques et variées de la vie quotidienne. Guy Bonatti explique bien la distinction entre les élections et les interrogations du moment le mieux adapté pour entreprendre quelque chose. Il semble évident que les interrogations ont une destination plus populaire, alors que les élections ont été une pratique destinée aux rois, aux princes et aux puissants. Même si ses explications de la pratique astrologique sont claires, son langage reflète le manque d'uniformité dans la signification des termes, typique de la littérature de son époque.

Barthélémy de Parme

L'œuvre de Barthélémy (Ghiscolo) de Parme, l'*Ars geomancie*[1] (1288) connue par l'*incipit* « Estimaverunt Indi »[2], eut un grand retentissement. L'auteur y fonde la géomancie (littéralement, divination par la terre) sur les principes de l'astrologie et, à la différence de la géomancie classique, il appuie ses réponses sur les notions du Zodiaque et les douze maisons astrologiques : par la formation de figures géométriques tracées à même la terre, qui remplacent les signes des planètes et qui leur correspondent, on obtient un thème astral. Barthélémy élabora dans les moindres détails l'idée d'une étroite relation entre la pratique de la divination astrologique et celle de la géomancie, dans le but d'authentifier cette dernière en tant que science physique et mathématique. En fait, comme elle était l'une des quatre formes de divination selon les quatre éléments, elle avait déjà fait l'objet d'une condamnation comme magie au même titre que la nécromancie (interrogation des morts, appelée en général « garamancie » dans la première moitié du XIIIe siècle). L'ouvrage de Barthélémy connut un tel succès qu'en 1294 il en tira deux textes scolaires, le *Breviloquium artis geomantiae* et le *Prologus geomantiae*. Loin de ne pratiquer que l'astrologie judiciaire, Barthélémy enseignait aussi l'astronomie institutionnelle du *Tractatus de Sphaera* de Sacrobosco, enseignement dont le témoignage nous est attesté par la représentation du Paradis qu'en fait Dante Alighieri[3].

1. M.-Th. Charmasson, *Recherche sur une technique divinatoire : la géomancie dans l'occident médiéval*, Genève, Droz, 1980, p. 141-155.

2. A. Palazzo « L' "Estimaverunt Indi" et la condanna del 1277 », dans A. Palazzo, I. Zavattaro (eds), *Geomancy and Other Forms of Divination*, Firenze, Edizioni del Galluzzo, 2017, p. 97-105.

3. G. Boffito, « Dante e Bartolomeo da Parma », dans *Rendiconto del Regio istituto Lombardo di scienze e lettere*, serie 2, 1902, p. 733-743 ; J. Ziegler, *Histoire de la géomancie latine*, Paris, École Nationale des Chartes, 1934, p. 159, p. 165 et p. 170.

La géomancie était déjà considérée comme une science physique astrologique au XIIe siècle, et l'on doit à Hugues de Santalla [1] et Gérard de Crémone les traités de géomancie soulignant son étroite relation avec l'astrologie. C'est en vertu de cette relation avec la discipline astronomico-physique que tous deux revendiquent la légitimité ou le bien-fondé des divinations, contre la thèse traditionnelle qui en faisait un art diabolique. Tous deux – en particulier Hugues de Santalla – sont cités par Barthélémy, qui fournit à leur suite une justification très simple de cet art appartenant à l'« astrologie libérale » (il s'agit en effet, affirme-t-il, d'un des sept arts libéraux). Ainsi, puisque l'astrologie se divise en trois parties, la supérieure, l'intermédiaire et l'inférieure, l'astrologie supérieure est la céleste [2] et l'inférieure est la terrestre laquelle, en tant que son nom « découle de *geo, terra,* et *mantia* (divination), s'appelle justement géomancie ».

Le grand intérêt suscité par le *Breviloquium artis geomantie*, au moins jusqu'au XVe siècle, est confirmé par une version française que l'on trouve dans la bibliothèque du roi de France [3], Charles V, un passionné d'astrologie. Par ailleurs, cette pratique divinatoire devait être assez répandue pour qu'au chapitre 25 du *Tiers livre* intitulé « Comment Panurge se conseille à Her Trippa », Rabelais cite la géomancie parmi les sciences divinatoires qu'il énumère et montre qu'il en connaît la technique.

L'astrologie médicale médiévale relève de sources classiques qui découlent pour la plupart des traités apocryphes d'Hippocrate ou de Galien. Les astrologues et les médecins citent des passages tirés du traité *L'air et les lieux* du *Corpus hypocraticum*, faisant allusion à l'importance de la connaissance des lieux et des temps en liaison avec les saisons, pour les soins des malades ; et surtout à des passages tirés de l'apocryphe *Astrologia ou astronomia Hyppocratis*. Ce dernier eut une influence considérable puisque rien moins que trois versions médiévales en ont existé, l'une d'elle rédigée par Pierre d'Abano [4]. On y soutient que l'influence de la Lune est un signe à prendre en compte dans les opérations chirurgicales, pour la cicatrisation et le cours régulier des fièvres. Un engouement analogue se produisit pour les œuvres apocryphes de Galien comme *De simplicibus medicamentis ad Paternianum* (Venise, 1596) et, surtout, le pronostic *De decubito* et un *Liber de spermate* de source astrologique arabe dont le titre est aussi *De duodecimis signis vel sortis*. On y établit les moments de la conception, variables selon les heures du jour, marqués par les

1. M.-Th. Charmasson, *Recherche sur une technique divinatoire, op. cit.* p. 95. *Cf.* P. Arfé, « L' "Ars geomantie" di Ugo di Santalla, il testo e la sua traduzione », dans A. Palazzo, I. Zavattaro (eds), *Geomancy…, op. cit.*, p. 22-50.

2. Cette œuvre fut associée au *Livre des Sortes* traduit de l'arabe par Gérard de Crémone, lequel se trouve aussi dans l'*Experimentarius* de Bernard Silvestre : *cf.* M.-Th. Charmasson, *Recherche sur une technique divinatoire, op. cit.*

3. F. Rabelais, *Le Tiers livre,* éd. critique A. Lefranc, vol. V, Paris, Champion, 1931, p. 188.

4. P. Kibre, « "Astronomia" or "Astrologia" Ypocratis », dans *Science and History Studies in honor of Edward Rosen,* Cracovie, Ossolineum, 1978, p. 133-155.

quatre humeurs en correspondance avec l'influence des planètes selon la pratique de la *Trutina de Ermetis* [1]. Au Moyen Âge, on apprécie aussi le texte *De diebus criticis* par l'intermédiaire du texte du *Centiloque* avec le commentaire astrologique d'Alì Ridwan, connu par beaucoup d'interpolations des médecins arabes et latins [2]. Un tiers de ce texte concerne l'influence de la Lune et ses aspects en relation aux autres planètes, pour identifier les maladies et leurs cours. De plus, dans le *Verbum 51* du *Centriloque*, on établit que le moment astrologique de la conception est plus important que celui de la naissance et, dans certains des exemplaires de ce texte, on trace aussi des diagrammes qui expliquent les différences entre les différents jours calendaires. Ce texte faisait partie des lectures fondamentales des étudiants en médecine en Italie (Bologne et Padoue) comme en France, depuis la moitié du XIVe siècle jusqu'au XVIe siècle. Mais la médecine médiévale est surtout redevable à la médecine des maîtres arabes, traduits en latin entre le IXe et le Xe siècle – et principalement au *Continens* de Rashes, au *Canon* d'Avicenne et au *Colliget* d'Averroès, pour ne citer que les plus importants.

Padoue

À Padoue, le statut de la Faculté des arts, de philosophie et de médecine établissait que les médecins et les étudiants en arts étaient subordonnés à la faculté des docteurs en droit et ce n'est qu'en 1399 que François de Carrare institua une université pour la formation de maîtres et d'étudiants en arts, médecine et philosophie naturelle. Auparavant il était d'usage d'envoyer les jeunes artiens et les jeunes médecins italiens étudier à Paris, et de faire venir à Padoue les étudiants de Paris. C'est du moins ce que raconte l'historien des princes de Carrare, Pierre Paul Vergerio, et ce qui est confirmé par Pierre d'Abano [3] : celui-ci déclare avoir suivi les cours de la faculté des arts de Paris, où il a obtenu son doctorat. Cet échange entre Padoue et Paris se poursuivit pendant les années suivantes : en 1361, le médecin et philosophe Simon di Castello, auteur d'un commentaire très important sur la *Latitude des formes* – dont la copie [4] à la Bibliothèque de l'Arsenal de Paris, a été confondue avec l'ouvrage d'Oresme lui-même –, déclare qu'ayant étudié à Paris, il avait décidé de diffuser les connaissances qu'il avait apprises de ses révérends Maîtres parisiens.

1. *Cf.* G. Federici Vescovini, « La conoscenza occulta della Trutina di Ermetis dell'astrologia ebraica di Pietro d'Abano », dans P. d'Abano, *Tra realta e legenda*, Lugano, Agora, 2020, p. 13-16.

2. F. Carmody, *Arabic Astronomical Astrological*, *op. cit.*, p. 16.

3. G. Federici Vescovini, « Per una revisione della morte di Pietro d'Abano », *Bruniana & Campanelliana*, 18, 2017, p. 34.

4. L'étude de cette œuvre de Simon di Castello est donnée dans mon ouvrage, « *Arti* » *e filosofia. Studi sulla tradizione aristotelica e i* « *moderni* », Firenze, Nuove Edizioni Vallecchi, 1983, p. 215-229.

Le statut de l'université de Padoue concernant les médecins établissait aussi leur dignité en tant que docteurs ès philosophie, une option théorique et spéculative. Le modèle scientifique de la médecine dans cette école, se partageant entre l'enseignement du *Colliget* d'Averroès (d'orientation aristotélicienne) et celui du *Canon* d'Avicenne (plutôt néoplatonicien) s'enrichit, au tournant du XVe siècle, de la doctrine de la science médicale astrologique de Pierre d'Abano ou Sclavione de Abano (env. 1245-1247, après 1316). On peut voir en Pierre d'Abano l'initiateur d'une doctrine de médecine astrologique en tant que science théorico-pratique, fondée sur la physique d'Avicenne selon une nouvelle épistémologie conçue comme la prévision de l'« être futur » (*esse fore*). Pierre en donne une explication théorique dans son volumineux ouvrage, le *Conciliateur des controverses entre les philosophes et les médecins*. Il personnalise la possibilité d'établir le pronostic de la maladie (est-elle guérissable ou inguérissable?) à partir de l'analyse du thème de naissance ou « racine » (*radix*).

Ce traité fut l'ouvrage de référence des médecins jusqu'au XVIe siècle et il y en eut plusieurs éditions [1], jusqu'à ce qu'il soit dépassé par la découverte de la circulation du sang par André Vésale. L'autre ouvrage majeur de médecine pratique, encore plus renommé et plus important, l'*Exposition des Problèmes d'Aristote* (1310), fut commenté et traduit en français peu de temps après sa parution, pour le compte du roi Charles V, par Évrard de Conty qui y inséra des gloses semblables à celles de Pierre [2].

En 1295, Pierre finit la rédaction, à Paris – où il avait séjourné [3] – d'une anthropologie physique, appellée *Physionomie* (la *Compilatio physionomie*). Pendant son séjour à Paris, il fit l'objet des premières accusations des Pères Inquisiteurs de Saint Jacques [4]. À ce propos, on ne connaît que ce qu'il en a

1. Pierre d'Abano, *Conciliator*, Venise, Gabriele Tarvisiense, 1476; Venise, Bonetus Locatellus, 1496; Venise, Giunta, 1520, réimp. E. Riondato, L. Olivieri (éd.), Padoue, Antenore, 1984.

2. G. Dumas, « Evrart de Conty et Pierre d'Abano, commentateurs d'Aristote », dans P. de Leemans, M. Goyens (eds), *Aristotles's Problemata, in different times and tongues*, Leuven, Leuven UP, 2006, p. 227-247.

3. G. Federici Vescovini, « Pietro d'Abano tra biografia e fortuna, due ritratti quattrocenteschi », *Medioevo*, 16, 1990, p. 293-321.

4. Il avait reçu 54 accusations dont il avait réfuté la plus grave, à savoir celle de la génération des formes depuis la puissance (*latitatio*) de la matière. De retour à Padoue, entre 1302 et 1303 (la date est incertaine) il encourut en 1304 d'autres accusations de la part des Inquisiteurs de la ville. Néanmoins, en 1306 la Commune de Padoue lui confia l'enseignement de la médecine avec de riches émoluments, et la dérogation de la loi de 1276 excluant les padouans de l'enseignement dans leur ville pour éviter tout clientélisme. En fait, Pierre a toujours été soutenu et défendu par la Commune qui, en 1420, érigea une plaque commémorative sous son buste dans ce même Salon du Palais de la Raison où (à ce qu'on lit) il fut faussement accusé d'hérésie et fut absous (*Conciliator*, differentia, XLVIII, f. 71 vb; differentia IX, f. 14 rb-15 ra). En 1315, lors de la rédaction de son testament, il avait fait une formelle profession de foi. Toutefois l'obstination de l'Inquisition, les calomnies, la jalousie pour les succès des guérisons obtenues en tant que médecin d'illustre renommée, lui valurent de féroces inimitiés qui ne profitèrent certainement pas à la compréhension de ses œuvres. En particulier, on a occulté *l'Élucidateur* où Pierre défendait comme étant

rapporté lui-même plus tard. En 1310, à Padoue, il achève deux très importantes œuvres d'astronomie : le *Lucidator dubitabilium astronomiae* (*L'Élucidateur des doutes de l'astronomie*) et le *De motu octavae sphaerae* (*Sur le mouvement de la huitième sphère*) [1].

PIERRE D'ABANO ET LE CHANGEMENT DU PARADIGME ÉPISTÉMOLOGIQUE DE LA SCIENCE MÉDIÉVALE

Faut-il encore le rappeler ? La controverse épistémologique qui eut lieu à la fin du XIIIe siècle concernait la façon de concevoir le *modus sciendi* aussi bien dans le cadre théologique que dans le cadre plus étroitement rattaché aux sciences naturelles, comme celui de la physique médicale-astrologique. Il arrive aussi (ce qui se produisit dans la pensée, respectivement, de Pierre d'Abano *in naturalibus* et de saint Thomas *in divinis*) que l'on recherche un concept de science qui puisse accorder aussi bien la théologie avec la raison que la médecine avec la spéculation. Le Père Louis Bataillon a observé qu'entre le XIIIe et le XIVe siècle, l'effort spéculatif principal visait non seulement la construction de la théologie comme science rationnelle, mais aussi celle de la médecine comme science théorique. L'idée d'une science fondée sur la *ratio naturalis* pouvait concilier théologie et nature, médecine et *physis*, spiritualité et naturalité, philosophie et astrologie.

Cependant, comme les études récentes de Roland Hissette [2] l'ont démontré, cette opération doctrinale fut combattue sans merci par la tendance exprimée dans les condamnations parisiennes de la fin du XIIIe siècle, bannissant toute concordance entre la philosophie et la théologie. Cette dernière était normalement conçue comme reposant sur la foi, l'illumination intérieure et la lecture du texte biblique, alors que les disciplines mondaines, comme la physique, l'astrologie, la médecine, centrées sur le monde extérieur, étaient cantonnées au rang des arts non libéraux, mécaniques, « adultérins », qu'on pouvait à la rigueur rapprocher des pratiques magiques superstitieuses et des arts de la sorcellerie.

licite l'astrologique médicale en tant que science légitime, dont on a soustrait une copie peu de temps après. Une mauvaise renommée l'a accompagné jusqu'à sa mort, advenue après 1316 et pour sa réhabilitation on dut attendre l'*Apologie pour tous les grands personnages qui ont été faussement soupçonnés de magie*, de Gabriel Naudé, imprimée à Paris en 1625.

1. G. Federici Vescovini (éd.), *Trattati di astronomia*, *op. cit.* Pierre a écrit plusieurs autres ouvrages, des *Expositiones* et des *Additiones* de sujet médical et pharmacologique, un *Traité sur les poisons*, des traductions de textes médicaux de Galien et de Dioscoride, d'œuvres astrologiques comme le *De revolutione annorum mundi* de Abraham Ibn Ezra, et le court traité déjà cité *Hippocratis de medicorum astrologia*.

2. R. Hissette, *Enquête sur les 219 Articles condamnés à Paris…*, *op. cit.*

La réforme conceptuelle mise en œuvre par Pierre d'Abano est conforme à son époque mais elle s'appuie sur l'orientation rationaliste inaugurée en théologie par saint Thomas et par un savant dominicain appelé Witelo ou Vitellion, dont l'ouvrage *De natura demonum* nie toute réalité surnaturelle des démons *naturaliter loquendo*[1]. Les théologiens de la fin du XIIIe siècle étaient en effet partagés, même au sein de l'ordre dominicain, entre un courant fidéiste, augustinien et platonicien d'un côté, et un courant rationaliste aristotélicien de l'autre. Les *teologizantes*, les prêcheurs opposés à toute forme d'explication naturelle soit *in divinis* soit *in physicis*, cherchèrent à barrer la route à Pierre. Et cela précisément à Paris, où sans doute la controverse sur la façon de concevoir les rapports entre la science et la théologie, entre la science et les disciplines mondaines et naturelles comme la médecine, devait être plus vive et plus débattue que partout ailleurs. Malheureusement, nous ne savons pas grand chose des disputes sur le statut des sciences physiques en cette fin du XIIIe siècle, alors que l'attention des savants depuis quelques décennies s'est beaucoup concentrée sur les controverses du statut de la théologie comme science de Duns Scot à Guillaume d'Ockham.

Pierre essaya de transformer le concept même de la médecine, mécanique et pratique, en une science théorique. L'essai sur l'astrologie et la médecine exige la justification *théorique* des disciplines qu'on estime pratiques ou mécaniques. Il se donne le but d'élaborer le concept intermédiaire (le *terminum medium*) d'une science théorique-pratique, selon l'enseignement d'Avicenne, en usant d'une articulation conceptuelle assez élaborée[2]. Jusqu'ici, le concept de science et celui de logique avaient été exposés d'une manière assez simpliste, à la lumière des concepts de déduction et d'induction des *Analytiques* d'Aristote, sans tenir compte de la révision de la logique aristotélicienne accomplie par les philosophes arabes, comme Fârâbî et Avicenne[3].

Pierre d'Abano contribua en particulier à clarifier une sorte de distinction confuse qu'Aristote avait effectuée, surtout dans la *Politique*, dans l'*Éthique à Nicomaque* et dans d'autres ouvrages, à propos du concept de *practiké*, entre les substantifs *praxis* et *poièsis*, à telle enseigne que les facultés pratiques conçues comme étant *dianoétiques*, coïncidaient avec l'intellect purement spéculatif joint à la *scientia*, et qu'elles étaient essentiellement théorétiques. Dans ses études sur le classement des sciences de la philosophie médiévale juive et islamique[4], Wolfson a mis en lumière que les philosophes arabes tels qu'Al-Ghazâlî, Al-Fârâbî, Avicenne, s'étaient eux aussi rendus compte de cette contamination. Leurs analyses avaient fondamentalement modifié non

1. G. Federici Vescovini, *Le Moyen Âge magique*, *op. cit.*, p. 116-121.

2. *Id.*, « La médecine, synthèse d'art et de science selon Pierre d'Abano », dans R. Rashed, J. Biard (éd.), *Les doctrines de la science*, *op. cit.*, p. 237-256.

3. J. Jolivet, *Philosophie arabe et islamique*, Paris, Vrin, 1914, p. 90-110 et p. 193-209.

4. J. Wolfson, *Crescas critique of Aristotle*, Cambridge, CUP, 1929, p. 203 *sq.*; *Studies on the History of Philosophy and Religion*, I, Cambridge, CUP, 1973, p. 22-59.

seulement le concept de « théorétique », mais aussi celui de « pratique » dans un sens qui n'était plus celui d'Aristote. En se ralliant à ces analyses conceptuelles (en particulier à celles d'Al-Fârâbî relatives aux *scientiae ingegnorum*) Pierre d'Abano introduisit le concept d'art comme étant à l'intérieur du *subiectum* ou matière et non en dehors de la nature, selon une idée dynamique de « nature », de « subiectum » de « matière ». Ces sont des concepts qui ne sont plus tout à fait ceux d'Aristote, mais plutôt ceux, néoplatoniciens, d'Avicenne. Autrement dit, en utilisant des concepts différents, Pierre effectue la médiation entre théorie et pratique dans le concept même de la médecine astrologique. Cela implique la modification du paradigme aristotélicien de la vérité nécessaire, qui visait l'éternité, et s'opposait aux exigences de la nouvelle classe sociale en émergence à la fin du XIIIe siècle et au début du XIVe. Celle-ci demande une connaissance qui satisfasse aux besoins de la vie de tout le monde et s'applique aux nouvelles professions. Différentes disciplines qui concernent la nature doivent s'ajouter, qui sont étroitement liées entre elles : la physique terrestre à la physique céleste, comme le corps à l'âme, l'âme au ciel, et de là est sortie une nouvelle connaissance que fut la médecine astrale, puisqu'elle reconnaît que le corps est lié à l'âme et que tous les mouvements corporels sont étroitement physiques, et qu'ils sont des effets des mouvements célestes. Surgit alors l'idée d'une anthropologie physique psycho-somatique, et Pierre d'Abano doit justement être considéré comme l'initiateur de cette théorie.

Selon cette orientation la médecine astrologique appartient de plein droit aux sciences spéculatives, et elle est à la fois pratique et théorétique. De plus, l'astronomie coïncide tout à fait avec l'astrologie. Les deux termes sont synonymes : Pierre y insiste beaucoup dans le *Lucidator dubitabilium astronomiae.* Dans tous ses écrits, on perçoit une tentative pour trouver une solution contre ceux qui dénigrent l'astrologie-astronomie sur deux versants diamétralement opposés : soit en l'accusant de superstition, soit en dénonçant le déterminisme astral qui tue la libre volonté humaine. Mais l'accusation la plus grave dont Pierre veut innocenter l'astrologie est la non-scientificité attribuée aux théories astrologiques.

Les discussions sur ce type de problèmes remontent aux querelles entre les philosophes (c'est-à-dire les métaphysiciens aristotéliciens) et les mathématiciens, à savoir les astronomes-astrologues arabes tels qu'Al-Battânî, Al-Farghani, Geber Ibn Aflah et d'autres. Cette école mathématicienne résout les anomalies apparentes des mouvements des planètes rapides, grâce aux explications géométriques des excentriques et des épicycles. Aux yeux des philosophes aristotéliciens, elle semblait aller à l'encontre du principe de perfection céleste et introduire la confusion dans les cieux. Par conséquent, les prévisions des astronomes-astrologues mathématiciens, fondées sur les présupposés géométriques des excentriques et des épicycles de Ptolémée, ne pouvaient qu'être confuses, désordonnées et incertaines comme leurs doctrines. Elles ne pouvaient donc avoir aucun caractère scientifique. Pour sa défense, Pierre d'Abano donne une explication philosophique soutenant que les hypothèses des excentriques et des épicycles n'introduisent pas le désordre dans les cieux, mais l'expliquent selon une *diversitatem rationis* et non pas selon une *diversitatem subiecti* (ici, le sujet est le ciel, qui donc reste immuable). Aussi, les excentriques et les épicycles n'introduisent-ils aucune altération dans la matière céleste, mais ils expliquent par des hypothèses la diversité de ses effets selon des raisons et des attributs différents. Grâce à son savoir, le savant doit donc, selon Pierre, partir des principes de la nature, et lire ces différences dans la correspondance ciel-terre.

Pierre d'Abano revendique ainsi pour le médecin-philosophe-astrologue l'interprétation de la nature qu'il refuse aux théologiens, selon lesquels la raison exclut la nature. Il élabore un changement de paradigme épistémologique par la construction théorique d'une science physique (la médecine astrologique) qui répond aux questions posées par l'expérience de la nature, fondée sur une meilleure connexion entre art et nature, par une conception différente du *modus sciendi* et du *modus essendi*, dont l'élément essentiel est le concept positif de *modus operandi*.

La question du statut scientifique de la médecine astrologique

Il faut donc démontrer la relation entre la théorie de la prévision mathématique et la pratique du pronostic, formuler une doctrine de la science tirée de l'expérience et des règles logiques du raisonnement démonstratif. Se rapportant à l'autorité des « métaphysiciens » Avicenne et Al-Ghazâlî[1], Pierre considère l'astrologie et l'astronomie comme une seule et unique discipline[2]. L'astronomie, dans la mesure où elle est mathématique (ou plutôt algorithmique), est fondée sur le calcul des *Tables* et représente le côté théorique de la discipline, alors que l'astrologie, en prenant en compte l'application des mouvements des cieux au monde inférieur, est la science pratique des jugements. Mais Pierre se rapporte également, dans ce propos, au classement des sciences proposé par Aristote, non pas dans la *Physique* et la *Métaphysique*, mais dans l'*Éthique à Nicomaque* (livre VI, 2 et 4-5). Et il les réinterprète à la lumière d'une nouvelle idée de la connaissance de l'intellect prônée par Avicenne. Cette nouvelle idée est qu'à l'instar de l'astrologie, la médecine est une science aussi bien théorique que pratique qui ressort de la démonstration.

1. G. Federici Vescovini, « La médecine synthèse d'arts et science », dans R. Rashed, J. Biard (éd.), *Les doctrines de la science*, *op. cit.*, p. 110 et p. 114-115.
2. *Ibid.*, p. 237-256.

L'autorité de la *Métaphysique* d'Avicenne est confirmée dans le *De definitionibus* d'Isaac Amharam (ou Isaac Israëli) [1], et dans le classement du *De ortu scientiarum* d'Al-Fârâbî [2]. Aussi Pierre élabore-t-il une véritable épistémologie de l'astrologie ptoléméenne, visant à la situer parmi les sciences légitimes, en se rapportant expressément à la théorie de la démonstration d'Avicenne, qui se fonde sur 1) la théorie de l'intellect en tant qu'*habitus* intellectif, 2) celle des rapports entre physique théorique et métaphysique ; 3) les sciences « moyennes » ou « intermédiaires » entre la physique et la métaphysique, à savoir les mathématiques appelées « doctrinales ». Pour conclure, le statut scientifique de la médecine astrologique selon Pierre d'Abano résulte d'une interprétation de la théorie de la démonstration d'Avicenne considérée selon le troisième aspect ; autrement dit, elle est une science moyenne entre la mathématique et la physique, en étant le sujet commun des deux.

Avicenne énumère méthodiquement ces relations dans le chapitre « Démonstration » de sa *Logique* [3]. Les sciences peuvent avoir des relations entre elles de genre, d'espèce, d'essence, d'accident, d'absolu et de relatif, selon leur sujet commun (*subiectum*), qui est le terme moyen de la logique prédicative [4]. Il explique cela dans son *Épître sur les parties des sciences*, où celles-ci sont divisées en théoriques et pratiques [5]. De toutes les sciences théoriques, mais néanmoins spéciales, on peut remarquer que l'astrologie et les autres arts divinatoires ainsi que l'astronomie sont situées en partie dans la physique et en partie dans les mathématiques.

Pierre d'Abano fait appel expressément à ces définitions des sciences théoriques mathématiques moyennes « spéciales » en se référant à la *Métaphysique* d'Avicenne (Livres I, IV et XII) et à *De l'âme* (Livre II). Il en tire sa définition de la science qui vaut pour l'astrologie : celle-ci est la science

1. Isaac Israëli, « De definitionibus », éd. J. J. Muckle, *Archives d'histoire doctrinale et littéraire du Moyen Âge*, IX, 1937, p. 299-344.

2. Pierre d'Abano, *Lucidator, op. cit.*, Differentia I, propter primum, p. 110-111.

3. J. Jolivet, « Classification des sciences arabes », dans R. Rashed, J. Biard (éd.), *Les doctrines de la science, op. cit.*, p. 222-224.

4. B. Nardi, *Il problema della verità. Soggetto e oggetto del conoscere nella filosofia antica e medievale*, Roma, Edizioni di storia e letteratura, 1960.

5. La science théorique est la philosophie définie comme « art théorique », divisée en théorique « abstraite » et théorique « pratique ». La partie théorique « abstraite » est subdivisée en 1) physique, 2) mathématique, 3) métaphysique. La partie théorique « pratique » se subdivise en trois sciences concernant la conduite individuelle dans les associations domestiques ou civiles. Elles ont toutes des parties spéciales. Les parties spéciales « théoriques » de la physique (1) sont la médecine, l'astrologie, la physionomie, l'oniromancie, la science des talismans, la théurgie, et la chimie. Les parties spéciales théoriques des mathématiques (2) sont propédeutiques : et elles sont, pour a) l'arithmétique, le calcul indien et l'art de l'algèbre ; pour b) la géométrie, l'art de la mensuration, l'art de la traction des poids (*de ponderibus*) ou statique, la perspective, l'art des miroirs, l'hydraulique ; pour c) l'astronomie, l'art des tables astronomiques et des calendriers ; pour d) la musique, l'art des instruments musicaux. Aux parties spéciales « théoriques » de la métaphysique (3) on attribue la révélation et la prophétie, la connaissance de la vie heureuse ou malheureuse. *Cf.* aussi Avicenne, *Opere philosophica Omnia, Sufficientia, op. cit.*, f° 18 ra.

mathématique, issue d'un processus logique démonstratif qui atteint la science qui connecte la mathématique théorique à la physique pratique du mouvement, à savoir une science qui est un « habitus » de l'intellect en tant qu'« exercice de l'intellect » tiré par la démonstration (*habitus intellectualis per demonstrationem elicitus*) [1].

En adoptant la notion du *sujet* (substrat) des sciences mathématiques et physique d'Avicenne, Pierre conclut que l'astrologie est une science certaine parce qu'elle est démonstrative, beaucoup plus que par son sujet commun, et ainsi elle possède les conditions suffisantes requises d'une science. Et à la fin de cette première différence du *Lucidator* [2], Il établira que la condition suffisante de la science est le sujet commun du raisonnement.

Pierre élabore ainsi une théorie logique très précise du possible et du nécessaire tirée de la notion de possible passif et actif du verbe en tant que puissance (*potentia*) ou force active. Il se réfère à l'*Introductorium maius* d'Albumasar (tract. I, chap. 4), où celui-ci soutient que la possibilité d'agir ne se partage pas entre la nécessité et l'impossibilité, ce qui aurait pour conséquence que la vie de l'homme se passerait seulement entre deux branches d'une alternative chacune étant aussi déterminée que l'autre. Pourtant, Pierre juge que l'agir est indéterminé. L'homme possède une liberté qui peut se déterminer par elle-même à la suite de plusieurs choix entre différents possibles s'adressant au futur. Pierre d'Abano affirme cette idée par sa théorie des conditions suffisantes requises par une science. Il la développe par une digression grammaticale sur les formes verbales passives et actives du même verbe qui concerne l'astrologie : le verbe « appliquer » (*applicare*) Cette détermination temporelle et catégorielle de l'astrologie possède en conséquence l'unité d'une analogie d'attribution qui est nécessaire à une démonstration scientifique. On retrouve la même idée dans la démonstration de la scientificité de la médecine, où cette attribution analogique va se rapporter aux formes du futur « guérissable » (*sanabilis*) et du passé « guéri » (*sanatum*) du verbe *sanare*.

L'enseignement de la médecine finit donc par acquérir le statut de science sur la base de la philosophie de la médecine d'Avicenne, qui reconnaissait la causalité des intelligences célestes [3] selon une vision astrologique néoplatonicienne et qui refusait l'ontologie de la causalité aristotélicienne, comme celle de l'orientation négative d'Averroès. Pierre d'Abano rejetait en effet la position d'Averroès qui avait rayé toute la médecine du domaine scientifique, en estimant qu'elle n'était qu'un art bassement mécanique, et il accepta les principes généraux positifs de la métaphysique d'Avicenne en développant son innovante interprétation scientifique.

1. Pierre d'Abano, *Lucidator*, *op. cit.*, differentia I, propter primum, p. 109-110.

2. *Ibid.*, p. 108 et p. 124-129.

3. Avicenne refusait la théorie de la causalité physique et corporelle des astrologues ptoléméens, mais non la vision métaphysique de la causalité par l'influence des cieux qu'il appelle « intelligences ».

La médecine devint ainsi une discipline institutionnelle dans les Facultés des arts et de philosophie, comme à Paris dans le Collège de Maître Gervais, non seulement dans le cadre de l'enseignement astronomique mais aussi particulièrement dans celui de la philosophie naturelle. Malgré les interdictions et les censures, les prérogatives des professeurs en médecine astrologique ne furent jamais réduites. Toutefois, la plupart de ces docteurs ès arts, philosophie ou médecine, ne lisaient pas les textes d'astrologie durant leurs cours de philosophie naturelle. Tous n'exerçaient pas non plus la profession de médecin bien qu'ayant le titre de Docteur en médecine. La plupart exerçaient cependant la profession d'astrologue, par exemple en tant que médecin et consultant du prince. En effet, le médecin astrologue eut aussi une fonction pratique et sociale, et non pas seulement comme universitaire, auprès des rois et des princes. Il est vrai qu'un certain nombre d'astrologues au service de princes avaient suivi des études de médecine et avaient été engagés avec le titre de *magister medicinae*. À la fin du XIIIe siècle et au début du XIVe, le prestige que possède ce type de personnage auprès des rois, des condottières et des papes tend à s'accroître.

Plusieurs médecins suivirent l'enseignement d'Avicenne, qui considérait les seules causes particulières et non les causes universelles de la maladie. Cependant, certains médecins comme Jean de Murs, Firmin de Belleville, Geoffroy de Meaux, découvrirent dans l'astrologie une science auxiliaire de la médecine, permettant de prendre en compte des causes générale des maladies, comme par exemple la contagion de la peste – qu'aucune connaissance ne permettait de soigner.

À la Cour d'Avignon, le pape Clément VI invita Jean de Murs et Firmin de Belleville[1] à résoudre le problème du calendrier pour la détermination du dimanche de Pâques. Ces deux éminents astrologues restèrent tout le temps en Avignon. Jean de Murs est sans doute né vers 1290, dans le diocèse d'Évreux. En 1310, il fut impliqué avec Jean de Lignières dans un assassinat, il aurait été condamné et envoyé en exil à Chypre. C'est en 1317 qu'il commence à écrire la réforme du calendrier; en 1318 il s'inscrit à l'université de Paris; en 1321, il y devient maître ès arts et rédige entre 1324 et 1325 un important traité de musique spéculative *secundum Boethium*; il traduisit aussi en latin, avec Jean de Lignières, les *Tables alphonsines*, en en mettant à jour les calculs[2].

1. Nous avons peu de connaissances sur ce Firmin, dont le nom aussi est incertain.
2. E. Poulle, « De astronomia Alphonsi Regis », *Acta del Simposio sobre Astronomia Alfonsi*, Barcelona, Universidad de Barcelona, 1987, p. 51-70; *id.*, *Les Tables Alphonsines*, Paris, CNRS, 1984 ; *id.*, *Astronomie planétaire au Moyen Âge latin op. cit.* ; M Comes, H. Mielgo, J. Samsó, *Ochava espera y astrofisica. Textos y estudios sobre les fuentes arabes de l'astronomía de Alfonso X*, Barcelona, Instituto « Millas Vallicrosa » de historia de la ciencia arabe, 1990, textes p. 116-197.

Ces tables étaient ainsi dénommées parce qu'elles avaient été élaborées pour le compte du roi Alphonse X de Castille vers 1251, l'année de son couronnement, sur la base des observations de ses astrologues. Elles revenaient sur les tables de Tolède déterminées par l'astronome arabophone Azarchel (Ibrahim Ibn Yahya, 1080), selon sa théorie du mouvement en avant et en arrière de la précession des équinoxes [1]. Les tables alphonsines harmonisent le système des excentriques et des épicycles de Ptolémée. À son tour, Jean de Murs rejeta les tables de Tolède qui soutenaient ce mouvement oscillatoire très complexe. Il adopta le système ptolémaïque des astronomes du roi Alphonse X et mit à jour les éphémérides du XIIIe siècle en les poursuivant à partir de 1321. Par ces Tables, Jean de Murs entérine ainsi l'idée d'une science exacte de l'astrologie médicale qui exige, outre les connaissances du *Quadrivium*, la pratique des instruments pour l'observation des anomalies des planètes et permet l'évaluation exacte de leur position soit pour la chirurgie, soit pour l'administration des médicaments.

Jean de Murs rédigea en 1345 un pronostic pour le pape Clément VI précédé d'une lettre où il prévoyait, à cause de la conjonction de Saturne et Mars dans le signe du Cancer en 1357, la ruine du Roi et du Royaume de France. Cela lui valut une condamnation, dont parle Simon de Phares [2]. Mais Jean de Murs s'acquitta d'une tâche qu'aucun astronome de son temps n'avait encore accomplie, en assurant à l'astrologie le fondement scientifique de ses prévisions fondées sur des valeurs mathématiques corrigées et mises à jour, contribuant ainsi à la correction d'un calendrier qui désormais avait déplacé les dates de commencement des saisons. Ses tables eurent un grand succès et furent adoptées jusqu'à la moitié du XVe siècle, où, sur la base de nouvelles observations, elles finirent par être remplacées par les éphémérides de Jean Müller, appelé Regiomontanus.

Lorsqu'en 1348 éclata l'effroyable épidémie de peste, le lien entre l'astrologie et la médecine se renforça, et les théories des conjonctionnistes se raffermirent avec la coïncidence de la conjonction des trois planètes supérieures décelée en 1345 (on lui attribua les causes de contagion). C'est le succès de cette prévision universelle qui assura la faveur dont cette théorie bénéficia aux XIVe et XVe siècles, alors qu'aux siècles suivants, les prévisions qui prévalaient furent celles des conjonctions de plus courte durée, non pas universelles mais annuelles, ou d'une vingtaine d'années, concernant des pays, des villes ou des individus (les horoscopes ou génitures).

1. Les équinoxes déterminent la durée du jour égale à celle de la nuit, et à partir de là, débutent les saisons du printemps et de l'automne.

2. *Cf.* J.-P. Boudet, « La papauté d'Avignon et l'astrologie, Fin du monde et signes des temps, Visionnaires et prophètes en France Méridionale (fin XIIIe-début XVe siècle) », *Cahiers de Fanjeaux*, 27, 1992, p. 257-293.

La prévision universelle des grandes conjonctions et l'astrologie médicale

Cette prévision universelle était le but des plus remarquables médecins astrologues des XIVe et XVe siècles, comme par exemple Bernard de Gordon (1258 env.-1318/1320 env.). Écossais de naissance, mais exerçant à Montpellier, Bernard était étudiant à la faculté des arts et de médecine de Montpellier[1] entre 1260 et 1283. Il aurait obtenu son baccalauréat en 1281 et il commença à enseigner la médecine en 1284[2]. Il écrivit de nombreux ouvrages qui circulèrent jusqu'au XVIe siècle. Il semblerait que son premier ouvrage ait été le *De regimine acutorum morborum*, mais son œuvre la plus importante fut sans doute le *Compendium* ou *Lilium medicine* (*Fleur de la médecine*), qui a eu sa propre circulation et dont Nicolas de Cues possédait lui-même une copie (1449). Bernard de Gordon écrivit aussi un traité sur le dosage des médicaments (*De gradibus*) et il pratiqua une médecine astrologique thérapeutique. Il établit quels médicaments il fallait administrer pendant les épidémies sur la base du transit planétaire et il mit en lumière l'importance de Saturne dans cette conception, en se rapportant à une sentence du *Centiloque* d'Alî. Il rédigea un traité de médecine astrologique thérapeutique, le *Tractatus ad faciendum sigilla*, où il décrivait l'utilité de la figure de la planète correspondant au signe du malade, pour la guérison de la maladie dont elle dépend. Il s'agit d'une thérapie par les sceaux, dont l'image dessinée doit être portée par le malade et appliquée à la partie malade du corps.

La thérapie par les sceaux

Ce type de thérapie sera aussi mentionné par Guy de Chauliac, professeur en médecine et chirurgie à Montpellier. Étudiant en médecine d'abord à Toulouse, puis à Montpellier, élève du Maître Raymond de Molières (nommé en 1335 chancelier de la Faculté), Guy devint un célèbre chirurgien. Il étudia aussi à Bologne, à l'école de chirurgie et médecine de Guillaume de Salicet. Lanfranc de Pavie (ou de Milan), qui enseignait à Lyon et à Paris, fut aussi un de ses maîtres. Par la suite, il fut engagé à Avignon où il devint le médecin de trois papes, Clément VI, Innocent VI et Urbain VIII, jusqu'à sa mort, en 1368. Guy de Chauliac a rédigé un travail monumental, *Inventarium sive Chirurgia magna*, où il rappelle l'emploi thérapeutique de la figure du signe du Lion pour soigner les calculs rénaux. Il écrit que l'image du Lion doit être d'abord sculptée en or très pur, alors que le Soleil est situé dans le Lion et qu'une Lune bienfaisante est sans aspect avec Saturne, puis fragmentée en poussière et

1. *Chartularium de l'Université de Montpellier (1181-1400)*, éd. A. Germai, vol. I, Montpellier, D. Le Blévier, 1890 ; *L'Université de Médecine de Montpellier et son rayonnement, Actes du colloque international de Montpellier, 17-19 mai 2001,* Turnhout, Brepols, 2004.

2. L. E. Demaitre, *Doctor Bernard de Gordon, Professor and Practitioner*, Toronto, Pontifical Institute of Medieval Studies, 1980, p. 139.

avalée avec du vin; c'est là un remède qui apporte la guérison [1]. Guy affirme que cette pratique a été employée par Pierre d'Abano pour soigner Boniface VIII. Il manifeste sa préférence pour la science des étoiles dans un passage célèbre consacré à la cause générale de la peste noire de 1348 : il y écrit que la conjonction de Saturne et de Jupiter avec Mars dans le signe du Verseau, qui s'était produite quelques années avant la peste en 1345, est chargée de significations bien connues, aussi bien merveilleuses qu'effrayantes, et il la considère comme l'explication de l'épidémie de peste. Dans ce passage, il fait également allusion à un traité, perdu depuis, qu'il a écrit sur les grandes conjonctions.

La pratique médico-astrologique de la thérapie des sceaux était une pratique thérapeutique répandue en Italie et en France, en particulier chez les médecins juifs. À Montpellier, l'emploi de cette thérapie, jugée dangereuse par les médecins les plus avisés en raison de sa proximité avec les pratiques superstitieuses, est attesté par la polémique vivace qui agita le milieu médical de Montpellier à propos du *Livre des figures des douze signes*: un traité sur les sceaux, rédigé en hébreu, qui apprenait à bâtir les sceaux astrologiques selon les signes, et indiquait les traitements à suivre grâce à eux, en les portant sur soi. En 1303, le rabbin de Montpellier envoya une lettre au célèbre Salomon Ben Adreth de Barcelone en lui demandant s'il était vrai qu'il avait autorisé cette thérapie, bien proche de la magie. Il s'agit d'une pratique bien différente des pratiques naturelles et non magiques prônées par Pierre d'Abano, et des pratiques conseillées par Bernard de Gordon [2].

L'astrologie médicale à la cour de Paris

La Faculté de Médecine de Paris fut fondée en 1213, en même temps que les facultés de Théologie, de Droit et des Arts, et ses statuts furent formulés en 1270 et en 1274 [3]. On ne connaît pas grand'chose de cette période, alors qu'à la cour des rois de France Louis X, Philippe V et Charles IV, plusieurs médecins royaux marquèrent l'histoire de l'astrologie de leurs noms tel que Arnoul de Quincampoix qui fut un grand traducteur en latin des traités astrologiques des grandes conjonctions; Robert le Fèvre, médecin de Philippe le Bel, qui nous a

1. Guigonis de Caulhico (Guy de Chaulac), *Inventarium sive chirurgia magna*, 2 vol., éd. Michael R. McVaugh, Leiden, Brill, 1997, vol. I, p. 380.

2. *Cf.* J. Shatzmiller, « Contacts et échanges entre savants juif et chrétiens à Montpellier vers 1399 », *Cahiers de Fanjeaux*, 12, 1977, p. 334-337; D. Schwartz, « La magie astrale dans la pensée juive rationaliste en Provence au XIVe siècle », *Archives d'histoire doctrinale et littéraire du Moyen Âge*, 69, 1994, p. 31-55; et G. Federici Vescovini, *Le Moyen Âge magique*, *op. cit.*, p. 341-363.

3. D. Jacquart, « Médecine et astrologie à Paris dans la première moitié du XIVe siècle », dans G. Federici Vescovini, F. Barocelli (a cura di), *Filosofia, scienza e astrologia nel Trecento europeo. Atti del Convegno Internazionale, (Universitá de Parma, 5-6 ottobre 1990)*, con un intervento di R. Klibansky, Padova, il Poligrafo, 1992, p. 12; R. Lemay, « The Theaching of Astronomy », art. cit., p. 200-210.

légué sa « nativité » ; mais c'est surtout Geoffroy de Meaux qui témoigne des liens étroits entre la médecine et l'astrologie à cette époque.

Nommé médecin du roi au couronnement du roi Charles IV en 1326, Geoffroy de Meaux composa de nombreuses œuvres astrologiques sur les conjonctions, les éclipses, les comètes, comme celles de 1315, de 1337 et de 1341 [1]. Il écrivit en 1345 un traité où il prévoyait, sur la base de l'éclipse de lune jointe au transit des planètes supérieures (surtout de Jupiter) l'arrivée d'une maladie grave – qu'on identifiera ensuite à la peste de 1348 : *De causis huius generalis pestilentie.* Geoffroy rédigea un *Compendium* sur toute l'astrologie judiciaire (*Totius astronomie iudicialis compendium*) [2], forme abrégée d'une *lectio* universitaire qu'il devait tenir à l'université de Paris en tant que professeur de médecine, avec des explications de type astrologique plus précises sur les crises des maladies, sur l'uroscopie et l'administration des remèdes selon les heures de la journée.

Geoffroy écrivit également un calendrier de 1320 à 1340 et, en rédigeant les *Tables astronomiques* pour ce calendrier, il déclara ne pas accepter les nouvelles tables astronomiques de Jean de Murs et Firmin de Belleville, et il resta fidèle aux tables d'Azarchel de l'École de Tolède. Il y accordait beaucoup d'importance à l'apparition des éclipses et des comètes en concomitance avec les grandes conjonctions [3]. Ainsi, la peste noire n'était pas due à la seule conjonction de Mars avec Saturne et Jupiter mais aussi à l'éclipse lunaire pendant environ trois heures, qui laissait présager que l'épidémie s'étendrait sur une très longue durée [4]. La comète étudiée par Geoffroy en 1345 était considérée comme étant une manifestation de la colère divine contre un monde dépravé. La Sentence (*Determinatio magistralis*) de la Faculté de médecine de l'université de Paris présenta une déclaration officielle au Roi où elle confirma cette idée en déclarant que la cause de la terrible épidémie était la grande conjonction et que celle-ci était la seule et unique explication de cette monstrueuse catastrophe, pour laquelle les causes invoquées par Galien ou Razès auraient été insuffisantes.

À Paris, l'influence qu'eut l'astrologie médicale à la cour de Charles V (1363-1380) est évidente. Précédemment, entre 1326 et 1333, le milanais Maino de Manieri, médecin à la cour de Visconti, enseignait à la Faculté de médecine de Paris. Il y écrivit un commentaire à la *Theorica planetarum* et un *Régime de santé* où il fixe une limite à l'influence des cieux, en particulier celle de la lune, pour la saignée, l'application de ventouses, ou l'administration des

1. L. Thorndike, *Latin Treatises on Comets between 1328 and 1368 A.D.*, Chicago, The university of Chicago Press, 1950, p. 208-225 ; *A History of Magic,* vol. III, New York, Columbia UP, 1934, p. 281.

2. *Id., A History of Magic,* vol. III, *op. cit.*, p. 715-717.

3. *Id., Latin Treatises, op. cit.*, p. 210 et *A History of magic, op. cit.*, p. 281.

4. Ph. Ziegler, *The Black Death, op. cit.*, p. 38-39.

purges, et il débuta par une astrologie médicale classique selon les règles de Galien.

Charles V était un grand admirateur de la discipline et il favorisa les progrès académiques et sociaux de la profession[1], y compris à l'égard de son médecin, Gervais le Chrétien, pour lequel il créa un collège de Médecine et d'Astrologie qui devait rivaliser avec l'enseignement de la faculté de Médecine de Montpellier[2]. Dès 1362, le roi confia à l'un de ses médecins, Évrard de Conty[3], la traduction française des *Expositions des Problèmes d'Aristote* par Pierre d'Abano, pour lesquelles il écrivit lui-même un commentaire[4].

Pendant le règne de son successeur, Charles VI, avant que celui-ci ne sombrât dans la folie, on publia un livre étrange, *Le Songe du vieil Pèlerin* de Philippe de Mézières, personnage très actif à la cour. Ce texte laisse entrevoir la lutte acharnée, autour de 1385, entre les partisans de l'astrologie et ses adversaires, à l'avantage de ces derniers, adeptes des idées cosmologiques d'Aristote. Il faut également rappeler que dans les questions *Contra divinatores oroscopios* de Nicole Oresme (1370), la critique de la composante médicale de l'astrologie occupait une place particulièrement importante.

Il faut donc signaler que tous les médecins royaux ou princiers n'exerçaient pas l'enseignement de l'astrologie médicale. La doctrine de Pierre d'Abano dans le *Lucidator*, faisant de l'astrologie médicale une science aussi bien pratique que théorique, ne semble pas avoir été largement adoptée par les médecins, dont un certain nombre exerçait les deux branches en parallèle. Ces deux activités n'ont d'ailleurs pas non plus été pratiquées de la même façon par les médecins de France ou d'Italie.

Le médecin astrologue

Pendant les années de la peste noire, Jean d'Eschenden (mort vers 1379) jouissait d'une reconnaissance universelle en tant que spécialiste des conjonctions. Il avait généralisé l'interprétation d'une phrase du *Centiloque* du pseudo-Ptolémée, d'après laquelle, en astrologie, les termes employés devaient toujours être universels et jamais particuliers. En fait, Ptolémée s'était borné à énoncer les règles de l'astrologie universelle sans jamais la pratiquer. Jean d'Eschenden rédigea lui aussi, comme Geoffroy de Meaux, le pronostic du 20 mars 1345, dans la *Summa iudicialis de accidentibus mundi* sur la conjonction des éclipses de la Lune avec la grande conjonction des trois

1. R. Lemay, « Teaching of astronomy in Medieval University, principally at Paris in fourtheenth Century », *Manuscripta*, XX, 1976, p. 197-217.

2. P. de Longuemare, « Le Collège de maître Gervais Chrétien à Paris », *Bulletin de la Société des Antiquaires de Normandie,* XXXI, 1916, p. 182-339.

3. Fr. Guichard-Tesson, « Evrart de Conty, poète, traducteur et commentateur », dans *Aristoteles Problemata, op. cit.*, p. 227-245.

4. Fr. Guichard-Tesson, M. Guyen, G. Dumas, *Les* Problemata *par Evrart de Conty*, partie I, avec la coll. de A. Bloem, Paris, Honoré Champion, 2021.

planètes supérieures. Mais il était en désaccord avec Geoffroy sur la position de la Lune et la prévision de la peste de 1348. Sa doctrine eut beaucoup d'adeptes jusqu'au XVIe siècle parce qu'il s'attachait aux aspects météorologiques de l'astrologie des grandes conjonctions, en particulier les mutations climatiques : tempêtes, inondations, disettes, épidémies. Aussi devint-il l'initiateur d'une tradition d'astrologie catastrophique universelle, excluant l'astrologie individuelle des génitures, des interrogations et des élections. La section la plus importante de sa *Summa* est une section consacrée à l'apparition des épidémies, où il résume toutes les doctrines médicales arabo-latines sur le sujet.

À Florence, Jean Villani consacra lui aussi dans sa *Chronique*[1] un long chapitre à ce sujet et à l'exposé détaillé des calculs de Paolo Dagomari dell'Abbaco, maître ès science astrologique, sur la grande conjonction de 1345. Jean Villani, en citant toujours Paolo Dagomari, prévoit beaucoup de troubles dans l'Église.

La physiognomonie astrologique et la mélothésie

On raconte qu'aux premiers siècles chrétiens, Paul Orose, disciple de saint Augustin (qui condamnait l'astrologie) avait associé la médecine à l'astrologie en évoquant le voyage de l'âme à travers les sphères célestes qui ont une influence sur elle. C'est ainsi que semble être née l'idée de faire correspondre certaines parties du corps aux planètes, la mélothésie, dont l'image prit forme peu à peu[2]. Ainsi, il devint important, pour la pratique de la phlébotomie par exemple, de connaître la position de la lune, car il ne fallait pas qu'elle se trouve dans le signe dominant la partie du corps à opérer si l'on voulait éviter tout risque d'hémorragie.

Cette idée de l'homme comme microcosme naturel, image réduite de l'univers, connectée avec celle de la mélothésie zodiacale, a été pleinement développée au XIIe siècle dans les œuvres d'Hildegarde, abbesse du monastère de Bingen (1098-1179). En autodidacte, Hildegarde rédigea le texte prophétique *Scivias*, quelques traités scientifiques de médecine et une grande encyclopédie, le *De cursu naturae* et le *Liber subtilitatum diversarum creaturum*[3] ou *Physica,* où elle décrivait les vertus curatives des trois règnes de la nature et des quatre éléments. En traitant de pharmacologie astrologique, Hildegarde expliquait les vertus et les capacités de tous les éléments soumis aux astres, depuis les plantes jusqu'à l'homme. Elle appelle ces éléments *subtilitates,* énergies invisibles mais pleinement actives dans la création : ce qui advient grâce à un rapport harmonieux de correspondance avec les astres. Quant à

1. Jean Villani, *Nuova cronica*, éd. G. Porta, Parma, Guanda Editore, 1991, chap. XII.
2. *Les très riches heures du Duc de Berry,* Chantilly, Musée Condé, *circa* 1441-1416.
3. Hildegarde de Bingen, *Le cours de la nature* et *Physica : Livre des subtilités des créatures de diverses natures, ou Physique*, trad. fr. P. Monat, Paris, Harmonia Mundi, 2019.

l'homme, il s'avère que chacun de ses organes correspond à une planète qui y préside. Honoré d'Autun dans son *Elucidarium* et Bernard Silvestre élaborèrent à leur tour la même notion physique de l'homme en tant que « microcosme naturel ».

Néanmoins, cette *melotesia* astrologique des savants des XIIe et XIIIe siècles se transforma, au XIVe siècle, sous l'effet de la doctrine de l'homme *imago mundi* (image naturelle et non spirituelle), en une *physionomie* : une psychologie de l'interrelation des mouvements intérieurs de l'âme avec les signes extérieurs du corps, une science « psychosomatique » par laquelle on lit dans les signes sensibles du corps les émotions de l'âme. Dans cette doctrine, on affirme que ce nom ne provient pas de *physis* (nature) et *onoma* (nom) (il ne s'agit pas de « nommer la nature »), mais de *physis* et *nomos* (loi ou règle). *Physio-nomie* signifie alors « loi de la nature de l'âme fondée sur des lois astrologiques médicales ».

Il y avait déjà eu, dans l'Antiquité, des traités de physiognomonie, celui du pseudo-Aristote[1] (le *Secretum* dont parle Michel Scot), celui de l'Anonyme latin pendant longtemps identifié à Apulée, ou d'autres compilations grecques tirées des physionomies de Polémon et de Losso. Avec Pierre d'Abano naît la tradition médiévale des physiognomonies astrologiques, parfois iconographiques et littéraires, qu'il a inaugurées d'un point de vue philosophique. Elles se différencient des traités issus des interprétations des commentateurs scolastiques de l'*Expositio physiognomie* d'Aristote ou de l'*Historia animalium* et des *Parva naturalia* de quelques maîtres ès arts, ainsi que des commentaires de Jean Buridan ou de Blaise de Parme. La différence anthropologique entre les physiognomonies de la mélothésie du microcosme zodiacal et celle d'Aristote, est fondée sur son concept d'*ethos*, sur l'analogie entre les comportements de l'homme et ceux des animaux. Et lorsqu'à la Renaissance, on développa l'idée d'une anthropologie spirituelle, on mit de côté l'idée de la correspondance entre l'organisme et les planètes ; la physiognomonie humaine fut alors rapprochée de celle des animaux (du renard, du chien, etc.)

La physiognomonie de Pierre d'Abano est une science théorique et non pratique parce qu'elle entre dans la science de la nature en tant que loi régissant les rapports harmonieux entre les mouvements intérieurs de l'âme et les signes du corps. Ces lois sont régies par les dispositions naturelles de l'individu selon les combinaisons de ses humeurs et sa complexion physique, qui, aux dires de Ptolémée, est liée au lieu et au temps ainsi qu'il est décrit dans sa nativité. La physionomie est en état de décrire aussi les tempéraments des individus par la correspondance du mélange des qualités (chaud, froid, humide et sec) des quatre éléments dont sont constitués les corps célestes. Cette doctrine (qui remonte à Albumasar) était contestée par les médecins averroïstes pour lesquels les natures célestes, en étant composées aussi par un cinquième

1. *La scienza della fisiognomia tolta da il Segreto dei Segreti attribuito ad Aristotele traslato in volgare*, texte latin, éd. G. Cesena Livorno, Tipografia F. Vico, 1876.

élément, l'éther, ne pouvaient avoir les qualités terrestres des éléments physiques. Selon Pierre d'Abano (qui suit fidèlement Albumasar), les effets dépendant des complexions physiques des planètes (chaud, froid, humide, sec) et de leurs couleurs ne dépendent pas de leurs natures substantielles, mais de leurs qualités accidentelles qui, en se combinant, constituent leur organisme céleste appelé justement « complexion ». Celle-ci correspond à celle de l'organisme avec ses qualités individuelles. Par conséquent, les complexions se distinguent chez les individus selon une typologie astrale, bien déterminée, des complexions et des tempéraments astrologiques, calquée sur la physiognomonie astrale, valable encore *grosso modo* de nos jours : martiaux (Mars), joviaux (Jupiter), mélancoliques ou saturniens (Saturne), lunatiques (Lune), vénusiens (Vénus) et ainsi de suite. Pierre enrichit aussi ces enseignements d'Albumasar par la théorie médicale des complexions de Galien, divisées selon les quatre humeurs, flegmatique (flegme), sanguine (sang), bilieuse (bile jaune), mélancolique (bile noire).

Le Miroir de la physionomie *de Michel Savonarole*

Tous les principes généraux de la physiognomonie astrologique de Pierre furent développés et complétés par une multitude d'arguments médicaux, astrologiques et psychologiques – mais avec beaucoup de prudence – par le célèbre médecin ferrarais, mais de formation padouane, Michel Savonarole (env. 1385-1464) [1]. Moins connu que son oncle, le tristement fameux Jérôme, Michel Savonarole obtint son doctorat de médecine à Padoue en 1413 et il fut, à la cour de Ferrare, le médecin personnel du Duc Lionel d'Este. C'est pour ce dernier qu'il rédigea le *Speculum physiognomie*, en se rapportant à l'enseignement de l'école padouane de Pierre d'Abano, qu'il considérait comme un maître idéal. Savonarole écrivit aussi de nombreux traités de médecine pratique, dont un *Regimen* pour les femmes enceintes et les nouveaux-nés, une *Practica* pour la composition des médicaments et une *Practica canonica* sur les fièvres, les urines et la grossesse, qui lui valurent sa grande réputation de médecin.

Tous ces traités furent imprimés presque aussitôt après sa mort, à Venise en 1498 puis à Lyon en 1560 ; en revanche, le *Speculum physionomie,* son traité longuement médité de médecine psychosomatique, rédigé à Ferrare pour le Duc, fut presque complètement ignoré. Cet oubli est sans doute dû au contenu même de l'ouvrage, centré sur la médecine astrologique, dont les principes étaient rassemblés dans les différents chapitres : la condamnation de l'astrologie et des pseudosciences qui avait cours alors décida de son manque de

1. *Cf.* P. Castelli, « In supreme dignitatis », dans *Per la storia dell'Università di Ferrara* (*1391-1991*), *Atti del Convegno Internazionale dell'Università di Ferrara*, Firenze, Olschki, 1995, p. 415-429 ; et mon essai « La medicina astrologica di Michele Savonarola e lo Speculum Physiognomiae », dans R. Kecks (ed.), *Musagetes, Festschrift für W. Prinz*, Berlin, Acta Humaniora, 1991, p. 167-178.

postérité. Ce genre de méfiance s'était répandu suite au succès des attaques contenues dans les *Animadversiones contra astrologiam* de Pic de la Mirandole. Et à Padoue, Pierre d'Abano avait aussi eu maille à partir avec l'Inquisition pour sa doctrine astrologique – cela ne pouvait que nuire à la connaissance et à la diffusion du *Speculum* [1].

Michel Savonarole souligne toutefois l'importance de cette discipline, à son avis nécessaire au médecin pour établir le pronostic de la maladie, selon la complexion planétaire individuelle du patient. Celle-ci peut donner des renseignements importants pour le choix du traitement le plus approprié. Michel Savonarole connaissait les doctrines psychologiques contraires à cette conception, c'est pourquoi il commence par réfuter les nombreuses objections de principe qui visent à exclure la physiognomonie du domaine des sciences, en la reléguant tout au plus parmi les sciences « curieuses ». Selon la psychologie platonicienne ou aristotélicienne des philosophes chrétiens, il était inconcevable de croire que les émotions puissent avoir de l'importance, qu'elles soient les causes concomitantes des mouvements intérieurs de l'âme et qu'on puisse atteindre la *psyché* en remontant vers elle à partir des signes sensibles de la complexion corporelle. Les principes théoriques de la psychologie de la physiognomonie sont astrologiques mais ils découlent des livres biologiques d'Aristote, relus à la lumière de la théorie de l'âme de Galien dont la substance s'appelle *pneuma,* souffle vital. On en vient ainsi à concevoir les interactions entre les passions de l'âme et les mouvements du corps à l'intérieur d'une typologie de la composition corporelle de l'âme et par conséquent, de ses complexions et de ses tempéraments spécifiques. Ceux-ci sont ramenés aux caractéristiques des corps célestes avec lesquels les âmes sont en correspondance, depuis la naissance. Michel Savonarole écrit ainsi que « les corps astraux secondent admirablement la nature humaine elle-même » [2] dont la physiognomonie, conformément à son étymologie (*physis* et *nomos*), dicte les règles.

Aussi dans la physiognomonie, l'image psychologique et physique de l'homme devient-elle un sujet important pour la médecine. En partant des signes de la tête (visage, yeux, cheveux) on peut chercher non seulement à remonter aux causes probables de la maladie, en définir le cours et parvenir à un verdict (*iudicium*) ; mais surtout on peut découvrir les secrets les plus intimes de la *psyché*, ses émotions, ses peurs, ses désirs, grâce à l'interrelation constante entre le corps et l'âme, entre les organes et les planètes qui en fournissent la signification.

Le *Speculum physiognomiae* de Michel Savonarole apparaît, à la fin du XVe siècle, comme la première présentation « scientifique » d'une sorte de médecine psychosomatique sur des bases astrologiques. Elle prend aussi de l'importance au niveau figuratif dans l'art des portraits de la Renaissance.

1. À ma connaissance, il en existe un exemplaire à la Bibliothèque San Marco à Venise et un autre à la Bibliothèque Universitaire de Leipzig.

2. *Speculum*, Venise ms. cit., f° 39va.

Aux siècles suivants, on abandonnera cette doctrine psychologique fondée sur la correspondance des complexions planétaires et les émotions pour revenir, lors du renouveau humaniste, à Aristote et à la tradition biologique animale de la physiognomonie antique.

Jean Baptiste De La Porta

La physiognomie astrologique de l'homme a été développée aussi dans le domaine de la nature végétale par le grand botaniste, mathématicien et opticien [1] de Campanie, Jean-Baptiste De La Porta (1535-1615), l'auteur d'une des grandes œuvres de magie naturelle de la Renaissance, *La magia naturale e i segreti della natura* [2], publiée en 1588, la même année que la condamnation de l'astrologie par la Bulle *Caeli et terrae* de Sixte V [3]. En 1588, il décrit la poussée des herbes dans la *Phytognomonica*. Dans le *De humana physiognomonia*, il déclare considérer la physionomie comme une loi de la nature [4]. Dans toutes ses œuvres, il évoque la relation astrologique entre le mouvement des astres et leurs effets sur Terre, que ce soit sur la génération des herbes ou sur les hommes, effets visibles par des signes somatiques. Ces doctrines éveillèrent les suspicions du Saint-Office, qui y voyait une forme de déterminisme astrologique. Dans la *Caelestis physiognomica*, publiée en 1603, les « accidents » des astres (mouvements, proportions, figures et couleurs) sont rattachés à ceux de la physionomie humaine selon leurs correspondances, et sont décrits dans les moindres détails. Ce qui se cache dans les secrets de la nature semble ainsi se manifester au savant physionomiste par son étude des formes célestes.

Il arrivait que le savoir scolastique qui se développait dans les Universités au XIIIe siècle, nourri des relations avec les pouvoirs publics et ecclésiastiques, vînt s'organiser en Facultés, et la culture chrétienne du Moyen Âge disposait aussi d'un savoir non pas seulement consacré à Dieu mais enraciné dans la philosophie naturelle, où l'astronomie et les mathématiques de l'astrologie remplacèrent la cosmologie et la météorologie d'Aristote. On retrouve le statut des arts libéraux dans le *quadrivium* de Boèce, où la frontière entre les sciences mathématiques d'une part, les sciences physiques et la philosophie d'autre part est mise en question. De l'ensemble des débats suscités va émerger une

1. Par ses études sur les lentilles et ses connaissances des lois de la réfraction et la diffraction, il avait déjà projeté le *cannocchiale* (la Lunette ou longue vue), mais lorsqu'on répandit en 1606 la nouvelle de l'invention de Galilée, il ne fit pas de polémique et reconnut que c'est à Galilée que l'on doit le perfectionnement de l'instrument. Kepler rappelle justement que la découverte du *cannocchiale* doit être attribuée à G. De La Porta et cette affirmation fut aussi celle de l'Académie des Lyncéens.

2. *Magiae naturalis sive de miraculis rerum naturalium*, libri tres.

3. D. Verardi, « *La Bulle Caeli et terrai* de Siste V », *Revue des sciences philosophiques et théologiques*, 2017, p. 125-133.

4. *Id.*, *Logica e magia, Giovan Battista della Porta e i segreti della natura*, Lugano, Agorà, 2017.

catégorie de sciences intermédiaires parmi lesquelles dominèrent l'astrologie mathématique et une physique médicale dont Pierre d'Abano fut le maître. Cette physique médicale fut institutionnalisée dans toutes les facultés des arts, et fut pratiquée au service des princes, des rois et des papes. Grâce à l'idée de la correspondance harmonieuse entre la nature humaine et les astres, on introduit l'idée de l'homme microcosme, image du monde en petit, par sa correspondance des parties du corps avec les astres. Se développe alors une anthropologie astrologique, une science psychosomatique qui survit jusqaux siècles modernes.

Chapitre VII

L'ASTROLOGIE « LICITE » DES SAVANTS CHRÉTIENS ET SON ÉVOLUTION AUX XVe ET XVIe SIÈCLES

À l'époque carolingienne, on avait tenté de parvenir à une sorte de Zodiaque chrétien [1] à partir du Zodiaque issu de l'*Aratus* latin dans le *De astronomia more christiano,* probablement rédigé vers 820 par un théologien de Corbie. Elle consiste dans l'énoncé de la correspondance entre chaque signe et un symbole chrétien. On y lit par exemple que le signe du Bélier correspond, dans l'Ancien Testament, au sacrifice de l'agneau offert au Seigneur et, dans le Nouveau Testament, au sacrifice de la Passion du Christ que les chrétiens offrent au Père. Et ainsi de suite pour les autres signes. Malgré les condamnations et d'autres obstacles érigés à l'encontre de l'enseignement de l'astrologie-astronomie, celui-ci fut institué à la fin du XIIIe siècle dans certaines facultés des arts – comme par exemple en 1241 à Paris, où l'on bravait les interdits concernant la localisation astronomique du Paradis. Aussi vers la fin du XIIIe siècle, dans l'un de ses premiers enseignements à la faculté des arts et de philosophie de l'université de Bologne, Barthélémy de Parme expose dans son commentaire sur la *Sphère* la doctrine du dixième ciel ou Empyrée, siège de Dieu et de la Vierge, conçu comme séparé de celui des bienheureux qui résident dans le ciel cristallin ou neuvième ciel. Barthélémy avait assimilé l'innovation de l'astrologie arabophone des Xe-XIIe siècles et modifié le nombre des sphères de Ptolémée par l'introduction d'une dixième sphère afin de satisfaire à l'exigence de certaines vérités théologiques.

1. V. Hübner, « Zodiacus christianus », texte éd. H. L. Bourdelle, *Beiträge zur classischen Philologie,* 144, 1982 ; « De astronomia more christiano », *Studi medievali,* 32, 1991, p. 385-420, texte p. 409 *sq.*

L'ASTROLOGIE CHRÉTIENNE

C'est ainsi que dans le panorama de l'histoire de l'astrologie médiévale, on voit s'affirmer la grandiose vision astrologique chrétienne, celle-là même qui inspire la représentation des cieux dans le *Paradis* de la *Divine Comédie* de Dante, et que ses commentateurs associent justement à l'œuvre de Barthélémy de Parme. Ajoutons qu'au moment où Dante écrivait, la dixième sphère avait déjà eu à Rome une reconnaissance officielle; et Dante était conscient de ce problème lorsqu'il affirmait dans son *Banquet* que « le nombre de cieux et de leur site, il est opiné diversement par maintes gens, encore que la vérité en dernier lieu ait été trouvée ». Il ajoute que « voirement, hors de tous ceux-ci, les catholiques mettent le ciel Empyrée »[1]. Dante paraît se rapporter ici à la controverse qui a traversé toute l'astrologie médiévale, opposant des astrologues mathématiciens à des philosophes et à des théologiens.

La conception astrologique de Dante[2] est manifeste dans plusieurs passages de son œuvre, aussi bien dans le *Banquet* que dans les vers célèbres du *Paradis* où il parle explicitement de la multe vertu du ciel. Par cette expression, on indiquait habituellement l'influence (la vertu) des planètes, ce que le poète exprime dans ces vers :

> vois comment à ces nœuds s'embranche et tourne / l'oblique anneau qui porte les planètes / pour satisfaire au monde qui les clame[3].

Il est hors de doute que Dante, qui cite par exemple dans un chant le « beau signe astrologique des Gémeaux », partageait l'opinion commune à cette époque d'une influence naturelle, physique, des astres sur l'homme, c'est-à-dire sur sa semence biologique et non sur son âme rationnelle[4]. Il s'agit d'une vision globale parfaitement acceptée par les savants et les théologiens tels qu'Albert le Grand, Thomas d'Aquin[5] et plusieurs autres.

Campanus de Novare

Le rapport entre Dante et l'astrologie chrétienne (voire catholique) nous renvoie à l'œuvre de Campanus de Novare (env. 1220-1296), dont la *Theorica planetarum* est dédicacée au Pape Urbain IV (1261-1264). Campanus avait été engagé comme astronome à la Cour pontificale; il adapte donc le système ptolémaïque réformé par les astronomes arabes des Xe et XIe siècles aux

1. *Cf.* Dante, *Le Banquet*, IV, XXI, 6e éd. A. Pézard, Paris, Les Belles Lettres, 1968, p. 505; *La divine comédie*, *op. cit.*, chant X du *Paradis*, p. 506-507.

2. M. Th. d'Alverny, « Dante et les astrologues de son temps », *Bulletin de la Société d'Études Dantesque du Centre Universitaire Méditerranéen*, XIX, 1970, p. 3-15.

3. Dante, *Paradis*, X, v. 13-15, éd. cit., p. 1440.

4. *Id.*, *Le Banquet* IV, XXXI, éd. cit., p. 506-507.

5. T. Litt, *Les corps célestes dans l'univers de saint Thomas d'Aquin*, Louvain, Éditions Universitaires, 1963.

exigences religieuses des chrétiens. Pour ce faire, il y ajoute, d'une façon relativement compréhensible, les instructions nécessaires pour construire un *equatorium*, l'instrument le plus simple pour calculer les mouvements moyens des planètes (le « cercle équant » de Ptolémée, fondé sur les nouvelles *Tables astronomiques*). Cet « équant » a défini le modèle employé par les maîtres ès arts et philosophie, lesquels, tout en ayant adopté l'astronomie d'Aristote, devaient appliquer en astrologie judiciaire les règles de Ptolémée, sans connaître les calculs nécessaires de l'*Almageste* des excentriques et des épicycles. En fait, les premières expositions de la *Theorica planetarum Gerardi* du XIIe siècle, visant à uniformiser les mouvements des excentriques et des épicycles, étaient si confuses qu'elles ne permettaient aucune prévision précise et mathématiquement exacte[1]. Par conséquent, l'*equatorium* de Campanus de Novare fut un progrès. Ce travail permit qu'on continue d'exercer l'astrologie prédictive sans avoir besoin d'en connaître les calculs. Au début du XIIIe siècle, l'astrologie se transforma grâce à *l'equatorium* et à ses *Tables*, malgré la contamination par le système astronomique d'Aristote.

Campanus mourut en 1296 et il est probable que Dante a connu son ouvrage, ne serait-ce que par ouï-dire, si l'on se réfère à l'introduction « catholique » de la dixième sphère ou Empyrée. Car c'est précisément Campanus qui avait exposé la doctrine des cieux « catholiques », en affirmant qu'au-delà de la huitième sphère et du neuvième ciel cristallin, il y avait « le ciel Empyrée qui est le siège des bienheureux » (*celum empireum in quo est bonorum spirituum mansio*). Et c'est indirectement que Campanus introduit ici une allusion à la controverse qui avait eu lieu à Paris en 1241, sur la question suivante : entre le cristallin et l'Empyrée et au-dessus du cristallin et la huitième sphère, y a-t-il une autre sphère ? Les saints et la Vierge se tiennent-ils tous ensemble dans le cristallin ? Ou bien sont-ils au contraire séparés par un autre ciel ? Se trouvent-ils tous avec Dieu, ou en sont-ils séparés ? Il aurait même pu y avoir non seulement dix, mais onze cieux… Or, pour Campanus, l'Empyrée ou la dixième sphère évite qu'on accorde le moindre intérêt astronomique à la localisation théologique du Paradis. Cette dixième sphère ne sera pas reconnue par les astrologues médiévaux qui se bornent à la neuvième sphère – le ciel cristallin dépourvu d'astre et donc sans aucune anomalie.

Comme tous les astronomes, Campanus pratiquait l'astrologie judiciaire et Simon de Phares le cite dans le *Catalogue des astrologues*[2] les plus célèbres ; Urbain IV le tenait également en grande considération, ce dont témoignent les

1. O. Pedersen, « The Theorica planetarumi and its Progeny », dans G. Federici Vescovini, F. Barocelli (a cura di), *Filosofia, scienza e astrologia nel Trecento europeo*, *op. cit.*, p. 53-78.

2. E. Wickersheimer, *Recueil des plus célèbres entres les astrologues et quelques hommes facts par Symon de Phares du temps de Charles VIII publié d'après les manuscrits uniques de la Bibliothèque Nationale*, Paris, 1929.

charges dont il l'investit, même jusqu'en Angleterre [1]. Roger Bacon qui, dans une lettre à Urbain IV en 1267, parle de Campanus comme d'un grand mathématicien, semble bien le connaître.

Outre Campanus, l'entourage papal comprenait Guillaume de Moerbeke, Vitellion et Thomas d'Aquin [2]. Celui-ci élabora une théorie de l'astrologie *licite* – licite dans la mesure où il s'agit d'une causalité simplement naturelle de la causalité secondaire (substantielle la première, accidentelle la deuxième) et qui fonde l'astrologie ptolémaïque sur une explication solide. Dans sa *Somme de théologie*, Thomas répond de façon exhaustive à la question des corps célestes : sont-ils la cause des agissements humains ? Leur influence est indirecte (*indirecte et per accidens*) du fait qu'ils ne mettent en mouvement que les passions corporelles ; c'est pourquoi l'influence des corps célestes n'agit qu'accidentellement sur l'intellect et la volonté. Les astrologues ne peuvent donc faire de prévisions exactes que pour des événements particuliers et contingents : rien ne peut contraindre le libre arbitre, c'est-à-dire que les astres ne sont que des instruments. Thomas insiste dans le *De iudiciis astrorum* sur la question de savoir si la prévision à partir des astres est licite. Il répond ainsi :

> tu dois savoir que l'influence des corps célestes s'étend aux changements des corps inférieurs – en météorologie par les orages de la belle saison ou en médecine par la santé ou la maladie des corps dépendant des influences astrales ; il n'y a aucun péché, parce que la volonté de l'homme n'est pas sujette à la nécessité des astres [3].

Thomas accomplit ainsi une opération philosophique par laquelle l'astrologie devient légitime et acceptable pour les autorités ecclésiastiques chrétiennes. Que l'on songe seulement à l'élaboration d'un Pierre d'Ailly, un siècle après Thomas, qui assurera une longue vie à la science des astres jusqu'à la découverte de l'astronomie héliocentrique de Galilée. Les interprètes de Thomas ont donné par la suite une explication de cette théorie par l'influence des astres, en tant qu'une inclination possible et jamais une détermination nécessaire.

Toujours à la même époque, mais à Oxford, Robert Grosseteste (1225-1253) refusait toute justification théorique de l'astrologie judiciaire. Il ne reconnaissait que l'astrologie physique, à savoir l'astrologie médicale, accordant une importance aux phases de la lune ou au passage du soleil selon

1. *Campanus of Novara and Medieval Planetary Theory*, Theorica Planetarum, ed., intro., trad. angl. F. S. Benjamin Jr., G. S. Toomer, Madison (MI)-London, The University of Wisconsin Press, 1971, p. 7-8.

2. Campanus a été jugé comme étant l'un des astrologues les plus importants du Moyen Âge, non seulement pour sa grande compétence à propos des Tables et la perfection de ses calculs, qui lui ont permis de rédiger son *equatorium*, mais aussi pour ses capacités dans l'astrologie des choix (*de electionibus*). Francesco Maurolico lui attribue un livre introductif *De iudiciis*, retrouvé en trois manuscrits.

3. *De iudicis astrorum*, *Opera omnia*, Roma, Ed. Leonina, 1903, t. XI, pars tertia, qu. 1, 44, art. 2, p. 424.

les saisons, et donc à toute l'astrométéorologie qui fournissait les calendriers de l'époque. Il a d'ailleurs écrit une remarquable œuvre météorologique sur les pluies, *De impressionibus aeris.*

Au siècle suivant, le grand philosophe et mathématicien du Merton College d'Oxford, Thomas Bradwardine, adopte une position semblable : il accepte l'astrologie météorologique et emploie le terme « astrologie » pour parler d'astronomie. Sa ligne de pensée est semblable à celle de saint Augustin, et donc contraire à l'astrologie judiciaire : il faut la combattre à l'aide des Écritures Saintes et démontrer les erreurs contenues dans ces « sciences » afin de défendre le libre arbitre, déclare-t-il dans un passage de son imposant ouvrage, *De causa Dei contra Pelagium* [1]. Il affirme que les astres, en tant que corps physiques, n'agissent que sur le corps et que par conséquent l'intellect en subit l'influence indirectement, les sensations n'étant que de purs et simples moyens ou instruments de l'âme. Il souligne la radicale dépendance des créatures à l'égard de la volonté divine, qui est la cause nécessitante. Les astrologues peuvent faire des prévisions simplement contingentes, et personne ne peut contraindre le lire arbitre du savant qui va tout dominer par le moyen des astres.

Le speculum astronomiae *d'Albert le Grand*

Un des sujets les plus délicats et controversés, qui traverse toute la réflexion médiévale, est en effet celui des rapports entre l'astronomie de Ptolémée et la divination nécromantique de la magie hermétique, selon laquelle l'astrologie est tout un art divinatoire nécromantique ou « nigromantique », fondé sur les images des esprits des planètes, à invoquer et à capturer. Or pour les savants et les philosophes médiévaux, la description mathématique des images astronomiques de Ptolémée ne peut pas être rapprochée des images magiques de la divination astrale gréco-latine hermétique.

La normalisation de l'astrologie chrétienne non superstitieuse, grâce à l'éviction des images hermétiques magiques [2] hors de l'astronomie, est surtout opérée par Albert le Grand [3]. Il formule une théorie sur l'astrologie naturelle qui la légitime, en niant toute implication magique et en refusant les traces de magie qu'il était possible de déceler dans les livres d'images existants. Il faut faire toute la lumière sur le sujet et distinguer les œuvres légitimes de celles,

1. Thomas Bradwardine, Archiespiscopi olim Cantauriensis, *De causa Dei contra Pelagium*, libri tres, ed. H. Savile, London, 1618.

2. Hermès Trismégiste, *Corpus hermeticum*, éd. A.-J. Festugière, Paris, Les Belles Lettres, 1946, vol. 4 ; M. Tardieu, « Sabiens coraniques et Sabiens de Harran », *Journal asiatique,* 274, 1986, p. 1-44 ; F. J. Carmody, *Arabic astronomical and astrological sciences in latin translation : a critical bibliography*, Berkeley-Los Angeles, University of California Press, 1956.

3. H. D. Rutkin, « Astrology and Magic », dans *Astrology and Magic, A Companion to Albert le Grand,* Leiden, Brill, 2012, p. 451-505 ; Albert le Grand, *The « Speculum astronomiae » and its Enigma,* texte lat., trad. angl. P. Zambelli, C. Burnett, K. Yamamoto, 2 vol., Dordrecht-Boston, Kluwer, 1992.

superstitieuses et condamnables, qu'on doit refuser. Albert mène cette opération dans son *Speculum astronomiae* ou *De libris licitis et illicitis* en énumérant les écrits qu'il juge scientifiques et en les distinguant de ceux qui sont inspirés par une vision magique. Il sépare les simples graphiques du ciel astronomique des images hermétiques, et il arrive ainsi à la distinction entre deux types d'images, les astrologiques (licites) et les hermétiques magiques (illicites).

Les images licites sont celles qui décrivent le firmament de Ptolémée au moyen des cercles fictifs de l'*Almageste* et du *Quadripartitum* avec leurs astres, lesquels bougent par la volonté de Dieu (*nutu Dei*). Elles sont connues par la compilation d'Albumasar, le *Liber* de 48 images[1]. Cette astrologie licite comprend aussi toutes les images des livres d'introduction, les livres plus techniques des révolutions et des conjonctions, et tous les livres choisis par leurs différents auteurs. Ils n'offrent que la description des représentations graphiques célestes, sans rites ni prières. En revanche, sont malfaisantes et prohibées toutes les images astronomiques des luminaires, lorsque ceux-ci sont considérés comme doués d'âmes, animés par des intelligences ou des esprits divins, invoqués par des fumigations. En particulier, on interdit la construction des planètes représentant les « caractères » de Mercure, de Vénus et de la Lune. Le *Speculum* précise que, lorsque cette pratique est accompagnée d'exorcismes et d'invocations des noms des 155 anges, il s'agit de la plus exécrable pratique d'idolâtrie, à savoir la nécromancie qui est ainsi définie comme une forme d'idolâtrie astrale, qui peut prendre diverses formes, comme celles citées dans les nombreux types de *Liber imaginum Hermetis* et dont le *Speculum* fournit une longue liste. À la nécromancie sont associées d'autres formes qui peuvent lui ressembler, formulées selon les quatre éléments : la géomancie, l'hydromancie, l'aéromancie, la pyromancie. Si les rites sont des actes naturels, sans prières, il ne s'agit pas encore d'idolâtrie[2]. Ce catalogue doit avoir eu une large diffusion si l'on compte le nombre important d'exemplaires retrouvés chez les éditeurs. Toutefois, on n'en trouve aucune trace directe, à l'exception des œuvres de deux maîtres presque contemporains, ayant vécu entre la fin du XIIIe siècle et le début du XIVe, et tous deux soucieux de sauver l'astrologie de la magie cérémonielle, et les mathématiques de la *mathesis* divinatoire – plus globalement, de toutes les accusations de superstition. Ces deux maîtres sont Pierre d'Abano et Thaddée de Parme.

Thaddée assurait à Bologne en 1318 un cours d'astronomie pour ses étudiants en arts, philosophie et médecine ; il y commentait le texte institutionnel *La théorie des planètes* dite « de Gérard » avec un souci aigu de l'orthodoxie[3]. Il voulait en effet restituer une légitimité rationnelle aux mathématiques en les dégageant de leur association avec la divination magique par

1. F. Boll, *Sphaera*, Leipzig, Teubner, 1908, p. 413-415 ; W. Gundel, *Die astrologische Literatur in der Antike und ihre Geschichte*, Wiesbaden, F. Steiner, 1966, p. 294-401.

2. *Speculum*, *op. cit.*, chap. XVII, p. 48.

3. G. Federici Vescovini, *Le Moyen Âge magique*, *op. cit.*, p. 311-315.

les entités célestes (anges, démons et intelligences). Il expliquait qu'il s'agissait là de fausses mathématiques et d'une fausse astronomie. Thaddée se rapporte aux livres du *Speculum* d'Albert le Grand et sépare soigneusement les mathématiques impropres ou *prohibitae* des mathématiques de la tradition du *Quadrivium* boécien, en fournissant cependant une liste des *prohibitae* plus large que celle d'Albert ou de Pierre d'Abano [1].

Si leurs enseignements étaient presque contemporains, et si la condamnation d'ensemble reste la même, on remarque pourtant que leurs philosophies des mathématiques sont divergentes. Thaddée est beaucoup plus complaisant envers les livres de magie du fait de sa propre conception de l'abstraction des fantasmes de l'imagination, par rapport à Pierre d'Abano qui dans son *Lucidator* [2] multiplie les arguments logiques visant à situer l'astronomie-astrologique au sein de la science spéculative et licite. Pierre explicite quelles sont les techniques astrologiques par lesquelles il est possible de séparer les images.

Thaddée est un mathématicien syncrétiste aristotélico-averroïste ; Pierre d'Abano, au contraire, partage la notion de la physique donnée par Ptolémée, modifiée par son interprétation de la doctrine d'Avicenne sur les sciences physiques théoriques intermédiaires (*mediae*) entre métaphysique et mathématique. Dans la liste des livres condamnables pour leur idolâtrie, le *Speculum* indique en première place ceux de la nécromancie astrologique. L'un des ouvrages les plus célèbres d'astrologie nécromantique est le livre arabo-latin du *Picatrix*. Après avoir connu une éclipse presque totale durant tout le Moyen Âge, il réapparait avec une vigueur renouvelée dans la philosophie de Marsile Ficin et dans des œuvres telles que l'*Occulta philosophia* de Cornelius Agrippa de Nettesheim. L'identité de son auteur est incertaine : on l'attribue souvent à Maslamah Ahmad Al-Majrîtî, mathématicien et astronome andalou, mort entre 1005 et 1008, mais parfois aussi à un compilateur resté anonyme, adepte de l'alchimie magique de Geber Ibn Hayyan (IXe siècle), ayant vécu un peu plus tard. Comme le démontre l'éditeur récent de ce texte [3], le traducteur latin en a été Egidius de Tebaldis [4]. La magie astrale étant « science nigromantique » ou nécromancie, elle est connotée par des spécifications différentes de celles proposées par les savants chrétiens (Isidore de Séville) ou même par la magie païenne comme chez Pline. La magie est définie comme une véritable science non spéculative, mais opératoire, laquelle doit révéler les secrets de la nature. C'est le ciel qui les révèle au nécromancier par les images qu'il renferme, et les figures du mouvement de la huitième sphère qui produisent ces effets dans le monde terrestre. Le fidèle devient magicien et c'est par des procédés occultes et

1. *Cf.* G. Federici Vescovini, « La classification des mathématiques d'après le Prologue de l'Expositio super Theorica planetarium de l'averroïste Thaddée de Parme (1318) », dans J. Hamesse (éd.), *Manuels, Programmes de cours et techniques d'enseignement dans les universités médiévales*, Louvain-La-Neuve, Université catholique de Louvain, 1994, p. 138-182.

2. Pierre d'Abano, *Lucidator dubitabilium astronomiae, propter tertium, op. cit.*, p. 132-139.

3. *Picatrix*, ed. D. Pingree, London, The Warburg Institute, 1987.

4. Cecco d'Ascoli, *L'Acerba* [1927], éd. A. Crespi, Milano, La vita felice, 2011.

terribles qu'il soumet à son pouvoir les esprits malfaisants. On a un modèle exemplaire de l'astrologie se prolongeant dans la nécromancie.

L'ASTROLOGIE ILLICITE
LA NÉCROMANCIE

Le cas de Cecco d'Ascoli

La *Sphère* de Cecco d'Ascoli[1] (Francesco Stabili, env. 1257-1327) est le modèle exemplaire d'un certain type de lien entre le sacré et l'astrologie, aboutissant à une déclaration explicite de la nécromancie. Établissant une singulière alliance entre la religion chrétienne et la religion « impie » de Zoroastre[2], ce livre fut la cible de tous ceux (philosophes, savants, médecins) qui cherchaient à séparer la magie superstitieuse de la vraie religion et de la « véritable » astrologie. Cecco d'Ascoli était connu en tant que poète grâce à son œuvre *L'Acerba*, mais aussi pour son commentaire sur l'*Introductio in astrologiam* d'Alkabise et pour son traité d'astronomie *De excentricis et de epicyclis* destinés à ses étudiants en médecine à Bologne. Les chroniqueurs Giovanni Villani et Marchionne di Coppo Stefani ne donnent pas de précisions très claires sur ses doctrines – qui devaient être terribles, puisque le chroniqueur n'ose même pas les rapporter ! La croyance au caractère magique des formules (*incantationes*) était si répandue qu'on pensait qu'il suffisait de les répéter pour entraîner l'évocation des esprits immondes.

Dans le texte de la *Sphère*, les définitions astronomiques les plus communes de termes mathématiques ou géographiques comme ceux des angles sont interprétés dans un sens évocatoire ou démoniaque. C'est ainsi que la doctrine des quatre points cardinaux, déjà rapportée par l'auteur du *Speculum*, se transforme en la croyance des quatre démons qui se partagent le monde et entrent dans les quatre éléments occupés par les princes des démons. Après avoir été expulsés du ciel, ils envahissent toute l'atmosphère et les quatre éléments. Ces esprits sont en dehors de l'ordre de la grâce, ils appartiennent à la catégorie des esprits majeurs et s'appellent Oriens, Amaymon, Paymon, Egim. « Cet art a été enseigné par Zoroastre et on ne peut pas le pratiquer sans encourir de graves dangers, par des oraisons et des prières qui sont contraires à notre foi »[3]. Ces esprits ou démons peuvent aussi prendre des noms différents selon qu'ils se rapportent aux climats (*climata*) de l'univers. Ils sont alors au nombre de sept, et prennent les noms des sept divinités planétaires. Ainsi Cecco ajoute à la notion géographique astronomique des latitudes la notion

1. G. Federici Vescovini, *Le Moyen Âge magique*, *op. cit.*, p. 279-300.

2. Cecco d'Ascoli (Francesco Stabili), *In sphaeram mundi enarratio*, Venezia, Simone Pavese, 1499 ; *Prologo*, Venise, Ottaviano Scoto, 1518, réimpr. L. Thorndike, *The Sphere of Sacrobosco and its Commentators, op. cit.*, p. 345 *sq.*

3. Cecco d'Ascoli (Francesco Stabili), *In sphaeram mundi enarratio*, *op. cit.*, p. 77.

magico-démoniaque des divinités des planètes. Il est conscient (du moins, après sa première condamnation) que les forces démoniaques dont le magicien doit s'emparer n'ont pas le même signe que celles, pures et saintes, des anges.

Les doctrines de Cecco lui valurent le bûcher, en particulier sa terrifiante interprétation magique des angles colures[1]. En entrant dans les organes du corps de l'homme ou de la femme, les forces démoniaques auraient déterminé la naissance des magiciens, des prophètes, du Christ et de l'Antéchrist, ainsi que les événements miraculeux racontés dans les livres sacrés, comme la naissance du Christ d'une mère vierge, ou l'éclipse prodigieuse ayant accompagné sa mort : tous ces événements sont pour lui des phénomènes magico-astronomiques. L'éclipse qui accompagna la mort du Christ n'était pas un miracle divin ; on peut l'expliquer soit d'un point de vue astronomique, soit par la vertu magique de l'héliotrope (*Eclipsis fuit facta in Hierusalem virtute eliotropiae*) – mais celui qui l'affirme est un menteur, lit-on dans le texte amendé. L'ouvrage s'achève par un acte de soumission à la correction de la « Sacro-Sainte Église romaine », ce qui n'empêchera pas sa condamnation pour hérésie par l'Ordre des Inquisiteurs de Bologne, en 1324 ni sa mort sur le bûcher en 1327.

Antoine de Motolmo

Pourtant, toujours à Bologne, on dispose d'un témoignage de plus grande tolérance envers la magie nécromantique astrologique vers la fin du XIVe siècle, dans l'œuvre de l'astrologue, philosophe et magicien Antoine de Montolmo. Actif depuis 1360 à l'université de Bologne, Antoine enseigna à partir de 1384 à la chaire d'astrologie qui avait été celle du malheureux Cecco d'Ascoli. En 1393, il figure comme professeur de philosophie et de médecine à Padoue, et l'année suivante à Mantoue, où il achève un *Traité* sur la façon de rédiger des horoscopes[2]. Mais son écrit le plus important est un véritable texte de magie astrologique angélique et démoniaque *De occultis et manifestis sive Liber intelligentiarum*[3].

L'œuvre d'Antoine de Montolmo atteste la poussée de la pensée magique dans les milieux aussi bien religieux que scientifico-philosophiques, à la fin du XIVe siècle en Italie, après avoir été, aux siècles précédents, fortement contenue

1. Nom des cercles passant par les points équinoxiaux et solsticiaux (du grec « sous la queue », *kolouros*).

2. Il contient les horoscopes de personnages célèbres, comme l'empereur Charles IV, François le fils de Ludovic Gonzague, seigneur de Mantoue et François le Jeune de Carrare, seigneur de Padoue. Le recueil des horoscopes a été augmenté par Jean Regiomontano et publié à Nuremberg (*apud Joannem Petreium*) en 1540 sous le titre *De iudiciis nativitatum liber praeclarissimus* (« Livre excellent des jugements des nativités »).

3. N. Weill-Parot, « Antonio de Montolmo et la magie hermétique », dans P. Lucentini, I. Parri, V. Perrone Compagni (eds), *Hermetism from Late Antiquity to Humanism, Atti del Convegno internazionale di studi, Napoli, 20-24 novembre 2001*, Turnhout, Brepols, 2003, p. 545-568.

par le rationalisme de la scolastique. Antoine prétend que sa doctrine des intelligences célestes s'adapte parfaitement à la croyance chrétienne d'après laquelle chaque homme a un ange gardien. Toutefois, son œuvre est profondément ambiguë, même dans sa connotation magique, dans la mesure où ses « Intelligences » sont tantôt des anges bons, comme dans l'*ars notoria*, et tantôt des anges déchus (*sine gratia*), c'est-à-dire des démons selon la démonologie chrétienne. On doit donc bien marquer sa différence par rapport à la conception nécromantique de Cecco d'Ascoli : alors que celui-ci adopte clairement le dualisme persan de la religion « impie » de Zoroastre (c'est ce qu'il affirme), la cosmologie d'Antoine reproduit celle d'Aristote et de Ptolémée telle que Johannes de Sacrobosco l'a élaborée dans sa *Sphera*, tout en tenant compte de la croyance chrétienne en un Paradis et un Enfer peuplés d'anges et de démons. Cette vision est très composite en ce sens que ces entités, angéliques ou démoniaques, exercent leur influence selon leur position astrologique, mais résident au-dessous des cieux, des constellations et des planètes et sont dotées d'un corps propre les liant à l'un ou à l'autre des péchés, comme par exemple la luxure ou la gourmandise. Loin d'être les moteurs des cieux, ces entités en dépendent. En d'autres termes, Antoine propose un singulier syncrétisme entre les images astrologiques de la magie hermétique « abominable », la magie angélique salomonienne « détestable » [1], les principes de l'astrologie de Ptolémée et la démonologie chrétienne d'après laquelle les démons sont décrochés des planètes. Il explique ainsi qu'il ne faut pas concevoir ces intelligences comme les moteurs des orbites planétaires, mais comme des Intelligences privées de la Grâce divine, à savoir des esprits pourvus d'âme.

Les sources astrologiques d'Antoine sont le *Quadripartitum* de Ptolémée selon l'*Introductorium minus* d'Alkabise, et le cadre philosophique est celui de l'épistémologie déductiviste d'Aristote où la vérité descend des premiers principes, et d'après laquelle l'homme tend par nature à la connaissance des réalités les plus élevées. Antoine se rapporte aussi par deux fois au *De anima* d'Aristote pour expliquer la théorie de la sensation, et il attribue à Aristote un texte intitulé *Magica* – peut-être l'ouvrage cité par Pierre d'Abano « quem Aristoteles attribuit Alexandro ».

La structure cosmologique de l'ouvrage suit le schéma général de la *Sphaera* de Johannes de Sacrobosco et il donne la description des aspects planétaires permettant de connaître les faits et gestes des rois et des princes, selon les différents systèmes divinatoires de l'astrologie, de la chiromancie et de l'art magique. Antoine affirme qu'il y a plusieurs définitions du mot « horoscope », en fonction justement de ces trois disciplines. L'emploi de ce premier type d'image astrologique entre dans le cadre de l'explication astrologique médico-physique, décrivant les complexions corporelles selon les qualités célestes des complexions astrologiques : ces qualités imprimées dans la cire permettent

1. À propos de cette distinction, *cf.* D. Pingree, *Learned Magic in the Time of Frederic II*, *op. cit.*, p. 42-45.

d'agir sur les qualités corporelles correspondantes. L'influx astral (signifié par la figure de la nativité du sujet intéressé) et celui du ciel au moment du questionnement doivent se correspondre. Par conséquent, l'action céleste repérée dans la figure astrale selon les aspects prépare et modifie la complexion particulière du sujet dans un sens ou dans l'autre, selon l'ascendant ou la dominante natale. Dans ce cas, les Intelligences n'entrent pas en jeu.

Tout autre est le cas des images magiques. Celles-ci sont construites non pas sur la base de la figure astrologique-astronomique de la nativité ou de l'heure du questionnement, mais sur un rituel précis fondé sur des incantations, des exorcismes, qui introduisent dans la cérémonie les Intelligences, en les contraignant ainsi à être présentes et à opérer (*cum aliquo exorcismate constringuntur*). Antoine enseigne la procédure de l'inscription des noms dans l'image, il explique comment rendre les honneurs par le biais des fumigations, comment écrire des formules sur des petits papiers (*brevia*). La confiance dans le procédé (*confidentia*), la volonté, la force de l'imagination de celui ou de celle qui bâtit l'image, assurent l'efficacité de l'opération, à telle enseigne – ajoute Antoine – que les femmelettes (*muliercule*) qui font ces choses avec une forte tendance à y croire, obtiennent de bons résultats. Dans ce cas, le caractère magique destinatif du procédé est tout à fait évident. Toutefois, ajoute Antoine, les images les plus efficaces sont celles qui joignent l'image purement astronomique (*astrologica*) aux images magiques, parce que l'influence des intelligences est ainsi renforcée par la connaissance astrologique du moment favorable pour demander leur intervention. C'est justement ce dont Antoine traite dans la dernière partie de son œuvre à propos des images mixtes.

Le tableau que présente Antoine est donc une combinaison de techniques de l'astrologie judiciaire avec une magie angélique, dans un cadre chrétien, divisé entre une sphère sublunaire et une sphère supralunaire, entre des êtres bons et des êtres mauvais, tel que l'avait déjà décrit Michel Scot. Il est notable que le *De occultis* de Montolmo ait été rédigé dans les années où Blaise Pelacani (de Parme) enseignait lui aussi l'astrologie dans les mêmes centres universitaires de Bologne et de Padoue. Avec des positions doctrinales sur la magie diamétralement opposées à celle d'Antoine[1], Blaise Pelacani exprime les aspects limites d'un rationalisme extrême[2]. Les deux enseignements, donnés dans le même milieu culturel et institutionnel au même moment, nous donnent la mesure de la complexité des positions sur les sujets tels que l'astrologie, la physique et la magie.

1. *Cf.* G. Federici Vescovini, *Astrologia e scienza*, *op. cit.*, p. 369-408.

2. Cf. *id.*, « Blaise Pelacani de Parme, portrait en *doctor diabolicus* », dans C. Angotti *et al.* (éd.), *Portraits des maîtres. Mélanges offerts à Olga Weijers*, Porto, FIDEM, 2012, p. 117-126.

Le proto-libertinisme italien et la naissance de l'athéisme

Le matérialisme astrologique

Le rationalisme fort des péripatéticiens à la fin du XIVe siècle et au commencement du XVe, sorti des condamnations ecclésiastiques des maîtres parisiens en 1270 et 1277, arrive à la connaissance des maîtres ès arts de l'école de Padoue. S'inspirant d'une interprétation audacieuse de la philosophie naturelle d'Aristote, il en ressortit une physique déterministe dont l'astrologie prédictive est la souveraine. Cette idée se retrouve dans les ouvrages de Blaise de Parme.

Philosophe, mathématicien, astrologue, Blaise Pelacani de Parme[1] (env. 1350-1416) était une personnalité originale et assez extravagante[2] : sa tendance à aller à contre-courant lui valut même le titre de *doctor diabolicus.* Il soutenait des thèses radicales contraires aux principales vérités de l'Église, ce qui lui attira un rappel à l'ordre par l'évêque de Pavie en 1396, sans qu'il en vienne pour autant à modifier ses thèses, préférant appliquer le principe dit « de la double vérité ». Blaise séjourna à Paris et y écrivit son commentaire à la *Sphère* de Sacrobosco. Émule d'Albert de Saxe et de Buridan qui avaient ouvert la *via moderna* (voie moderne) dans les cours universitaires de Paris, Blaise enseigna dans les principales universités du Nord et du Centre de l'Italie, en tant que professeur de « mathématiques » et de deux Philosophies (physique et morale). Quant aux nouvelles disciplines logiques et mathématiques de cette « voie moderne » qui émergeaient alors à Oxford et à Paris, Blaise en avait connaissance et il rédigea aussi plusieurs ouvrages de ce type[3] : les *Quaestiones* sur la *Latitude des formes* du pseudo-Oresme, un commentaire sur la statique (*De ponderibus*) de Jourdain de Nemore, ainsi que des *Questions* sur la théorie des planètes d'Alpetrage[4].

Blaise pratiqua l'astrologie judiciaire, exerçant avec succès la profession d'astrologue et de conseiller auprès de seigneurs comme François de Carrare à Padoue ou le duc de Milan, auprès de particuliers comme le condottiere Facino Cane à Pavie, en 1405, ou auprès de certaines villes telle que Bologne[5], en 1386, dont il rédige les horoscopes (l'un de ces deux écrits est parvenu jusqu'à nous).

1. *Cf.* G. Federici Vescovini, *Astrologia e scienza. La crisi dell'aristotelismo sul cadere de Trecento Biagio Pelacani di Parma*, Firenze, Nuove Edizioni Vallecchi, 1979.

2. Ludovico Carbone, *Facezie*, Ed. Salsa, Livorno, 1900, p. 54.

3. Ont été édités, de Blaise de Parme : *Quaestiones supra tractatus logice magistri Petri Hispani*, éd. J. Biard-G. Federici Vescovini, Paris, Vrin, 2001 ; *Quaestiones supra tractatum proportionum Thome Bravardini*, éd. J. Biard, S. Rommevaux, Paris, Vrin, 2005 ; *Quaestiones supra « perspectiva communis »*, éd. G. Federici Vescovini, J. Biard *et al.*, Paris, Vrin, 2009.

4. Chronologie détaillée de ses ouvrages dans mon article « Biagio Pelacani », *Dizionario biografico degli italiani*, Roma, Edizioni della Enciclopedia italiana, 2015 *ad vocem.*

5. Blaise de Parme, *Iudicium anno 1386 Bononie*, dans « *Arti* » *e filosofia*, *op. cit.*, p. 195-209.

Blaise de Parme

Dans la théorie de Blaise, selon une vision rationnelle et séculière, l'astrologie matérialiste est liée à la matière première d'où est engendré le mouvement de l'univers. Sa notion ontologique de matière n'est pas celle d'Aristote [1], laquelle est une simple privation, une *potentia* passive, dénuée de tout mouvement, mais nécessaire pour expliquer le commencement métaphysique d'un mouvement de l'être physique vers sa perfection finale qui est l'acte final de l'intellect parfaitement immobile, la cause téléologique de tous les êtres physiques. Blaise élabore une doctrine de causalité universelle, dépendante non pas d'un ordre intellectif divin, mais de celui uniquement physique du mouvement du ciel avec tous ses astres, qu'il appelle « principe animé vivant ». Il transforme donc radicalement la métaphysique de l'*ens fieri* d'Aristote. La cause de tout ce qui est, est ce principe de vie de l'être, qui peut être prédicat de tout ce qui est. Cette cause substantielle du mouvement n'est pas l'Intellect, c'est la matière première enfermée dans la partie creuse de la sphère lunaire, divisée en quatre parties substantiellement égales, mais qualitativement inégales, appelées « les quatre éléments ». La partie la plus raréfiée s'appelle « feu » ; la plus lourde, « terre ». Entre ces parties, il y a des particules ayant des figures différentes, qui accomplissent des opérations par lesquelles elles prennent des aspects différents, les unes d'âne, d'autres d'homme (qu'en raison de cette structure, Blaise appelle « homme naturel »). Sur la base de cette théorie, il remplace la cause intellective parfaite et nécessairement éternelle du moteur immobile (chez Aristote) par celle d'un mouvement universel éternel qui est mû par lui-même. Autrement dit, il affirme un principe immanent matériel qui est une substance vivante et unique dans laquelle, par une unique cause, la matière première, se produisent d'innombrables événements. Ce principe immanent est sollicité par les variations des mouvements célestes produisant la génération des formes.

Sa doctrine astrologique fait état d'une dimension de l'univers qui, en un unique mouvement engendre, les relations entre les grandes et les petites conjonctions de la matière première. Leurs mouvements causent les formes qui sont des mesures mathématiques (ou extensions proportionnelles) qu'il appelle *latitudines* des proportions des qualités élémentaires et de leurs composés. Se réalisant dans la matière première, elles sont des causes soit de génération univoque, soit de génération équivoque. La génération univoque est celle de la même espèce : le chien engendre le chien. La génération équivoque est la génération indéterminée de la puissance de la matière première qui peut engendrer soit un poisson, soit un chien, soit un homme. Par conséquent par la

1. *Cf.* J. Biard, « Matière, forme, qualités », dans T. Suarez Nani, A. Paravicini Bagliani (éd.), Materia, *Nouvelles perspectives de recherche dans la pensée et la culture médiévales* (*XII*^e^*-XV*^e^ *siècles*), Firenze, SISMEL-Edizioni del Galluzzo, 2017, p. 191-215.

génération équivoque l'intellect pourrait être engendré depuis la putréfaction de la matière, convenablement disposée sous un aspect astral favorable.

Par cette doctrine, Blaise a greffé étroitement l'astrologie sur l'ontologie matérialiste de la génération spontanée de la matière première, y compris des formes supérieures comme l'âme intellective. En conséquence, dans son classement des sciences [1], Blaise place l'astrologie au premier degré des sciences physiques, pareillement à la théologie qu'il remplace, comme on peut lire dans le Prologue du *Pronostic* annuel de la ville de Bologne en l'an 1387 [2]. Il raconte qu'il voit monter aux sept cieux les sept sciences libérales, personnifiées sous l'aspect de Dames, dont la plus élevée et la plus imposante scrute le soleil, tenant un quadrant dans sa main et faisant des prophéties. Elle s'appelle Astrologie, la *Prophetissa* qui prétendait être l'instrument de tout le savoir, le socle des sciences [3]. Elle est la Mathématique elle-même.

De cette prééminence des mathématiques, Blaise justifie la légitimité de l'astrologie à partir de la double considération épistémologique de l'intellect : réelle (physique) et abstraite (mathématique). La première concerne l'intellect en tant que siège des opérations intellectuelles, tandis que l'intellect mathématique est considéré par imagination en dehors de l'âme, sans le corps (*imaginatione extra animam, sine corpore*), c'est-à-dire qu'il est privé d'un référent physique quelconque. Si on le considère comme mathématique *extra animam,* l'intellect est uniquement intellect, exprimé par le chiffre « un » – l'un « égal à lui-même » – par une relation d'égalité qui est indivisible ; il est donc immortel, alors que si on le considère dans son substrat matériel, il est divisible donc mortel, sa divisibilité étant réelle en tant qu'intellect ayant un corps. Blaise applique clairement cette définition à la question de la division et de l'indivision du continu [4]. Il affirme que le divisible et l'indivisible sont imaginés selon la double distinction entre : 1) la division intellectuelle (*intellectualis*) ou division mathématico-arithmétique au delà de laquelle il ne peut y avoir aucune division et qui est le rapport d'égalité exprimant l'un, le dernier *quantum minimum* indivisible ; et 2) la division physique ou réelle (*realis*) s'arrêtant au *quantum minimum* matériel corporel. Il s'agit là de la division d'un intellect ayant un lieu (*situs*) dans le substrat, c'est-à-dire dans le corps qui, étant mortel, est divisible. L'intellect mathématique est un *quantum ultimum* indivisible exprimable par la notion mathématique de la proportion d'égalité. C'est pourquoi on l'appelle intellect mathématique. Et puisqu'il ne pourrait pas extensivement (ou subjectivement) être la forme (matériellement) des parties de son corps, il est l'un invariable, indivisible, du rapport d'égalité.

1. Blaise de Parme, *Questiones physicorum*, Padova, Cité du Vatican, 1382-1385, BAV, ms. Chigi, O IV. 41.

2. *Id.*, *In quodam iudicium anno currente 1386*, dans *« Arti » e filosofia, Firenze, op. cit.*, p. 209-210.

3. *Ibid.*, p. 210.

4. *Physica*, ms. BAV Chigi I, qu. 4 ; *De generatione*, BAV Chigi, I, qu. 4 ; *Quest. super Tractatus proportionum magistri Thome Braduardini*, qu. V, p. 90.

De ces deux domaines de l'intellect découle une idée de l'intellect selon deux concepts : un concept d'intellect « un » indivisible (l'atome) et un concept d'un intellect divisible. Est indivisible soit l'un-tout (*unum-omnia*), l'univers-monde, soit l'intellect mathématique en tant que tel, égal à lui-même, immatériel, immortel. En revanche, il n'y a qu'une seule divisibilité, celle de la forme matérielle, par exemple celle de l'intellect humain qui meurt avec son corps. L'ensemble de cette doctrine peut être ramenée d'un côté à son matérialisme astrologique et de l'autre à sa conception de la mathématique : en raison de l'évidence de ses démonstrations qui n'est pas seulement physique ou contingente, mais aussi *ex se* ou intuitive en soi.

Galeotto Marzio de Narni

Le matérialisme astrologique de Blaise trouva un disciple en la personne du médecin et astrologue Galeotto Marzio de Narni (*Galeottus Martius Narniensis*), un humaniste sceptique et épicurien. Né à Pérouse en 1423, mort entre 1492 et 1497, Galeotto Marzio est un défenseur de thèses paradoxales qui allaient contre les idées dominantes du platonisme triomphant de Marsile Ficin, Pic de la Mirandole et Hermès Trismégiste[1]. Il a écrit un traité *De homine* (1471-1472) où il fournit un lexique anatomique du corps humain, en établissant aussi une physiologie à contre-courant qui provoqua l'indignation de ses collègues humanistes, et déclencha une polémique très virulente de la part de François Philelphe et de Georges Merola. Galeotto Marzio écrivit des *Invectives* contre Merola, et en adressa aussi à Laurent Valla, l'auteur des *Elegantiae,* qui l'attaqua à son tour. Grâce à l'amitié de l'évêque humaniste Janos Vitez, de Janus Pannonius et d'autres illustres humanistes à la cour de Hongrie, tel que Antoine Bonfini, Galeotto Marzio jouissait de l'estime du roi Mathias Corvin, qui fit aussi appel à lui. Après 1476, il ne s'occupa plus de sujets littéraires et se consacra à la rédaction de sujets antireligeux et astrologiques, dans ses deux œuvres, *De incognitis vulgo* (*Ce que la plupart ignorent*) et *De doctrina promiscua.*

Le premier ouvrage[2], publié entre 1477 et 1478, encourut aussitôt la condamnation pour hérésie de l'Inquisition de Venise, prononcée par le pape lui-même. Galeotto fut incarcéré et condamné à mort, et son livre brulé. Après qu'il se fut publiquement rétracté, grâce aux interventions de Mathias Corvin (par l'intermédiaire de Janos Vitez), et peut-être de Laurent le Magnifique, on le libéra. Le titre *De incognitis* signale d'emblée la vision élitiste de Galeotto, son mépris pour l'ignorance du peuple : il se propose de révéler les vérités que

1. G. Miggiano, « Galeotto Marzio », dans A. Peretti (a cura di), *Dizionario Biografico degli Italiani*, Roma, Ed. Enciclopedia italiana, 1960 ; G. Federici Vescovini, *Galeotto Marzio da Narni, filosofo umanista eclettico*, dans A. Pieretti (a cura di), *Presenze filosofiche in Umbria*, vol. II, Milano-Udine, Mimesis Edizioni, 2012, p. 97-126.

2. Index des XXVII chapitres, Torino, Bibl. Nazionale, ms. E.IV, 11, dans *Galeotto Marzio*, *op. cit.*, p. 102-104.

les religions cachent à tout le monde. C'est grâce à une des listes des erreurs établies par l'Inquisition qu'on peut connaître les thèses principales lui ayant valu condamnation. Mais elles ne sont pas exhaustives. On trouve la liste des *Errores* relevées par un auteur anonyme (ms. Vat. lat. 8865, f°s 48v-49r) : il s'agit de onze « erreurs » auxquelles il faut ajouter aussi celles qui sont évidentes dans les textes-mêmes de Galeotto. On peut les ramener surtout aux doctrines astrologiques niant toutes les différences entre la religion païenne et la religion chrétienne, entre les miracles chrétiens et les miracles païens. Chez les païens de l'Antiquité, les cérémonies étaient aussi efficaces pour leur salut que l'étaient les cérémonies ecclésiales des Sacrements pour le salut des chrétiens. Les Gentils, tout en adorant des *idola*, s'ils se conduisaient bien, pouvaient eux aussi être sauvés. Le Baptême n'est pas nécessaire pour le salut, et bien des miracles adviennent par magie.

Dans cet ouvrage, l'astrologie joue un rôle important car elle fonde l'aversion de Galeotto pour la religion. Il admirait les Arabes – qu'il appelait turcs, phéniciens, puniques – mais détestait les chrétiens. En tant que médecin et astrologue professionnel, il possédait indubitablement de solides connaissances, témoignant d'une large assimilation aussi bien des idées des grands astrologues arabes (entre autres Albumasar et Alkabise) que des doctrines du fondateur grec de l'astrologie. Galeotto faisait partie du cercle des mathématiciens se réunissant autour de Georg von Peurbach, Jean Müller Regiomontanus et Janos Vitez et il collabora avec eux pour la révision de la *Cosmographie* de Ptolémée. Il adoptait comme base de ses calculs astrologiques les nouvelles *Tables* de Regiomontanus, avec qui il avait collaboré à Padoue. Ses digressions astronomiques sont enrichies de citations littéraires tirées de l'*Astronomicon* de Manilius, œuvre poétique alors à la mode grâce à la traduction latine de Jacobus Angelus de Scarperia, dont Galeotto fit une révision en 1469.

Quelques années plus tard (1489-1490), il rédigea un autre traité, le *De doctrina promiscua*[1], qui ne fut pas édité, mais où sa profession de médecin-astrologue apparaît de façon plus évidente que dans le *De incognitis*. On lui attribue aussi une *Chyromantie*[2]. Même si les deux ouvrages sont étroitement liés, on décèle un peu plus de prudence dans la *Doctrina promiscua,* où par cet adjectif il entend « une culture qui serait la connaissance vaste et ample de disciplines diverses ». En fait, Galeotto se sert le plus souvent de la doctrine captieuse de la « double vérité ». Mais d'habitude, il se présente surtout comme un sceptique épicurien, aux mœurs licencieuses et désordonnées, et surtout foncièrement mécréant. Dans *De doctrina promiscua*, il confirme toutes les thèses défendant l'hédonisme épicurien et matérialiste du *De incognitis vulgo,*

1. Galeotto Marzio de Narni, *De doctrina promiscua*, cap. V, ms. Florence, Bibl. Laur., ms. Plut 52, 18, f° 33v; *Della varia dottrina* (*De doctrina promiscua*), éd. et trad. ital. M. Frezza, Napoli, Pironti, 1949.

2. *Id.*, *Chiromantia perfecta*, éd. M. Frezza, Napoli, Pironti, 1954.

même s'il les expose d'une façon moins manichéenne, et en faisant valoir son rôle professionnel de médecin. Les thèses du *De incognitis* sont plus radicales et plus osées dans la mesure où elles sont fondées sur l'opposition entre les vérités philosophiques et les contenus de la religion chrétienne. Toutes les doctrines centrées sur Dieu, la Trinité, l'immortalité de l'âme, la mission salvatrice du Christ, la félicité de la vie dans l'au-delà ou au Paradis, aussi bien que les concepts du bien, du mal et du pêché sont considérées comme irrationnelles et inacceptables, pour la raison même que les miracles ne sont jugés possibles que par magie. Le bien et le mal ne dépendent pas des choix du libre arbitre, car l'homme ne dispose pas de cette prérogative; il y a une « prédétermination » radicale qui est celle de la toute-puissance divine, qui peut déterminer aussi le mal. C'est sur cet argument que se greffe sa doctrine astrologique du *fatum* qui coïncide selon le savoir astrologique avec notre *genitura*, déterminée par les astres ou par Dieu. En bon sceptique, il affirme cependant que l'astrologie n'est pas une science nécessairement certaine, seulement plus parfaite dans la mesure où les mathématiques « confèrent la mesure à cette science », qui exige la vérification par l'expérience mais n'est en elle-même jamais certaine.

Le scepticisme de Galeotto trouve son fondement dans l'expérience matérielle des sensations corporelles, inséré dans une vision astrologique du monde dont la matière première est éternelle et génératrice de formes temporelles. Les astres, que nous ne connaissons pas bien, ne déterminent pas mais orientent la nature humaine, conçue selon les dispositions naturelles des caractères dépendant de leur influence. Il s'agit de doctrines qui, dans leur forme matérialiste radicale, avaient déjà été soutenues par le proto-libertin Blaise Pelacani, dont la renommée, d'après les chroniqueurs de l'époque, s'était diffusée partout en Italie au début du XVe siècle. Toutefois, Galeotto se différencie de Blaise par son faible concept de la nature humaine, gouvernée moins par la raison que par la tendance naturelle de l'instinct, le bonheur ne consistant pas seulement dans l'aisance, mais explicitement dans la *voluptas* corporelle. Il s'agit donc d'un épicurisme assez vulgaire, fondé sur le matérialisme latent d'une réalité déréglée appelée *chaos*, régie par une volonté divine toute-puissante mais lointaine, voire absente, qui nous prédestine aveuglément selon un *fatum* incompréhensible. C'est ainsi que réapparaît le thème athéiste du *Quadripharmakon* d'Épicure : l'indifférence des dieux, bienheureux dans leur vie immortelle, envers les vicissitudes humaines.

Aussi peut-on considérer Galeotto comme étant le représentant d'un scepticisme fondamental, pour lequel la rationalité humaine, guidée seulement par ses penchants corporels, est destinée à la mort. Il est vrai qu'après la condamnation du *De incognitis vulgo*, il se replia sur le fidéisme et le principe de la double vérité par l'emploi syncrétiste de toutes les sources classiques humanistes ou scolastiques médiévales. En traitant de la religion chrétienne, il situait au-dessus de toutes les religions celle des divinités du paganisme antique. En phase avec le nouveau climat hermétique humaniste, il évoquait le retour à la *Prisca theologia* des païens de l'Antiquité.

Jules César Vanini

Un autre modèle d'incroyance et d'anticléricalisme se trouve à la fin du XVIe siècle chez Jules César (Lucilius) Vanini[1]. Né à Taurisano, dans les Pouilles, en 1585, condamné au bûcher à Toulouse en 1616, ce religieux des Carmes, licencié en théologie et en droit, se prononça contre le pape dans les luttes entre Venise et la papauté, et fut rapidement excommunié[2]. Dans ses deux ouvrages volumineux édités peu de temps avant sa condamnation, *L'amphithéâtre divin-magique, chrétien-philosophique et aussi astrologique-catholique contre les anciens philosophes* (1615) et *Les admirables arcanes de la nature reine et déesse des êtres mortels* (1616)[3], il tire ses idées de l'astrologie judiciaire, qui, dans les milieux cultivés de Padoue, étaient largement connues grâce aux œuvres de Pierre d'Abano. Vanini en fit un usage très libre, d'ordre moral et religieux, s'en servant comme d'une arme adaptée à ses cibles[4], un instrument utile pour atteindre son but : la fin de l'idée de la religion et du surnaturel. Autrement dit, il conçoit le ciel, les astres ou les planètes comme les causes naturelles de tous les événements, y compris les événements surnaturels ou divins (la naissance des religions), en excluant que cette utilisation de l'astrologie soit ou ne soit pas elle aussi une vieille superstition. Vanini accentue, tout en les puisant dans la philosophie astrologique médicale de la nature, les thèmes qui lui sont propres, relevant du matérialisme et de l'athéisme, en critiquant la phénoménologie religieuse associée à la magie et à la religion des siècles précédents. Il en donne une acception politique et anti-ecclésiastique ignorée au Moyen Âge, à l'exception de Blaise Pelacani et de Galeotto Marzio de Narni. Vanini franchit un pas de plus en passant de l'explication naturaliste de la causalité céleste de la religion à un athéisme politique.

L'œuvre de Vanini démontre à quel point le filon astrologique médiéval eut des conséquences lourdement négatives sur le plan des croyances religieuses. Un texte est emblématique : le dialogue LIII du *De arcanis*. Vanini y parle des vaticinations des Sibylles et disserte sur *l'inspiratio*, qu'elle soit divine, angélique, démoniaque ou intelligente, du vaticinateur en lui opposant l'action physique du corps céleste présidant à sa naissance grâce à la science des

1. *Cf.* C. Vasoli, *Reflessioni sul problema Vanini*, dans *Il libertinismo in Europa*, Milano-Napoli, Ricciardi, 1980, p. 125-167.

2. Le préfet jésuite du Collège Romain Alexandre de Angelis fut chargé de ce devoir ; il a rédigé une volumineuse réfutation de l'astrologie judiciaire en soutenant toutes les argumentations de la validité du géocentrisme aristotelicien dans ses cinq *Libri in astrologos coniectores*, Lyon, 1604.

3. *Amphitheatrum aeternae providentiae* [...], Lyon, de Harsy, 1615, réimp. O. Cardon, Lecce, Galatina, 1985 ; *De admirandis naturae Regina* [...], Paris, Adrianus Perier, 1616, réimp. O. Cardon, Lecce, Galatina, 1985.

4. A. Antonaci, « Giulio Cesare Vanini e la sua formazione padovana », *Annali della Facoltà di Lettere e Filosofia dell'Università di Bari,* 13, 1968, p. 43-55 ; R. Charbonnel, *La pensée italienne au* XVe *siècle et le courant libertin*, Paris, Honoré Champion, 1917 ; E. Namer, *Documents sur la vie de Jules-César Vanini de Taurisano*, Bari, Adriatica, 1965 ; D. Durand, *La vie et les sentiments de Lucilio Vanini*, Rotterdam, G. Fritsch, 1717, p. 11.

éphémérides et des interrogations. Il affirme qu'on peut les trouver dans certains manuels d'astrologie d'Albumasar.

Ainsi Vanini développe jusqu'à ses extrêmes conséquences une position qui, est considérée comme d'autant plus dangereuse à son époque que l'on redoute la division des églises. Il développe le concept d'« horoscope des religions » que les savants du Moyen Âge, depuis Roger Bacon jusqu'à Albert le Grand, s'étaient bien gardés de mettre en évidence. Car c'est ouvrir la voie à un relativisme religieux. Vanini parle longuement de la lourde conséquence que les religions, nées grâce à l'action des corps célestes, peuvent périr de la même façon ; et comme est né le Christ, peut naître aussi l'Antéchrist ou d'autres prophètes meilleurs que lui (*Amphithéâtre*, Exerc., VIII) : toutes les Églises sont donc des institutions périssables et destructibles. Il s'agit là d'un tournant particulièrement athée de la pensée de Vanini dont on ne trouve pas trace dans l'astrologie arabe et latine de l'aristotélisme médiéval – à quelques exceptions près [1].

Pendant son parcours accidenté, sur un chemin chaotique qui menait à des directions différentes, l'astrologie fut soumise, du XIIIe au XVe siècle au contrôle de l'orthodoxie par l'autorité de l'Église et ses théologiens. Elle fut partagée entre une astrologie d'images célestes superstitieuses – jusqu'aux limites extrêmes de la nécromancie, qui pouvait conduire jusqu'à la condamnation au bûcher, comme ce fut le cas pour Cecco d'Ascoli –, et une astrologie licite. Cette suite de penchants contradictoires des contrôles ecclésiastiques, l'un qui condamne le déterminisme astral du rationalisme péripatéticien et l'autre qui le tolère, se poursuit jusqu'aux aboutissements du matérialisme astrologique des philosophes des XIVe et XVIe siècles.

1. On raconte que Vanini croyait si fort aux vérités de l'astrologie qu'elle exerça sur sa vie une influence néfaste. On peut en trouver un aperçu dans l'*Amphitheatrum*, où il fait allusion à sa géniture : Mars se trouvant en position négative dans la huitième case, il était menacé d'une mort prématurée et violente. Sa foi astrologique était telle qu'« il passa les dernières années de sa vie à faire et refaire son horoscope, dans l'espoir de le trouver faux », A. Badouin, *Histoire critique de Jules César Vanini dit Lucilius*, Paris, Hachette, 1904, p. 55 et p. 161.

CHAPITRE VIII

HUMANISTES ET HOMMES DE COURS

LA PROMOTION DE L'ASTROLOGIE À LA RENAISSANCE

L'image d'un univers clos en un espace unique, défendue par la science « normale », se brisa en divers éclats dans toutes les activités scientifiques, mais aussi artistiques et politiques. La croyance en la vérité du pronostic astrologique faisait partie de cette image du monde, et elle était universellement partagée, seuls quelques théologiens s'y opposaient. La violente rupture qui se produisit au XVe siècle exalta l'individu contre l'universalisme religieux du Moyen Âge.

C'est ainsi que Jacob Burckhardt présente cette période dans son livre *La Civilisation de la Renaissance en Italie.* Toutes les activités créatives y sont célébrées, en particulier l'art et la philosophie; mais en est exclue l'astrologie, que Burckhardt définit comme « la superstition des italiens » [1].

La notion de Renaissance [2] est une élaboration des historiens qui suivirent la périodisation de l'histoire de la philosophie élaborée dans l'*Encyclopédie* de Hegel. Mais c'est une notion qui n'appartient en propre à aucun pays : Hegel fait commencer la Renaissance en Allemagne par la réforme de Luther, et en France par le Baroque. Au déclin du XIVe siècle une nouvelle attitude spirituelle ouvre une espérance qui répudie le Moyen Âge, perçu comme le temps de la religion. Arrive alors le temps de l'humanisme : l'homme renaissant aime à reconstruire son passé et il s'adresse à l'Antiquité, aux grands orateurs latins et grecs; les nouveaux lettrés s'opposent au laisser-aller du latin scolastique : il s'agit d'une forme de réappropriation du beau style et de la pensée claire, et par conséquent complexe puisqu'elle couvre une discipline intégrant la philosophie critique et une vision de la libération de l'homme que l'on

1. J. Burckhardt, *La Civilisation de la Renaissance en Italie,* trad. fr. M. Schmitt, 3 vol., Paris, Librairie Générale Française, 1986; A. Chastel, *Renaissance italienne 1460-1500,* « Quarto », Paris, Gallimard, 1965.

2. *Cf.* P. Brioist, *La Renaissance (1471-1540)*, Tournai, Atlande, 2003.

découvre dans les lettres antiques. Et si les Anciens recherchaient le sens de la condition humaine en la rapportant au cosmos, puis les Médiévaux à Dieu, l'homme renaissant entretient seulement un rapport avec lui-même et exalte l'humanité dans son intériorité. Changent aussi les coordonnées essentielles des rapports que l'individu entretient avec lui-même et avec Dieu puisque ceux-ci n'adviennent pas plus par la médiation de l'Église.

L'HOMME RENAISSANT

En Italie, l'expérience de cet homme renaissant trouve l'un de ses représentants les plus extraordinaires dans le grand poète et écrivain François Pétrarque (1304-1374). Il est l'initiateur du premier courant qui s'oppose au savoir de la science physique médiévale, dont l'astrologie arabisante formait une grande partie[1]. Il la méprisait, éprouvant une profonde aversion et exprimant un anti-arabisme, qui sera ensuite adopté par la génération lui succédant. C'est dans cette perspective que Pétrarque écrivit plusieurs pages de son traité *Invectiva contra Medicum* dont la cible était la médecine conçue comme modèle de toutes les sciences médiévales et fortement empreinte d'astrologie arabe. Il rédigea aussi une *Invectiva contra Eum*[2] qui est un réquisitoire contre la scolastique où il oppose Cicéron et Varron à Aristote. Dans ses *Lettres de vieillesse*, Pétrarque exprima encore plus clairement son aversion envers l'astrologie : à son avis, elle détruit l'humanité de l'homme, alors même qu'il est libre de toute causalité provenant des astres. Dans l'une de ces lettres (1-7 et 3-13), Pétrarque explique le motif de son refus : la prédiction manque de tout fondement rationnel puisqu'elle relève de l'idée erronée de la reproduction à l'identique d'une situation astrale donnée, alors que les mouvements des astres changent constamment tout au long des siècles.

Une position très semblable a été adoptée par l'humaniste Coluccio Salutati (1331-1406) et il l'enrichit de raisons philosophiques. Tout comme Pétrarque, il ne conçoit pas l'homme comme un être simplement naturel, qui puisse être assujetti – ne serait-ce que d'une façon instrumentale (Thomas d'Aquin l'avait bien mis au clair) – à la causalité secondaire des astres. Cette conception lui apparaît comme un appauvrissement de la grandeur spirituelle de l'être humain. Il partage pleinement l'idéal exprimé dans l'invective de Pétrarque contre la science médiévale arabisante, qui considère l'homme sous un profil purement médical et naturel. Cependant les raisons critiques de Coluccio sur la validité des prédictions astrologiques ont aussi varié, suite au mûrissement de

1. R. Klein, « Les humanistes et la science », *Bibliothèque d'humanisme et Renaissance*, XXIII, 1961, p. 716 ; F. Fubini, « Umanesimo e secolarizzazione. Da Petrarca a Valla », *Rivista storica italiana*, 54, 1992, p. 581-585.

2. F. Pétrarque, *Invectiva contra Eum*, dans *Prose*, éd G. Martellotti *et al.*, Milano, Ricciardi, 1955, p. 798-800.

ses idées dans *De fato, fortuna et casu* et dans *De la noblesse des lois et de la médecine*[1], où il traite précisément d'astrologie. Sa cible principale est la pratique judiciaire des élections dont le maître incontesté était à Florence le mathématicien et astrologue Paolo Dagomari dell' Abbaco (env. 1281-1365), l'inventeur du nouveau système de numération de l'arabe. Dans une lettre à son ami Louis de Gianfigliazzi (1365-66), Coluccio le cite comme l'auteur d'un fameux *Liber Abbaci* (ou Nouveau calcul arithmétique), l'inventeur de l'horloge à cylindre qui possédait un carnet d'astronomie (perdu) et qui, d'après J. Villani[2], aurait pu contenir aussi des tables de l'éclipse du soleil et de la lune. En célébrant la mémoire de Paul Dagomari pour sa maîtrise dans les prédictions du choix, Coluccio Salutati n'introduisait pas encore la notion de *fatum* dans la relation entre prédiction astrologique et liberté humaine. Par ailleurs, la liberté humaine en tant que telle n'était pas niée par les astrologues qui fournissaient des indications logiques précises sur la détermination ou l'indétermination de l'agir humain sous la dépendance des étoiles, selon la théorie de la contingence de la connaissance astrologique chez Albumasar. Selon Coluccio, cette réflexion concernait l'agir humain dans son aspect physique et non spirituel. Or, d'après lui, cette idée appauvrissait la liberté humaine, qui n'est pas corporelle mais spirituelle. Et la réfutation qu'il fait de cette doctrine est d'une remarquable densité philosophique.

L'ANTI-ARABISME ASTROLOGIQUE DES HUMANISTES NÉOPLATONICIENS HERMÉTISTES DU XVe SIECLE

La nouvelle anthropologie astrologique

Une forme d'anti-arabisme se manifesta tout au long du XVe siècle chez l'humaniste Marsile Ficin (1433-1499) qui inaugure une astrologie néoplatonicienne hermétique qui se veut contraire à l'astrologie arabo-latine.

Marsile Ficin adopte au moins deux attitudes distinctes[3] face à l'astrologie, l'une *destruens*, l'autre *construens*, dans son commentaire aux *Ennéades* de Plotin. Influencé par la vision néoplatonicienne de l'existence humaine, il élabore une astrologie médicale tout à fait spiritualisée. L'âme-*pneuma* de l'homme est située au centre d'un cosmos où toutes les choses ont une âme et où même les pierres possèdent des petites âmes (*animule*). Dans ce contexte cosmologique et anthropologique, on conçoit les astres non pas en tant que

1. Coluccio Salutati, *De fato et fortuna*, éd. C. Bianca, Firenze, Olschki, 1985 ; *De nobilitate legum et medicinae*, texte lat., trad. all. H. Barton Gerl, introd. E. Grassi, München-Wiesbaden, Fink Verlag, 1990.

2. Giovanni Villani, *Nova Cronica* [1348], Firenze, Giunti, 1559.

3. G. Federici Vescovini, « Marsilio Ficino e lo spirito celeste », *Annali della Fondazione Ugo Spirito*, V, 1993, p. 71-90 et « L'espressività del cielo di Marsilio Ficino. Lo Zodiaco medievale e Plotino », *Bochumer Philosophisches Jahrbuch für Antike und Mittelalter*, 1, 1996, p. 111-126.

causes, mais en tant que signes. Cependant, si en 1477 il critiquait âprement l'astrologie médiévale dans la *Disputatio contra iudicium astrologorum*[1], il la remplaça dans le *De triplici vita* (1493) par une astrologie médicale spiritualisée, épurée des techniques zodiacales barbares des astrologues arabes, des aspects, des conjonctions, des *Partes fortunae, infortunae, mortis, vitae,* etc.[2]. Ainsi, le Zodiaque n'est pas envisagé sous la catégorie de « quantité » mais sous celle de « qualité » d'une essence spirituelle, la demeure de ces âmes mi-divines qui sont résumées dans les vertus des 48 images célestes[3]. De même, dans son *De triplici vita* – dont le troisième livre est intitulé *La vie à comparer avec le ciel* (*De vita caelitus comparanda*) – Ficin va opposer au mouvement extérieur du ciel des astrologues médiévaux, la notion de *circuitus,* circulation naturelle céleste-terrestre libre, où la « nature » n'a plus la signification de la *physis* d'Aristote, le principe substantiel du mouvement des éléments, mais est elle-même *pneuma,* âme constituée non pas de trois, mais de quatre formes (il ajoute dans son traité *El libro dell'amore*[4] l'imagination). Par elle, chaque âme possède sa propre image céleste qui est son signe astral, et qui, par l'imagination, la conduit à retrouver dans les cieux l'âme amoureuse qui lui correspond. Il l'appelle *amor imaginificus,* c'est un miroir périlleux qui peut la tromper.

Ficin est très critique vis-à-vis de l'horoscope des religions[5]. Cela ne l'empêche pas de reprendre, dans un sermon de 1482, *De stella magorum,* à l'occasion de Noël, la corrélation entre événements bibliques et phénomènes astraux, dans le voyage des rois Mages suivant l'étoile[6]. Il s'agit d'un *topos* rhétorique de la prédication évangélique (*astrologie prédicable*)[7]. On en trouve un autre exemple dans un sermon de jeunesse de Nicolas de Cues à propos de l'étoile de Bethléem, où il cite les grandes conjonctions d'Albumasar[8]. Dans le *De staticis experimentis*[9], Nicolas de Cues avoue néanmoins être très sceptique

1. Marsile Ficin, *Disputatio, Supplementum ficinianum*, éd. P. O. Kristeller, Firenze, Olschki, 1936, vol. II, p. 12-76.

2. *Cf.* aussi *id.*, *Enneadi, Opera omnia*, Bâle, Enricus Petrus, 1576, vol. II, réimp. Torino, Bottega d'Erasmo, 1962.

3. *Id.*, *Theologia platonica*, éd. M. Schiavone, Bologna, Zanichelli, 1965, vol. I, p. 254.

4. *Id.*, *El libro dell'amore*, éd. critique S. Niccoli, Firenze, Olschki, 1987. Il s'agit de la traduction de son *Commentarium in Convivium Platonis*, ou *De amore*.

5. *Id.*, *Epistolarum Liber VII, Opera omnia, op. cit.*, vol. I.

6. *Id.*, *De stella magorum, Praedicationes, Opera omnia, op. cit.*, vol. I, p. 489-491 ; *Apologia quaedam in qua de medicina, astrologia, vita mundi, item de Magis qui Christum statim salutaverunt*, éd. C. Kaske, dans *De vita, op. cit.*, p. 394-404, *cf.* aussi S. M. Buhler, « Marsilio Ficino's "De stella magorum" and Renaissance View of the Magi », *Renaissance Quaterly,* 43, 1990, p. 348-371.

7. M. D. Chenu, « Astrologia praedicabilis », *AHDLMA,* 39, 1965, p. 61-65.

8. Nicolas de Cues, *Ubi est qui natus est Rex Judaeorum*, dans *Cusanus Texte*, I, *Predigten*, 2/5, hrsg. v. J. Koch, Heidelberg, Meiner, 1937, p. 84-86.

9. Nicolas de Cues, *Gli esperimenti di statica, I Dialoghi dell'Idiota*, trad. ital. G. Federici Vescovini, Firenze, Olschki, 2003, p. 95-96 ; G. Federici Vescovini, *Nicolas de Cues. L'homme atome spirituel*, Paris, Vrin, 2016, p. 109 et p. 134.

à l'égard de toute prévision purement factuelle. Son scepticisme ne l'empêchera pas d'écrire le traité sur la prévision des *Novissimi le cose ultime* du retour du royaume éternel promis par le Christ et la fin de l'histoire. Dans le court traité *De coniectura de ultimis diebus*, il prévoit aussi la résurrection finale avec l'avènement du Christ Triomphant, sans employer de calculs astrologiques [1]. Il les remplace par les années de la vie du Christ et les jubilés [2], tout en s'éloignant des prophéties apocalyptiques des joachimites [3].

Jérôme Savonarole

À la même époque, à Florence, le tristement célèbre frère dominicain Jérôme Savonarole proposa lui aussi sa réfutation de l'astrologie à partir des critiques de Marsile Ficin. Né à Ferrare en 1452, mort à Florence en 1498 (excommunié puis condamné au bûcher), Savonarole fut un grand prêcheur, écrivain et homme politique. Après des études au *Studium* général de Bologne, il réfuta l'astrologie et ses prétentions prophétiques. En tant que dominicain, il ne refusait pas la prévision naturelle de l'astrologie selon Thomas d'Aquin, légitimant un savoir qui avait recours à la succession ordonnée des causes accidentelles, subordonnées et purement instrumentales. En ce cas, il s'agissait d'une *prophetia naturalis*, donc inoffensive dès lors qu'elle ne s'attribuait pas un pouvoir divin. Jérôme Savonarole s'opposait en revanche aux « véritables » prophéties astrologiques religieuses, et prêchait contre les tenants de la *prisca theologia* qui prônaient le retour à cet ancien savoir religieux d'origine hermétique – que l'on trouvait dans l'entourage de Laurent le Magnifique. La polémique anti-astrologique s'inséra donc dans son activité politique visant à chasser les Médicis du pouvoir et à purifier l'Église du Pape Alexandre VI. Après la destitution de Charles VIII et l'expulsion des Médicis, il gouverna une république théocratique, qui s'acheva par sa condamnation au bûcher prononcée par le Pape et le retour des Médicis à Florence.

Outre de nombreux sermons, Savonarole a écrit le *Dialogus de veritate prophetica* (1497) et publié un *Traité contre les astrologues* dont il a puisé plusieurs arguments et raisonnements chez Jean Pic de la Mirandole [4].

Jean Pic de la Mirandole, encore plus critique que Marsile Ficin à l'égard de l'astrologie judiciaire, et tout en se démarquant de son concept de causalité [5],

1. Nicolas de Cues, *La congettura sulla fine del mondo*, trad. it. G. Federici Vescovini dans *La pace della fede e altri testi*, Firenze, Ed. Cultura della Pace, 1993, p. 69-82.

2. Nicolas de Cues, *La congettura*, *op. cit.*, p. 75 ; sur la résurrection finale, voir en part. R. Guardini, *I Nuovissimi*, Milano, Vita e Pensiero, 2005.

3. *Il profetismo gioachimita tra Quattrocento e Cinquecento*, éd. Luca Podestà, Genova, Marietti, 1991.

4. G. C. Garfagnini, *La polemica astrologia del Savonarola ed i suoi precedenti tomistici*, dans *Filosofia, scienza e astrologia nel Trecento europeo*, *op. cit.*, p. 155-180.

5. V. Perrone Compagni, « Pico sulla magia : problemi di causalità », dans M. Bertozzi (a cura di), *Nello Specchio del cielo, Atte del Convenio di Studi mirandoliani (Aprile 2004)*, Firenze, Olschki, 2006, p. 107 et p. 113-114.

rejette tout type d'influence astrale, en particulier dans ses *Disputationes adversus astrologiam divinatricem.* Les *Disputationes* furent éditées en toute hâte à Bologne en 1496 par le neveu de Jean, Jean-François Pic de la Mirandole, sans doute aussi dans le but de défendre son oncle des accusations d'hérésie juste au moment de la prédication de Jérôme Savonarole [1] contre « l'invention diabolique » de l'astrologie [2]. Jean-François Pic passe en revue toutes les doctrines astrologiques des grands maîtres juifs comme Abraham Savosarda et Abraham Ibn Ezra, ainsi que celles des latins l'ayant justifiée, jusqu'aux théologiens Thomas d'Aquin et Pierre d'Ailly. Les jugeant tous incompétents et ignorants, même dans leur domaine de prédilection, il critique en particulier l'astrologie de Pierre d'Abano, qu'il tourne en ridicule. Mais surtout, il attaque avec férocité l'évêque Pierre d'Ailly qui trouve la confirmation des vérités religieuses dans les grandes révolutions astronomiques [3]. Jean-François Pic se moque autant de la prédiction d'Abraham Savosarda à propos de la future rédemption d'Israël que de tous les arguments invoqués par Pierre d'Ailly pour ramener l'ascendant de l'horoscope du Christ en Balance plutôt qu'en Vierge. L'ascension d'une jeune fille de blanc vêtue dans le premier décan de la Vierge n'est qu'un conte à dormir debout, insiste de la Mirandole, une image fantaisiste inventée par les doctrines orientales des *Décans* provenant de l'Ancienne Égypte : « Qui a vu ces images ? Qui dans le silence de l'expérience, les a découvertes par des voies occultes de la raison ? Où Ptolémée ou quelques autres Anciens en ont-ils parlé ? ».

Jean Pic formule une philosophie hermétique, kabbalistique et magique dans les *900 Thèses ou conclusions de magie* (1486) [4], qui seront condamnées par la bulle *Et si iniuncto nobis* en 1487 et feront arrêter leur auteur en France [5]. L'astrologie ptoléméenne est critiquée en toutes ses œuvres. Dans l'*Hetaplus*, publié en 1489, Pic interprète la Genèse [6] du Monde selon la méthode kabbalistique ; le monde serait partagé en quatre sphères, celles de l'Intellect de Dieu et

1. En part. G. Garfagnini, « La questione astrologica tra Savonarola, Giovanni e Gianfrancesco Pico », dans *Nello specchio del cielo*, *op. cit.*, p. 117-137

2. G. Savonarola, *Contro l'astrologia divinatoria*, Firenze, 1497, rééd. Roma, Salerno Editore, 2000, livre III, chap. 4 contre l'horoscope des religions de Albumasar ; livre III, chap. 5 ; sur l'Antéchrist, voir en part. G. Garfagnini, « Questa è la terra tua », *Savonarola a Firenze*, Firenze, Sismel/Ed. del Galluzzo, 2000, p. 251-291.

3. G. Pico de la Mirandola, *Disputationes*, livre IV, 7-10, 15-17 ; livre V, chap. 19 *sq.* ; *Opera omnia*, Bâle, 1601.

4. *Id.*, *Conclusiones sive Theses de magia per Charisius Silberi* [Roma, 1486], éd. B. Kieszokwsky, Genève, Droz, 1973.

5. Pic écrivit pour sa défense une *Apologie* contre les accusations de la *Détermination magistrale contre les conclusions apologètes de Pic* du censeur Pierre Garcia, apologie qui fut discutée à Paris en avril 1488. Suite à l'intervention diplomatique de Laurent le Magnifique auprès d'Innocent VIII, Pic demanda alors au nouveau pape Alexandre VI, l'abolition du Bref de la condamnation, ce qu'il obtint en 1493, *cf.* G. Pico, *Conclusiones*, *op. cit.*, p. 97-108 ; *Apologie*, éd. P. E. Fornaciari., Firenze, Edizioni dell Galuzzo, 2010.

6. *Cf.* E. Garin, *Giovanni Pico della Mirandola. Vita e dottrina*, Firenze, F. Le Monnier, 1937.

des Anges qui seraient le monde supérieur céleste, le monde sublunaire des éléments terrestres et celui de l'homme qui est semblable à Dieu en tant qu'ayant la puissance créative, il est *Créateur*. Pic écrit en même temps le *De Ente et uno* et en commentant le Parménide, il se consacre jusqu'à sa mort à la critique et à la condamnation de l'astrologie [1]. L'idée de l'homme créateur se retrouve valorisée dans la célèbre *Oratio de hominis dignitate*, son ambitieux projet anthropologique qui sera une des causes de son incarcération. Dans l'*Oratio*, il suit des orientations magico-kabbalistiques selon lesquelles les cieux animés par les dix Séfirot [2] connecteraient l'homme à Dieu. Pic est le magicien qui par sa connaissance de La Kabbale rejoint les vérités éternelles. La Kabbale [3] était connue de Pic qui avait appris l'hébreu par son maître juif Flavius Mithridate (*ca* 1445-*ca* 1489) qui lui traduisit une vaste bibliothèque kabbalistique, dont le Commentaire par Levi ben Gerson du *Cantique des Cantiques* de Salomon, dans l'Écriture Sainte [4]. Pic eut du succès en France où Guillaume Postel traduisit les œuvres majeures de la Kabbale, le *Sefer à Zohar* (*Le livre de la Splendeur*) et le *Sefer Yesirat* (*Le livre de l'Ange*) par lequel se répandit au XVIIe siècle l'œuvre de Christian Knorr von Rosenroth, *La Kabbale dénudée*, et une partie de celle de Anastase Kircher, en en donnant une interprétation chrétienne qui a exercé une influence remarquable en France dans l'ésotérisme maconnique. Son neveu Jean Pic de la Mirandole, dans l'encyclopédie *De vanitate scientiarum* (*La vanité des sciences*), efface purement et simplement l'astrologie de la liste des sciences, et les remplace toutes par l'unique connaissance de la *discretio spirituum* [5] – qui inspira la chasse aux sorcières dans laquelle Jean se distingua, envoyant au bûcher beaucoup d'habitants de la campagne de la Mirandole.

1. Jean Pic de la Mirandole, *Disputationes adversus astrologiam divinatricem*, ed. E. Garin, Firenze, 1946-1952 (2 e éd.), réimp. Torino, Bottega di Erasmo, 2004.

2. *Id.*, *Conclusiones*, *op. cit.*, XXVI, p. 99.

3. Mot juif qui signifie la réception. La Kabbale est un ensemble d'œuvres exotériques et mystiques de Dieu et du monde, et le mot, parait-il, fut employé au XIII e siècle par Isaac l'Aveugle. On a distingué dans cette doctrine trois formes de Kabbale, une méditative, une introductive aux doctrines et aux rites, et l'autre occulte et magique.

4. À propos de cette traduction, voir S. Campanini, « Pici Mirandulanis Biblioteca cabbalista latina », *Materia giudaica*, 7, 2002, p. 90-96 ; A. Green, *A guide to the Zohar*, Cambridge (Mass.), CUP, 2004, trad. angl. D. Goldsterin, 3 vol., London, Lehman Library, 1980 et 1997.

5. Jean Pic, *L'opera e la fortuna di due studenti ferraresi, Atti del Convegno dell'Università di Ferrara*, éd. Patrizia Castelli, Firenze, Olschki, 1998, p. 221-238.

La défense humaniste de l'astrologie médiévale

Les prises de position de Pic provoquèrent une levée de boucliers, et de nouveaux interprètes humanistes répondirent point par point aux critiques qu'il avait avancées. L'un d'entre eux, Lucius Bellanti, médecin et astrologue (assassiné à Florence en 1499) écrivit les *Responsiones in disputationes Johannis Pici*, publiées en 1488 par Gérard de Haarlem en annexe à son volume plus articulé *De astrologica veritate*[1]. Contemporaines des œuvres de Gabriele Pirovano, ces *Responsiones* contribuent à perpétuer la vision de l'astronomie comme prédiction probable, les astres étant non des causes mais des signes[2]. La défense de Lucius Bellanti, bien articulée, est soutenue par les arguments des défenseurs de l'astrologie des siècles précédents, qui revendiquaient le caractère savant de l'astrologie. Il s'agit d'une astrologie mathématique puisqu'elle nous fait connaître rationnellement la voûte céleste. Lucius Bellanti refuse les éléments magico-hermétiques insérés dans l'astrologie du *Corpus hermeticum* de Marsile Ficin[3] en revenant à l'astrologie médicale, météorologique et physionomique de Ptolémée. Par ses *Responsiones* et par son *De astronomica veritate* Bellanti récupère l'enseignement authentique de Ptolémée en effaçant des surimpositions des commentateurs arabes comme la doctrine conjonctionniste.

Une conviction analogue était celle de Gabriele Pirovano (1481-*ca* 1512) patricien milanais, professeur de médecine à l'Université de Pavie en 1498. Il réagit contre Pic par son *Defensor astronomiae* (Milan, Manitius, 1507 ; repris à Bâle en 1554) qui parut en même temps que les œuvres de Lucius Bellanti. Ils nous donnent le témoignage intéressant, au cœur de la Renaissance, d'une défense de l'astrologie médiévale, jugée comme un art conjectural et non pas une science déterministe, s'inspirant de l'enseignement de Thomas d'Aquin.

Les discussions sur la validité de l'astrologie au XVe siècle concernaient surtout la suspicion qu'elle se rapprochât trop de l'astrolâtrie païenne, dans des formes de kabbalisme néoplatonicien hermétique influencé par La Kabbale hébraïque. Cette querelle se poursuit chez le kabbaliste chrétien de la Renaissance par le *De motu octavae spherae* d'Augustinus Riccius, où les cieux s'identifient aux dix Sefirot[4]. Néanmoins, presque tous les nouveaux adeptes de l'astrologie au XVe siècle fondent leurs connaissances sur les doctrines cosmologiques aristotéliciennes ou ptolémaïques arabes médiévales. Ils conservent le concept aristotélicien de nature (*physis*) en tant qu'être en mouvement et

1. Lucius Bellanti, *Responsiones contra Picum*, Firenze, G. de Haerlem, 1498, libro V, f°s 196 *sq.*

2. Caspar Peucer, *Commentarius de praecipuis divinationum generibus*, Francoforte, 1646.

3. P. Lucentini, I. Parri, V. Perrone Compagni (eds), *Hermetism from Late Antiquity to Humanism*, Turnhout, Brepols, 2003.

4. Augustin Ricci, *De motu octavae sphaerae*, Paris, Simon Colinaeus, 1521 ; F. Secret. *Les Kabbalistes chrétiens de la Renaissance*, Milano-Neuilly s. Seine, Arché, 1985 (nouv. éd.), p. 81 *sq.*

l'associent à l'explication mathématique du mouvement selon l'astronomie arabe. En ressort l'exigence humaniste d'avoir un texte du *Quadripartitum* qui soit fiable et épuré de tous ses arabismes et ce fut le but de l'œuvre de Jérôme Cardan.

Esprit de grande ampleur, Jérôme Cardan (Girolamo Cardano) fut d'abord connu en tant que mage et astrologue avant de s'attacher à diverses branches scientifiques où il fit de grandes découvertes. Médecin, mathématicien, inventeur du joint de Cardan, fondateur des principes de la probabilité, il écrivit de nombreuses œuvres : *De subtilitate*, *De rerum varietate*, les *De duodecim geniture* où l'on trouve les horoscopes de princes, de papes et de rois d'Europe [1] et enfin l'édition du *Quadripartitum*. Ces œuvres eurent un plus grand écho que celles des astronomes, Luca Gaurico et Francesco Giuntini. Elles sont regroupées en ses *Opera Omnia* (Lyon, 1663), où figure aussi un horoscope du Christ que Cardan hésita longtemps à publier [2]. Il explique qu'il souhaitait faire connaître l'horoscope du Christ pour que le monde entier connaisse à quel point sa Nativité « avait été admirable avec le concours de cieux », ajoutant que la divinité du Christ ne dépend pas seulement des astres (*ab astris pendeant*) [3]. Aussi ne l'avait-il pas publié dans son fameux recueil des *Génitures* mais plutôt dans le commentaire au livre II du *Tetrabiblo,* regardant l'astrologie mondiale où l'horoscope du Christ prend la signification universelle de la religion chrétienne. Son attitude avait été moins prudente dans son traité *De supplemento Almanach* et dans les *Aphorismes*, où il acceptait l'idée d'une correspondance étroite entre des événements profanes, comme la naissance des royaumes et des religions, et les transits des grandes constellations.

En Allemagne, la défense de l'astrologie fut assurée par le théologien Philipp Schwarzerdt (1497-1560), professeur à l'université de Tübingen et plus connu sous le nom de Mélanchthon. Outre le traité *Initia doctrinae physicae*, rédigé entre 1535 et 1549, Mélanchthon est l'auteur des *Lieux communs des choses théologiques* (*Loci communes rerum theologicarum*, 1521), d'inspiration luthérienne. Dans son Commentaire à la *Sphère* du Sacrobosco, il justifie aussi l'astrologie en tant que mathématique, en s'appuyant sur le *Psaume* 19 (18) « les cieux proclament la gloire de Dieu et le firmament raconte l'ouvrage de ses mains », et en estimant que les astres sont des signes d'origine divine, des intermédiaires de la Providence.

1. J.-P. Boudet, *Entre science et nigromance*, Paris, Publ. de la Sorbonne, 2006, en part. chap. VI, p. 303-325 et « Les astrologues et le pouvoir sous le règne de Louis XI », dans B. Ribémont (éd.), *Observer, lire, écrire le ciel au Moyen Âge, Actes du Colloque d'Orléans 22-23 avril 1989*, Paris, Klincksieck, 1991, p. 62 ; E. Poulle, « Oroscopes princiers des XIVe et XVe siècles », *Astronomie planétaire au Moyen Âge latin*, Aldershot, Ashgate, 1996, p. VIII et p. 63-77.

2. G. Cardano, *De astrorum iudiciis, op. cit.* ; *cf.* U. Baldini, *Cardano negli Archivi del Santo Uffizio*, dans M. Baldi, G. Canziani (a cura di), *Cardano e la tradizione dei saperi*, Milano, Franco Angeli, 2003, p. 495.

3. G. Cardano, *De astrorum iudiciis*, *op. cit.*, livre II, texte 54, p. 163.

C'est à l'université de Würtemberg que Caspar Peucer (1525-1602), mathématicien, astrologue et médecin, exerça en tant que professeur puis recteur pendant plusieurs années. En 1586 il fut accusé de crypto-calvinisme, et fut emprisonné à Leipzig, puis relâché peu de temps après, étant le médecin personnel du prince de Anhalt [1]. Il écrivit en 1563 le *Commentarius de praecipiis divinationibus generibus* de typologie astrologique où il distinguait entre toutes les formes de la magie païenne, en légitimant certains pronostics médicaux.

En France, le carmélite Francesco Giuntini (Florence 1523, Lyon 1590) fut sans doute l'astrologue le plus renommé de la deuxième moitié du XVIe siècle. Ce docteur en théologie de l'université de Pise eut pour maître le carmélite Julien Ristori de Prato, et fut un commentateur très avisé du *Quadripartitum*, cultivant par ailleurs la chiromancie. Il rédigea aussi des pronostics en 1528 pour des villes italiennes (Sienne, Rome) sous le nom de Johannes Stoeffler, qui eurent une ample résonance. Nommé provincial de l'Ordre en 1554, il finit par subir l'emprisonnement et la torture (*brachiorum tormenta*), évitant de justesse une mort tragique par l'exil. Toutes ces vicissitudes avaient été provoquées par un penchant trop marqué pour les nouvelles religions et par un inébranlable parti pris pour l'astrologie : après avoir apostasié le catholicisme, il semblerait qu'il ait voulu réintégrer l'Église lors d'une cérémonie publique d'abjuration, mais il ne renia jamais la divination astrologique. Aussi décida-t-il de quitter « l'Italie pour la France, et Florence pour Lyon » où il s'établit en 1561, jusqu'à sa mort en 1590. Il y écrivit un ouvrage monumental en deux tomes, le *Speculum astronomiae* [2], qui circula dans toute l'Europe. Le *Speculum* était adressé aux Pères Inquisiteurs, que Francesco invitait à corriger pour obtempérer aussi aux directives anti-astrologiques de l'Église. Il s'ensuivit que certaines thèses du *Speculum* furent censurées, et le livre mis à l'Index. En plus de l'astrologie, Giuntini proposa d'intéressantes relectures humanistes, une nouvelle édition du *Decameron* de Boccace et un *Discours sur l'époque où Pétrarque tomba amoureux* (Lyon, G. Rouille, 1567) où il décèle d'ailleurs la bonne position de Vénus dans son thème de naissance.

Le remarquable écho qu'eut l'œuvre astrologique de Giuntini en Europe dépendait de compétences qui lui valurent l'estime et l'amitié d'importants personnages de la Cour de France. Décoré du titre d'aumônier du duc d'Anjou, il se vantait d'avoir prédit au futur Henri III l'accession au trône du royaume de Pologne. En 1573, il dédia la première édition de son traité le *Speculum astrologiae* à Catherine de Médicis ; le *Tractatus iudicandi revolutiones nativitatum*, au préfet du duc de Nemours, Pierre Arnaud Navalio ; et les Tables du *De restitutione calendari* (1564-1578) au duc d'Alençon. L'année suivante, il écrivit une brochure en italien, *Diffesa dell'astrologia,* aussitôt traduite en

1. E. L. Th. Henke, *Kaspar Peucer und Nikolaus Crell*, Marburg, 1856.
2. Francesco Giuntini, *Speculum astrologiae*, Lyon, 1583, I, p. 136-138 ; II, p. 148.

latin[1] où il essayait de défendre l'astrologie contre les accusations, soit de déterminisme astral, soit de causalité par le hasard.

Sa persistance à poursuivre une activité astrologique aboutit à la *Tractatio* [...] *de cometarum causis effectibus differentibus* (Leipzig, Johannes Steinman, 1580), qui suscita un débat très violent suite aux critiques de François Sanchez, auteur lui aussi d'un poème *De cometa*, dont le contenu est tout à fait contraire aux idées de Giuntini. Issu d'une famille juive portugaise ou castillane, convertie au catholicisme, François Sanchez[2] (né en 1550, mort environ 1623), apparenté par sa mère à Michel de Montaigne[3], était très connu pour le prologue de son œuvre « Que rien n'est connu » (*Quod nihil scitur*) qui devint aux XVIe et XVIIe siècles la devise des sceptiques[4]. Professeur de médecine à la faculté de Montpellier, Sanchez se consacrait à la recherche en médecine, astronomie et mathématiques. Le texte de Giuntini sur l'apparition de la comète poussa Sanchez à exprimer toutes ses réserves envers l'astrologie divinatrice, dont il déplorait le déterminisme prétendant rendre compte des événements par les conjonctions des astres.

La révolution de l'image

De la fin du XIVe siècle jusqu'à l'âge moderne, entre toutes les formes d'art, de l'architecture à la peinture, les images de l'astrologie se manifestèrent d'une façon éclatante en Italie à l'époque du sentiment de renouveau de l'humanité, nommée « Renaissance italienne ». Les artistes de cette époque créèrent une profusion d'images artistiques que l'on peut admirer dans tous les Musées d'Europe. Elles attireront l'attention des historiens de l'art de l'Institut Warburg de Londres au début du XIXe siècle, Franz Saxl et Aby Warburg[5] qui y inaugurèrent la branche de l'iconographie astrologique dans toute sa richesse d'expression. Je me bornerai ici à expliquer la typologie des ouvrages les plus complexes et les plus structurés.

1. Il fut publié dans un recueil du même titre *De defensione bonorum astrologorum*, Cologne, apud L. Alectorium et Haer, 1580.

2. R. Delassus, *De officio medici sive de vita clarissimi viri Domini Francisci Sanchez,* dans Francisco Sanchez, *Opera medica*, Toulouse, Pierre Bosc, 1636.

3. F. Strowski, *Montaigne*, Paris, P.U.F., 1931, p. 54.

4. E. Senchet, *Essai sur la méthode de Francisco Sánchez,* Paris, V. Giard et E. Brière, 1904, p. VIII ; J. Cobas, « Renaissance et du scepticisme », *Annales de l'Université de Toulouse-Le Mirail,* 8, 1979, p. 53-72.

5. A. Warburg, *Gesammelte Schriften*, Berlin, Akademie Verlag, 1998-2001 ; F. Saxl, *Lectures,* ed. G. Bing, London, The Warburg Institute, 1957 ; A. Chastel, *Renaissance italienne, 1460-1500*, Paris, Gallimard, 1965 ; E. Gombrich, Aby Warburg, *An intellectual bibliography*, London, The Warburg Intitute, 1970, p. 5-250, trad. fr. L. d'Azay, Une biographie intellectuelle, Paris, Klincksieck, 2015 ; M. Ghelardi, *Aby Warburg « La lutte par les styles »*, Paris, Klincksiek, 2010 ; A. Warburg, *Astrologica,* Torino, Einaudi, 2019.

Cette typologie iconographique astrologique, possède six formes, la première, qui est aussi la plus simple, concerne l'enseignement élémentaire du *Quadriparti* selon les manuels déjà nommés, expliquant le rapport entre le signe et la planète, selon la tripartition suivante : la domification ou domicile (*domus*) ; l'exaltation où il atteint le maximum de sa force ; et la chute où sa force est au minimum. On trouve ces illustrations principalement dans les premiers manuscrits enluminés des œuvres astronomiques essentielles, dont un document est proprement extraordinaire : il s'agit de la rédaction par Georgius Zapatero Fendulus (peut-être un astrologue byzantin) de l'*Introductorium maius* de Albumasar vers 1220-1230, merveilleusement enluminée, qui se trouve à la Bibliothèque Nationale de Paris [1].

La deuxième forme est celle des « faces » (*faces*) ou « termes » (*termini*) introduites dans les *Astrolabes plans* iconographiques, qui illustrent la division de chaque signe du Zodiaque selon les représentations des trois figures. Elles sont appelées « faces », images qui se regardent l'une l'autre, étant aussi à l'origine des « aspects » de la qualité, bonne ou mauvaise, de ces regards. Dans les astrolabes plans, les figures de la vie humaine sont représentées selon l'influence des planètes du Zodiaque tropical ou du Zodiaque sidéral, selon les quarante-huit images des constellations. Cette typologie compte un extraordinaire document iconographique parmi d'autres *Astrolables plans* [2] : les images de l'*Astrolabium planum in tabulis* de Jean Engel (qui fut l'étudiant de Regiomontanus à Vienne vers 1512), publié par lui à Augsbourg en 1488 [3]. Il s'agit d'une réélaboration de l'*Astrolabe plan* de Pierre d'Abano, dont on a perdu le mécanisme pratique d'horlogerie [4]. Jean Engel écrit que ces tables « sont une reproduction par symboles et images » des signes célestes, de leurs significations et de leurs pouvoirs d'après Pierre d'Abano. Ce document trouve sa plus complète dépiction dans les Fresques du Palais de la Raison à Padoue, commencées au début du XIVe siècle sur l'initiative de la Commune et commandées peut-être à Giotto [5].

1. D. Blume, *Regenten des Himmels, Astrologische Bilder in Mittelalter und Renaissance,* Berlin, Akademie Verlag, 2000.

2. E. Poulle, *Les sources astronomiques, Textes, Tables, Instruments,* Turnhout, Brepols, 1981, p. 34-38.

3. Jean Engel, *Astrolabium planum in tabulis ascendens continens, equationes domorum... nec non horas ineguales pro quolibet climate mundi* (L'astrolable plan qui contient les tables des ascendants, les équations des planètes..., et aussi les heures inégales de n'importe quel climat du monde).

4. R. Haage, « Eine Handschriftenfunden zum Astrolabium planum des Petrus von Abano », *Litterae ignotae,* 50, 1977, p. 87-105.

5. Jean Engel, *Tables*, *op. cit.*, p. 317-326 ; G. Federici Vescovini, « Pietro d'Abano e gli affreschi astrologici del Palazzo della Ragione di Padova », *Labyrintos*, IX, 1986, p. 5-25 ; Pietro d'Abano, *Lucidator,* éd. cit., p. 335-338. On comprend aisément que cette iconographie astrologique si complexe a donné bien de fil à retordre aux historiens de l'art qui ont essayé de les expliquer, puisque sans doute, comme confirme Jean Engel, le programme du peintre a été fondé sur la

Le troisième type est celui des « enfants des planètes », ainsi nommé par Aby Warburg et Franz Saxl [1], et qui par la suite s'est articulé dans la typologie de la physionomie astrologique du natif de chaque signe. De nombreuses illustrations de facture exquise furent produites jusqu'au XVe siècle. Quelques-unes sont restées anonymes, plusieurs n'ont aucun commentaire, certaines sont accompagnées de l'explication iconographique soit du caractère dominant des natifs, soit de leurs activités selon le cercle zodiacal. On les a appelés les « enfants des planètes » car ils se distinguent selon le caractère psychologique dominant de la planète de leur nativité (par exemple, le vénusien, le martial ou colérique, le saturnien ou mélancolique). Parmi ces images, on remarque tout particulièrement les aquarelles de l'école de Pisanello [2], illustrant une physionomie astrologique accompagnée d'un commentaire anonyme. C'est toujours à Padoue que l'on trouve une autre représentation figurative de cette physionomie attribuée à Guariento d'Arpo : il s'agit des fresques en camaïeu sur le socle de l'Église des Eremitani, représentant les caractéristiques essentielles des natifs. À Modène, dans la Bibliothèque Estense [3], on peut admirer les splendides enluminures de Cristoforo de Predis décrivant les fils des planètes dans la sphère céleste avec leurs signes, selon le texte canonique de Johannes de Sacrobosco.

Les très riches heures du Duc de Berry [4] offrent le modèle le plus connu de l'exigence sociale, éprouvée par certaines familles de la noblesse, de célébrer leur histoire, les événements les plus marquants et les triomphes liés aux transits des planètes et des constellations, à chaque mois de l'année. C'est justement ce qu'ont voulu faire aussi les ducs d'Este à la Cour de Ferrare lorsque Borso d'Este passa commande du cycle des Fresques de la Villa de Schifanoia [5].

À cette typologie, on doit ajouter les « génitures » individuelles, soit de personnes, soit de monuments marquant des événements exceptionnels : les fresques consacrées à la Géniture de Agostino Chigi (né en 1466), peintes dans la salle de Galatée de la Villa Farnèse à Rome par Baldassarre Peruzzi [6], les portraits astrologiques des génitures de plusieurs papes, rois, princes ou dignitaires des XVe et XVIe siècles. On trouve aussi la « géniture » du jour de

théorie des quarante-huit images des cieux de Pierre d'Abano ; D. Blume, *Regenten des Himmels*, *op. cit.*, p. 70-84.

1. F. Saxl, *La fede negli astri*, Torino, Bollati Boringhieri, 1985, p. 305-412.

2. G. Federici Vescovini, *Su un trattatello di fisiognomica astrologica*, dans W. Prinz, *Uomo e natura nella letteratura e nell'arte italiana del Tre-Quattrocento*, Firenze, Quaderni dell'Accademia del Disegno di Firenze, 1991, p. 43-61 ; W. Prinz, A. Beyer, *Naturwissenschaft und Naturbeobachtung*, Weinheim, Acta Humaniora, II, 1987, p. 213-236.

3. S. Samec Ludovici, *Il « De sphaera » estense e l'iconografia astrologica*, Milano, Martello Editore, 1958.

4. Chantilly, Musée Condé, *Les très riches heures de Jean de Berry*, Jean et Paul Limbourg, vers 1417.

5. G. Federici Vescovini, « Gli affreschi astrologici », art. cit., p. 55-82.

6. F. Saxl, *La fede negli astri*, *op. cit.*, p. 305-312.

l'événement tant redouté par les florentins, la descente de Charles de Valois à Florence, qui a été représenté dans la fresque de la Voûte céleste dans le Salon de la Vieille Sacristie de la Basilique Saint-Laurent à Florence. On peut admirer une merveilleuse représentation monumentale d'un calendrier astronomique dans le dallage en marbre du Baptistère de Florence, où l'on établit la détermination numérique des mouvements des planètes selon une des plus anciennes représentations célestes. L'Horloge [1] de Giovanni Dondi, dans la Tour de la Place du Vieux Marché, est une grande horloge appellé l'*Astrarium* qui reproduit les mouvements des astres selon Ptolémée par une représentation géométrique [2]. Dondi critique les aristotéliciens – « qui se sont tenu à la surface des mots sans voir leurs signification » – et affirme que le but de son travail étant de montrer à chaque instant, sans aucun calcul fastidieux, les positions de toutes les planètes, il a « naturellement donné le nom *Astrarium* tout ensemble à ce mécanisme » [3].

En France, dans la crypte de la Collégiale de Saint-Bonnet-le-Château, construite vers 1400 près de Saint-Étienne, on peut admirer sur la voûte et les murs, des fresques représentant les anges musiciens avec leurs instruments en correspondance précise avec le Zodiaque. Il y a donc douze instruments dont le symbolisme correspond aux douze signes zodiacaux et évoque l'harmonie universelle. On y trouve un carillon en Cancer, placé à côté d'un cornet droit en Lion. À la cornemuse placée en Gémeaux, située près d'une entrée s'oppose un cornet courbe en Vierge, placé près de l'entrée opposée. Cette figure est suivie, dans la partie nord de la crypte, de l'image d'un orgue positif en Balance, à laquelle s'oppose sur la face sud celle d'un clavicorde en Bélier et ainsi de suite. L'étude de l'orientation géographique des instruments montre qu'elle correspond en gros à celle des constellations du ciel une nuit de Noël (vers 1420). Et c'est de cette façon astrologique que le peintre inconnu de la crypte a voulu célébrer la naissance du Christ [4].

1. *Johannis de Dondis « Astrarium »*, fac-simile du ms. et trad. fr. E. Poulle, Padova/Paris, Edizioni 1+1/Les Belles Lettres, 2 vol., 1988.

2. *Astrarium*, *op. cit.*, vol. 1, p. 3.

3. *Ibid.*, p. 5.

4. M.-M. Cheyssac, *Reproduction des fresques de la Crypte de Saint-Bonnet-le-Chateau*, Lyon, Helio Lescuyer, 1959, p. 24-29.

La promotion de l'astrologue dans l'Italie du XVe siecle

La grande abondance de témoignages scientifiques, littéraires et artistiques concernant l'astrologie pose le problème de la complexité des intérêts qu'on lui portait, aussi bien que celui des différents motifs justifiant des pronostics sur un jour, un an, dix, vingt ou cent ans, et des diverses raisons pour lesquelles des papes, des empereurs, des princes, des condottieres ou des individus quelconques avaient recours aux descriptions des astrologues. On constate qu'il y a de multiples motivations politiques, personnelles ou générales, mais on remarque aussi que des préoccupations religieuses sont enfouies dans les écrits astrologiques. L'astrologue n'était alors pas seulement un docteur en astrologie, mathématiques et médecine, un professeur qui dispensait des cours sur les conjonctions, les éclipses ou les comètes et qui commentait les *Metereologica* d'Aristote ou l'*Ysagoge* d'Alkabise dans les universités. En fait, il était devenu aussi, dans les nombreuses seigneuries du Nord et du Centre de l'Italie ou encore à Paris, un homme de cour et un conseiller du prince, dont on appréciait et écoutait les conseils. Aussi rédigeait-il des pronostics sur l'issue de manœuvres militaires, de batailles entre États; il était chargé de tâches délicates, allant parfois jusqu'à conserver les archives du seigneur dont il était devenu l'historien officiel, comme par exemple Pellegrino Prisciani à la Cour de Ferrare.

Des humanistes de renom, des professeurs ès arts, philosophie, médecine et astrologie, en grande partie latinistes et souvent bons hellénistes, dispensèrent un enseignement de grande qualité dans les universités italiennes. La situation était la même dans les cours italiennes gouvernées par des princes, des ducs ou des papes, mais aussi en Europe de l'Est, comme à la Cour royale de Cracovie et en Hongrie, où le roi Mathias Corvin s'était entouré d'humanistes et d'astrologues dont le fameux Galeotto Marzio de Narni.

À Rome, Laurent Bonincontri (1410-1491), poète, homme de lettres, et astrologue, rédigea avant de s'établir ses œuvres astrologiques les plus importantes, des *Extraits* (*Excerpta*) du *Quadripartitum*, un *Commentaire* au *Centiloque*, un traité d'astrologie, *De rebus naturalibus et divinis* [1], un *Livre* sur les phénomènes météorologiques se rapportant à la dimension cosmologique de l'astrologie. En même temps, il publia l'édition du Poème astrologique en vers de Manilius (9-14 après J.-C.), *De astronomica*, en sept livres [2]. Cet ouvrage sera utilisé beaucoup plus tard par Firmicus Maternus pour la rédaction de ses *Matheseos libri septem*. Ces œuvres, largement diffusées dans les milieux cultivés de l'époque romaine, mirent en circulation au XVe siècle les doctrines

1. S. Heilen, *Lorenzo Bonincontri Schluss Prophezeiung in* De rebus naturalibus et divinis, Stuttgart-Leipzig, Teubner, 1999.

2. Julius Firmicus Maternus, *Matheseos libri septem*, éd. F. Negro, Venise, Simone Bevilacqua, 1497, dédié au Cardinal Ippolite d'Este.

religieuses de l'astrologie de l'hermétisme oriental, le culte des divinités des décans résidant dans les trois divisions des faces de chaque signe. C'est ainsi qu'on modifia la structure ptolémaïque de l'astrologie arabo-latine d'après laquelle les signes indiquaient seulement la position physique des planètes, simples astres naturels dans la division mathématico-abstraite des douze signes zodiacaux. L'œuvre de Manilius n'était pas connue au Moyen Âge et son manuscrit a été découvert soit par l'humaniste Poggio Bracciolini pendant le Concile de Constance (1414-1416) soit par Lodovico Beccadelli, dit le Panormite, et il a été publié à Paris par Jules César Scaliger en 1579. Manilius y partageait le fatalisme astral des Stoïciens et leurs doctrines cosmologiques.

Toutes ces doctrines astrologiques du monde romain débouchèrent sur la réélaboration par Laurent Bonincontri du monde céleste dans son grand poème cosmologique, l'*Urania*, qui fut publié à titre posthume par Jean Pontano. Poète, homme de lettres, latiniste raffiné, diplomate, Jean Pontano (1429-1503) demeura à Naples au service des ducs d'Aragon, Alphonse et Ferdinand, jusqu'à l'invasion française. Il s'était lié d'amitié avec l'humaniste Laurent Bonincontri en partageant avec lui ses intérêts pour la science de l'astronomie classique gréco-romaine de Manilius, qu'ils avaient enrichie de leur connaissance de l'astrologie médiévale. Pontano écrivit lui aussi un important commentaire au *Centiloque*, dont circulèrent plusieurs rédactions, et où il défendait la légitimité des prévisions astrologiques avec les arguments traditionnels, mais en tenant compte aussi du succès grandissant des idées du *corpus hermeticum* de la fin du XVe siècle. Selon l'idéal de l'astrologie romaine, Jean Pontano estimait que la connaissance de l'influence des astres libérait les hommes de leur fatalité. Le savant pouvait s'en emparer et en tirer profit. Son commentaire se présente aussi comme un texte de médecine astrologique avec des traits accentués de magie, puisés dans son interprétation du *Centiloque*, où il exhume les qualités magiques thérapeutiques des images célestes et des amulettes astrologiques qui avaient été rayées des commentateurs des siècles précédents par crainte d'être accusé de sorcellerie. Il tend à accentuer le caractère magique de l'astrologie hermétique, ce que va soutenir avec force Cornelius Agrippa au siècle suivant [1].

Le rapport entre la ville (qu'il s'agisse de la commune, de l'oligarchie, ou du gouvernement indirect de Laurent) et l'astrologie, paraît un peu différent de celui des autres centres universitaires d'Italie, comme Bologne, Padoue ou Pavie, où l'astrologie était enseignée dans les facultés des arts, philosophie et médecine. Elle était mise à l'honneur dans les Seigneuries, comme chez les Este à Ferrare, les Montefeltro à Urbino, les Visconti ou les Sforza à Milan, les Carrara à Padoue ou à la cour pontificale, chez les papes et les cardinaux. Au XIIIe et au XIVe siècle, les membres des familles nobiliaires florentines avaient l'habitude de faire établir leurs génitures et la Commune voulait

1. Cornelius Agrippa, *De occulta philosophia libri tres*, éd. V. Perrone Compagni, Leiden-New York-Köln, Brill, 1992.

connaître l'élection du moment le plus favorable pour engager une action, surtout militaire, ou bien pour entreprendre la pose de la première pierre d'un édifice. À Florence, on a conservé la géniture de la fondation de la ville sous le signe du Bélier à la Bibliothèque Laurentienne. Laurent était certainement au courant de la coutume nobiliaire comme celle d'Agostino Chigi qui, en 1466 à Rome, avait fait représenter en une fresque sa géniture dans la salle de Galatée de la villa Farnèse. Le pape Léon X fit lui aussi dresser sa géniture. Pierre Valeriano, homme de lettres et historien, auteur du *De infelicitate litterarum*, raconte que François Priuli avait divulgué cet horoscope en faisant connaître ainsi plusieurs secrets du pape. Louis Guicciardini, le frère de François, le grand historien, a fait dresser par le célèbre mathématicien et astrologue Robert Malatesta, comte de Sogliano, un horoscope de l'année 1482 qui suscita l'émerveillement à cause de l'exactitude des prévisions mais aussi la colère de tous les adversaires convaincus de la médiocrité de cette science. Mais à Florence, nul autre que le grand mathématicien Paul Dal Pozzo Toscanelli, un des amis de Nicolas de Cues, n'avait son pareil pour dresser des horoscopes pour ses parents et amis. Son œuvre témoigne de la grande incertitude concernant la qualité scientifique de l'astrologie ; art ou science, dans tous les cas, c'était l'aspect pratique de l'astronomie qui comptait le plus.

Laurent de Médicis, comme tous les nobles de son époque, s'entourait de médecins et d'astrologues qui avaient la même fonction, mais il se méfiait sans aucun doute de toute prévision astrologique. Il n'avait pas confiance dans le jugement astrologique car, avec son douloureux réalisme saturnien, son sceptisme radical, il n'avait pas besoin d'une astrologie consolatrice comme celle de Marsile Ficin, pour accepter la roue de la fortune et l'alternance des événements. Laurent savait qu'il était saturnien parce que Marsile Ficin[1], en parlant du signe du Capricorne et des Saturniens, l'avait célébré comme le plus grand des saturniens, plaçant parmi eux Platon, Pic de la Mirandole, tous les membres de l'Académie Platonicienne de Florence et lui-même. La figure de Laurent nous échappe à cause des aspects multiples de sa personnalité : chrétien et platonicien par idée ou par convenance, il était en réalité un épicurien célébrant la volupté et relativement indifférent sur le plan religieux. On peut lire ses réflexions à ce propos dans l'un de ses textes en prose, le *De summo bono,* où il écrit que tous les hommes naissent avec un appétit naturel de bonheur auquel ils tendent, qu'ils cherchent pendant toute leur vie sans jamais l'atteindre. Néanmoins il exprime sa vision astrologique dans sa *Chanson des sept planètes* (1490)[2]. Il croyait en la physionomie des « enfants

1. Marsile Ficin, *Opera*, Bale, 1576, p. 928 ; R. Klibansky, E. Panofsky, F. Saxl, *Saturno e la malinconia*, Torino, Einaudi, 1982, p. 257. On raconte que, de Laurent, circulait à Florence un faux horoscope de sa date de naissance, et qu'il était fier de sa naissance saturnienne le 1 er janvier 1449 au point de s'être fait représenter, dans l'un de ses célèbres portraits, avec un anneau où figure le signe du Capricorne, domicile de Saturne.

2. P. Orvieto, introduction à Lorenzo de' Medici, *Canzoniere*, Milano, Mondadori, 1984.

des planètes » et en a décrit les effets selon les traits traditionnels des enfants de Saturne, de Jupiter, du Soleil, de Mars et de Mercure. C'est à part qu'il situe la célébration des deux Vénus, la Vénus du signe du Taureau (ou *Venus Flora*, déesse du printemps) et la Vénus des plaisirs supérieurs, qui est la Vénus du signe de la Balance. Elle guide doucement le temps et nous invite tous à quitter les pensées tristes, les différentes douleurs, et à vivre gaiement en quête du plaisir. Cette lecture place le texte de Laurent dans la mouvance des traités de physionomie de son époque[1]. Mais Laurent n'aurait jamais consulté un astrologue pour avoir un avis tiré de sa *Physiognomie*. Néanmoins il tenait à sa Cour un medecin, un astrologue et un philosophe renommé, Pierre Léon de Spolète[2].

À la fin du XVe et pendant le XVIe siècle, les pronostics astrologiques ont été l'un des moyens par lesquels les sympathisants du renouveau politique ou religieux ont essayé d'affirmer leurs idées en faisant de la propagande pour exiger une *renovatio* de l'Église et des États contre la menace turque. En 1450, la prise de Constantinople par les musulmans alimenta ce genre de littérature. Le pronostic dressé en 1480 par le médecin et astrologue ferrarais Antoine Arquato, docteur ès arts et médecine, prévoyant la destruction de l'Europe (*De eversione Europae*, à l'intention du roi Mathias Corvin), eut un ample retentissement à l'annonce de plusieurs événements qui se produisirent : l'arrivée d'un grand hérésiarque, le sac de Rome, la défaite des turques de Soliman II, les conquêtes espagnoles. Pendant longtemps on a cru qu'il s'agissait d'un faux jusqu'à ce que, récemment, on ait retrouvé[3] un commentaire écrit à plusieurs mains du *De iudicio de eversione Europae*, édité entre 1493 et 1494, imprimé également au XVIIe siècle[4]. Antoine Arquato écrivit aussi un autre pronostic pour l'année 1494, imprimé à Ferrare en décembre 1493, et un pronostic pour l'année 1495.

Dans les cours seigneuriales les plus importantes d'Italie (à Ferrare, Mantoue, Bologne, Naples), un des astrologues humanistes les plus importants d'Europe fut Luc Gaurico de Salerne, mort en 1558, à qui le pape Paul III commanda un projet pour la réforme du calendrier des années 1535 et 1548. Mathématicien compétent, il écrivit le *Tetragonismus* et le *Libellus de arcu et sinu*, révisa les *Éphémérides* de Regiomontanus (1533) et publia en 1551

1. Michel Savonarola, *Speculum physiognomie*, Venise, ms. cit.

2. Il est l'auteur d'un commentaire aux traductions par Marsile Ficin du *De secta pythagorica* de Jamblique et du *De locis mathematicis* de Théon de Smyrne, copiées par Elie del Medigo et ayant appartenu à Pic de la Mirandole. Laurent ne le consulta jamais comme astrologue. Voir R. E. Lerner, « The Prophetic Manuscripts of the "Renaissance Magus" Pierleone of Spoleto », dans *Atti del Convegno internazionale di Studi Giacomiti (17-21 settembre 1989)*, Genova, Marietti, 1991, p. 97-116.

3. E. Garin, *Antonio Arquato*, *Dizionario biografico degli italiani*, Roma, Institute dell Enciclopedia italiana, 1962, p. 299-301.

4. *Id.*, « Il pronostico dell'Arquato sulla distruzione dell'Europa », dans *L'età nuova : recerche de storia della cultura dal 12 al 16 secolo*, Napoli, Morano, 1969, p. 81-112.

quelques *Opuscules de physiognomie* et les *Axiomata chyromantie*; il fut aussi l'auteur de quelques *Prévisions* sur les éclipses du soleil et de la lune (*Predictiones super omnibus futuris luminaribus*), d'un traité de caractère théorique de médecine astrologique sur les jours critiques (*Aphorismi* ou *Axiomata super diebus criticis*) et d'un intéressant dialogue en 12 livres sur les *Humores melanconici*. Luca Gaurico engagea une querelle sur les principes de l'astrologie médicale, *De diebus criticis*, avec le poète péripatéticien de Vérone Jérôme Fracastoro (1476/78-1553) l'auteur du traité *Homocentrique* (1538), qui soutenait que les phases lunaires étaient les causes des jours critiques [1]. Gaurica compila en 1552 le *Tractatus astrologicus sive genitures* qui fut soumis à un sévère contrôle et fut condamné dans l'*Index des livres interdits* (1558), ainsi qu'un *Traité d'astrologie judiciaire*, véritable manuel de vulgarisation populaire de génitures, qui connut plusieurs éditions.

Malgré la censure, ses horoscopes des plus importantes familles princières de l'époque, depuis les Gonzague jusqu'aux Farnèse, Bentivoglio, et Della Rovere, eurent une résonance mondiale tout comme ses *Pronostics* annuels, véritables *Almanachs* prophétiques, à partir de 1497. Il y prévoyait le déluge de 1524, annonçait la naissance d'un faux prophète et une réforme générale de l'Église en 1535, et, dans son *Oratio de inventoribus, utilitate et laudibus astronomiae*, il pronostiquait l'apparition d'une nouvelle maladie inconnue, qu'on appelait alors « mal gallique ».

LES DÉLUGES UNIVERSELS ET LES RÉVOLUTIONS CATASTROPHIQUES

Dans toute l'Europe, l'année 1488 fut marquée par de grandes controverses astrologiques sur les révolutions universelles, sur deux sujets principaux : l'annonce des catastrophes naturelles et d'éventuels changements politiques et religieux [2]. Le pronostic de Johannes Stoeffler [3], son *Almanach nova plurimis annis* (imprimé à Ulm en 1499), où il prévoyait pour le 25 février 1524 un déluge catastrophique par la grande conjonction de Mars et Saturne, déchaîna une controverse acharnée qui s'engagea entre catholiques et proto-protestants sur l'annonce de la venue d'un réformateur de la religion.

1. Il composa aussi un petit poème *Syphilis sive de morbo gallico sive « mal francese »* et un *De contagione morbis*, Verona, S.N. de Sabbio, 1530.

2. P. Zambelli, « Fine del mondo o inizio della propaganda », dans *Scienze, credenze occulte, livelli di cultura, Atti del Convegno Internazionale di Studi*, Firenze, Olschki, 1982, p. 293-311.

3. G. Federici Vescovini, « Johannes Stoeffler », dans *Bibliographical Encyclopedia of Astronomers*, New York, Springer Science Verlag, 2007, *ad vocem*; *cf.* J. North, « The Western calendar... four Centuries of discontent », dans G. V. Cogne *et al.* (eds), *Gregorian Reforme of the Calendar*, Città del Vaticano, Specula Vaticana, 1983, p. 75-111.

Ainsi entre 1470 et 1521, l'astronome Georg Spalatin[1] écrivit un *Iudicium* prévoyant la naissance d'un faux prophète en 1521, se rapportant au pronostic de Johannes Lichtenberger, fondé sur la grande conjonction de novembre 1484 de Jupiter et de Saturne avec Mars en Scorpion, aggravée en 1485 par l'éclipse du soleil. La prévision de Spalatin ne concordait pas avec celle de Johannes Lichtenberger, qui était bienveillante et ne se prononçait pas sur la nature vraie ou fausse de ce prophète. Les protagonistes de cette querelle furent nombreux, mais les plus renommés furent Johannes Lichtenberger et Paul de Middlebourg, astrologue à la cour de Léon X et de Paul III, auteur de *Paulina de recta Paschae celebratione*, contenant les calculs pour la réforme du futur Calendrier Grégorien. La vérification de la conjonction pronostiquée fut d'une certaine façon à l'origine de la première campagne de propagande politico-religieuse de l'époque moderne.

Né en Rhénanie en 1440 et mort en 1503, Johannes Lichtenberger publia en 1471 un écrit sur l'apparition de la comète de 1468[2]. Nommé astrologue impérial (1473-1476) à la cour de Frédéric III, il encourut en 1492 les accusations de l'Inquisiteur Iacob Spengler, à la demande du Collège de la Faculté de Théologie de Cologne. Spengler était l'auteur avec Heinrich Kramer du terrible « Marteau des sorcières », *Mallaeus maleficarum,* homologué par Innocent VIII avec la bulle *Summis desiderantes* de 1484, ce qui allait déclencher la chasse aux sorcières inquisitoriale et ensanglanter l'Europe tout au long du siècle suivant. Johannes Lichtenberger fut toutefois sauvé grâce à l'intervention de Jeanne, la Comtesse Palatine. La prévision de Johannes – *Pronosticatio rara et prius non audita*, rédigée le 1 er avril 1488, où il avait copié presque en entier le *Pronosticatio ad viginti annos duratura* de Paul de Middlebourg (Cologne, 1484), lui valut des années de tourment suite à la réaction de Paul, qui l'accusa de plagiat et d'incompétence dans son *Invective contre un certain astronome superstitieux.* Cette querelle, commencée lors de la première grande conjonction de Mars et Saturne en 1473, qui avait été décrite par Jean de Indagine (Johannes von Hagen), se poursuivit en 1488 par les autres querelles sur les conjonctions précédentes (1484 et 1485) ce qui entraîna, à la cour de l'empereur Frédéric III, celle de l'année 1524 sur le déluge, et enfin la grande discussion sur l'arrivée d'un réformateur ayant un grand retentissement en Europe.

Le style de Lichtenberger correspondait à un modèle littéraire qui eut un certain succès, précédé de citations des prophéties de la Bible, des *Giacomiti* (la secte des suiveurs de Joachim de Flore), des ordres religieux. En tant que croyant catholique, pour lequel les astres agissent sur le corps et non sur l'âme, il affirme que le transit en 1484 de Jupiter, Saturne et Mars dans le signe du

1. I. Hoess, *George Spalatin and Astrologers*, dans P. Zambelli (ed.), « *Astrologi hallucinati* », *Stars and the Word in Luthet's Time*, Berlin-New York, Walter de Gruyter, 1986, p. 123-127.

2. D. Kurze, « Popular Astrology and Prophecy in the fifteenth and sixteenth Century », dans *Astrologi hallucinati*, *op. cit.*, p. 177-193.

Scorpion, aggravé par l'éclipse du soleil de 1485, annonçait selon les *Prophéties du Christ Juge*, la division de l'humanité en trois ordres : la papauté, l'empire et les peuples. Or le pape n'était pas sujet à l'influence des astres, mais seulement à l'action de Dieu. L'ambiguïté de cette prophétie permit aux protestants et aux catholiques de l'interpréter selon leurs visées apologétiques pour ou contre la réforme de Luther. Lors de la Diète de Worms, en 1521, dans une gravure accompagnant l'un de ces horoscopes, on voyait un moine habillé en blanc avec un diable sur son épaule, qu'on identifia à Luther. Ce pronostic fut publié plusieurs fois et Luther, en exploitant sa popularité, écrivit une préface pour l'une de ces éditions dans le but de discréditer Thomas Müntzer, l'agitateur de la révolte paysanne, qui lui était bien, à son avis, le faux prophète qu'on pouvait identifier sur la base de la description du pronostic de Lichtenberger.

Paul de Middlebourg (1445-1533), hollandais ayant étudié à Louvain, était un grand mathématicien, célèbre aussi bien pour ses écrits sur la réforme du calendrier à l'initiative de Léon X que par les discussions de ses pronostics (en particulier celui de l'année 1474). Ce n'était nullement un astrologue catastrophiste, malgré sa prédiction de 1474 qui suscita une discussion avec Agostino Nifo, en plus de celle avec Johannes Lichtenberger. Nifo, dans son *De falsa diluvii prognosticatione* (Naples, Jean Pasquet de Sallo, 1519) contestait à Paul de Middlebourg la chronologie des débuts de la nouvelle épidémie de syphilis. Il critiquait la date de sa survenue, qui d'après lui était plus récente, alors que pour Paul il s'agissait de 1484, alors qu'il l'avait prévue à l'avance en 1483 car la maladie s'était déjà amplement propagée.

À propos du pronostic universel de 1524, Paul rééquilibra les dimensions du déluge : ces débordements des fleuves (celui du Tibre et du Po en Italie, ou du Rhône et du Rhin en Allemagne, ou bien les flux et reflux de l'Océan en Angleterre et aux Pays Bas, ou bien encore les inondations du delta du Nil) étaient naturels. Ses discussions avec Johannes Lichtenberger portaient seulement sur des événements naturels (maladies, désastres météorologiques), même si les conjonctions rentraient dans la casuistique prophétique des conjonctions universelles. Elles firent école, contribuant au XVe siècle aux modèles de la tradition scientifique médiévale, existant alors de manière confuse : l'un, physique, par le calcul mathématique des mouvements des astres, l'autre, divinatoire et religieux, confirmé par des prophéties bibliques.

Les astrologues professionnels aux cours d'Europe

Au XVe siècle, on assista dans tout le Centre et l'Est de l'Europe, en Italie, dans l'Empire germanique, jusqu'en Hongrie, à la prolifération d'astrologues professionnels qui rédigèrent chaque année de nombreux traités d'astronomie et de mathématique astrologique, des *Tables des éphémérides*, des calendriers lunaires, des pronostics ou *Iudicia*, sur les années en cours. On peut expliquer ce phénomène en invoquant plusieurs raisons soit théoriques, soit institutionnelles, politiques et religieuses ; en Italie, grâce à l'intégration de l'étude de l'astronomie astrologique dans l'enseignement des Facultés des Arts, pour autant qu'il n'y avait aucune opposition institutionnelle entre la faculté de Théologie et la faculté des Arts et de Philosophie. Il n'y eut jamais de véritable conflit entre les universités et les cours princières car les astrologues jouissaient de la faveur générale (sauf à Paris). À cette époque on acceptait sans réserve la doctrine de l'influence astrologique non seulement du point de vue physique ou médical, pour les formes vivantes, mais aussi dans le cadre de la vie pratique, pour les orientations politiques. En effet, les Collèges théologiques, par exemple à Padoue et à Bologne, n'eurent pas de pouvoir de contrôle doctrinal sur les universités des communes ou des duchés, alors que la faculté de théologie de Paris en exerça un. En Italie, ce pouvoir appartenait seulement au pape, les tribunaux de l'Inquisition lui étant subordonnés [1]. L'engouement pour l'astrologie ne fut pas un phénomène purement populaire et folklorique, mais il relevait de la plus haute culture, les astrologues embrassant la culture humaniste.

En fait, la position acquise par l'astrologue d'abord en Italie, puis dans l'Europe centrale apparaît sans aucun doute plus importante qu'en France et en Angleterre [2]. Au XVe siècle le statut social et l'influence potentielle des professeurs d'astrologie et de médecine à Padoue, Pavie, Ferrare, Augsbourg, Leipzig et Cracovie, maîtres à penser officiels des universités et des villes, ne pouvaient pas être comparés à la condition modeste de leurs homologues anglais et français, mal payés et très souvent cantonnés dans l'ombre de l'hospitalité du roi [3].

À Paris, malgré l'indéniable passion personnelle de Charles V pour la divination astrale, ce n'est qu'en 1451 qu'un personnage apparut à la Cour, qualifié comme astrologue et rémunéré en tant que tel, et non plus sous l'étiquette de

1. R. Kieckhefer, « The Office of Inquisition and Medieval Heresy. The transition from a Personal to an Institutional Juridiction », *Journal of Ecclesiastical History*, 468, 1995, p. 36-61 ; A. Boureau, *Le pape et les sorcières : une consultation de Jean XXII sur la magie en 1320*, Rome, École française de Rome, 2004 ; *cf.* G. Federici Vescovini, *Le Moyen Âge magique*, *op. cit.*, p. 165-179.

2. W. Deimann *et al.* (eds), *Astrologers and Theirs Clients in the Medieval and Early Modern Europe*, Köln, Bölau Verlag, 2015.

3. M. Preaud, *Les astrologues à la fin du Moyen Âge*, Paris, Lattes, 1984.

médecin[1]. Avant cette date, la littérature des pronostics d'origine française était moins riche, comprenant un recueil de prévisions annuelles des années 1426-1427, des brouillons anonymes de questions et réponses regardant Henri VI roi d'Angleterre et de France, le duc de Bedford, régent du royaume en s'inscriant dans un contexte politique et militaire. Le seul astrologue à avoir eu une certaine renommée par son activité littéraire était Pèlerin de Prusse qui, à l'intention du futur roi Charles V, avait traduit en francais l'*Introductorius* (*Ysagoga*) d'Alkabise, et rédigé *La pratique de l'astrolabe*, en complétant son œuvre par un petit cahier contenant cinq carrés astrologiques (les *Horoscopes* de Charles V et de ses enfants). En 1361, Pèlerin de Prusse avait rédigé pour le Dauphin Charles un calendrier lunaire qui eut un certain succès.

Mais c'est donc en 1451 qu'un individu put se targuer, pour la première fois, du titre d'« astrologue du Roy », et non seulement de médecin, réalisant ainsi une consécration politique officielle de l'astrologie. Ce premier astrologue officiel fut Arnoul de la Palu, avec deux autres astrologues attitrés à la Cour de Louis XI. Cette présence constitua aussi bien un service de luxe, la marque d'une volonté de prestige, que l'affirmation d'une relative indépendance d'esprit du Roi par rapport à l'Église, elle-même hostile à l'aspect divinatoire de l'activité des astrologues.

En effet la Faculté de théologie de Paris exerça longtemps un contrôle continu sur l'activité des astrologues, toujours susceptibles d'être accusés de magie. En 1398, le Collège des professeurs de la faculté de théologie de Paris avait énoncé, le 11 septembre, une *Determinatio magistralis*[2] : un Décret qui condamnait Jean de Bar (peut-être alors médecin du roi) pour magie et idolâtrie. Par rapport à la divination magique astrologique, il n'aurait pas suivi l'orientation du *Speculum astronomiae* en distinguant de la philosophie naturelle (la « véritable astrologie ») de la magie cérémonielle interdite, assimilée à l'idolâtrie. En revanche, les astrologues attachés aux cours et leurs clients princiers n'avaient pas à redouter la censure de l'Église lorsqu'ils ne sortaient pas du cadre le plus courant de leur activité, celui de la confection des almanachs et du choix des jours favorables à la saignée ou à l'administration du purgatif. En tout cas, le statut officiel de l'astrologue à la Cour de France oscillait entre le rôle d'un spécialiste de la prévision de l'avenir (une aide nécessaire à l'art de gouverner) et la fonction de médecin, l'astrologie continuant à jouer le rôle minimal d'une science auxiliaire de la médecine et de la politique.

On trouve un témoignage extraordinaire du discours astrologique à l'intention des princes avec le *Recueil des plus célèbres astrologues* – ou *Elucidarium* – de Simon de Phares[3], qui rédigea aussi des horoscopes et un traité

1. J.-P. Boudet, *Entre science et « nigromance », Astrologie, divination et magie dans l'Occident médiéval* (*XII*e*-XV*e *siècle*), Paris, Publication de la Sorbonne, 2006, p. 299-311.

2. G. Federici Vescovini, *Le Moyen Âge magique*, *op. cit.*, p. 179-80.

3. J.-P. Boudet, « Simon de Phares et l'astrologie à Lyon à la fin du XVe siècle », *Lyon cité des Savants*, Paris, Champion, 1988, p. 17-29.

sur la comète en 1472. De retour en France en 1484, à la Cour de Charles VIII, Simon y gagna une grande estime pour ses jugements, suscitant l'envie et la médisance à la Cour, où l'on murmurait qu'un « esprit » domestique soufflait ses réponses à l'astrologue. Dans son *Recueil*, Simon de Phares décrit les dernières années du roi Louis XI, de Charles V et de Charles VIII [1] qui fut son protecteur, s'inscrivant dans la répression à la suite des accusations de magie et de propagande politique, en estimant que l'astrologie concernait aussi la vie militaire contemporaine. Son recueil parut dangereux car ses prévisions avaient une certaine crédibilité, tandis qu'à la Cour les astrologues risquaient la censure lorsqu'ils sortaient de leurs domaines habituels – nativités, révolutions annuelles et almanachs lunaires.

Simon de Phares

Simon de Phares s'occupa aussi, sans toutefois y porter un intérêt particulier, de la controverse des grandes conjonctions du déluge universel et de l'avènement d'un prophète selon la *Pronosticatio* de 1488 de Johannes Lichtenberger, en restant dans le vague pour ce qui concernait particulièrement les régions de l'Allemagne et de l'Italie, en ignorant la controverse avec l'astrologue allemand Paul de Middlebourg au sujet du déluge prévu en 1524 d'après le pronostic de 1488, et en montrant que l'astrologie de Lichtenberger lui parassait délirante, permettant tous les niveaux de lecture possibles – y compris au sujet de la gravure représentant un moine avec un diable sur son épaule, interprétée comme étant Luther lors de la Diète de Worms. Le seul texte astrologique prophétique connu de Simon concernant les années 1480-1481 est la *Glose sur l'Apocalypse de l'Église jusqu'à la fin du monde* de Jean Nanni, appelé Annius de Viterbo [2], sur la venue de l'Antéchrist et la menace turque, où il avait identifié Mahomet avec l'Antéchrist et la bête de l'Apocalypse avec l'Islam.

Un témoignage de cette même controverse se trouve dans l'œuvre de Jean Thénaud, astrologue de famille royale de François I er. Moine cordelier, abbé de Mélinais, dit « le pèlerin » après un voyage en Terre Sainte, versificateur de la cabale dans sa *Cabale métrifiée* qu'il offrit à François Ier, Jean Thénaud rédigea plusieurs ouvrages, presque tous inédits (hormis la *Cabale métrifiée*), la nativité du Dauphin François en 1518 et de toute la famille royale, ainsi que la prévision d'un déluge universel pour l'année 1524 lors d'une grande conjonction d'au moins seize planètes dans le signe des Poissons. Celle-ci était dédicacée au roi : *Trois résolutions ou sentences, c'est à savoir de l'astrologue,*

1. E. Wieckersheimer, *Dictionnaire biographique des médecins en France au Moyen Âge*, Génève, Droz, 1929, p. 157-202 ; *Supplément du Dictionnaire*, éd. D. Jacquart, Génève, Droz, 1979.

2. Annius de Viterbe (1473-1502), dominicain, humaniste, érudit, faussaire, doué d'une incroyable habilité de contrefaçon de documents de l'histoire de Viterbe, tel que ses *Glose sur l'Apocalypse*, fiables pièces d'origine antique de la ville des Papes, qui eut un ample retentissement par les éditions incunables malgré ses fautes, dont Simon de Phares avait soupçonné les duperies.

du poète et du théologien sur les grandes conjonctions, moyennes et petites qui se font au signe du Poisson l'an 1524[1]. En résumant cette discussion du déluge universel de 1524, il ajoute des prévisions différentes de celles d'Albert Pigghe, mathématicien, astrologue humaniste et théologien de Louvain, ayant publié à Paris une *Défense de l'astrologie contre les pronostications annuelles et contre la prédiction de 1524, fondée sur les grandes conjonctions*, dédicacé à Agostino Nifo. Il partageait l'exigence de Nifo d'une réforme de l'astrologie et il était lui aussi l'auteur d'un pronostic pour l'année 1524, *De falsa diluvi pronosticatione*, qui entraîna à son tour une discussion avec Paul de Middlebourg. Il s'agit du récit d'un pèlerin effrayé par les lamentations d'un astrologue craignant le déluge universel causé par la grande et méchante conjonction des Poissons, à l'origine de la destruction de l'humanité. Une controverse s'engagea par suite de la participation d'un autre astrologue sur le cataclysme universel, réduit à des pluies abondantes et des inondations[2].

À la Cour de Paris, Catherine de Médicis (1519-1589), fille de Laurent II duc d'Urbino et de Madeleine de la Tour d'Auvergne – dont le pape Clément VII, son tuteur, avait décidé le mariage avec Henri II – devient à la mort de son mari, puis à celle de son fils aîné François II, Reine de France et tutrice de l'héritier, le jeune Charles IX. Elle s'entoure d'astrologues, tel que Nostradamus, de savants humanistes, de philosophes et aussi d'exilés italiens, surtout florentins, ayant comme médecin de confiance le médecin astrologue Augier Ferrier (Toulouse, 1513-1588). Ami de l'humaniste et philosophe Jules César Scaliger, qui était arrivé en France à la suite d'Antoine de la Rovere, évêque d'Angers en 1542, Ferrier cultivait l'astrologie médico-galénique dans ses traités *Les jours critiques selon l'observation de la doctrine astronomique pythagorique*, et *Les Jugements astronomiques sur les nativités* (Lyon, J. De Tournes, 1582, Lyon, N. Lescuyer, 1583).

Nostradamus

Michel de Nostredame, dit Nostradamus, acquit aussitôt son crédit d'astrologue prophétique auprès de Catherine par sa prévision très détaillée des circonstances de la mort accidentelle du roi Henri II, quatre années avant que l'événement ne se produise. Dans sa *Centurie 1*, premier quatrain n. 35, rédigée entre 1555 et 1557[3] et éditée ces mêmes années, Nostradamus avait écrit que le roi mourrait à cause d'un accident « en champ de guerre, par singulier duelle » et comme le premier vers était « le lion jeune le vieux surmontera » on crut que l'astrologue avait bien désigné le régicide involontaire, Gabriel de

1. A.-M. Lecoc, « D'après Pigghe, Nifo et Lucien. Le rhétoriqueur Jean Thénaud et le déluge à la Cour de France », dans *Astrologi Hallucinati*, *op. cit.*, p. 215-237.

2. *Ibid.*, p. 220-23.

3. Nostradamus, *Les premières Centuries ou Prophéties*, éd. Macé Bonhomme, Lyon, 1555, *Édition et Commentaire de l'Épître à Cesare de 335 premiers quatrains*, éd. P. Brind'Amour, Genève, Droz, 1996.

Montgomery, parce que dans ses insignes il y avait un lion. Le roi avait en outre été blessé à un œil au travers de son casque, alors qu'on lit au troisième vers « dans cage d'or les yeux lui crèvera ».

Né à Saint-Rémy, en Provence, Michel de Nostredame (1503-1566), médecin et astrologue, savant en latin, en grec et en hébreu, avait acquis une renommée générale lors de la terrible épidémie de peste qui bouleversa la France, en soignant avec succès les malades par des normes hygiéniques et des traitements d'herbes. Il écrivit son œuvre fondamentale les *Centuries* – ou *Prophéties* – en partie en 1555 (première édition; d'autres parurent après sa mort en 1568) avec des expressions cryptées et obscures, peut-être en raison d'un souci d'orthodoxie. On a écrit à tort et à travers sur cet ouvrage, qui est un Almanach ou un calendrier astrologique universel des grandes ou petites conjonctions médiévales, suscitant beaucoup de questions: était-il un magicien, un halluciné, un charlatan, un savant, un mélange de science et de foi en un Dieu qui inspire à un homme, l'esprit de la prophétie[1]? On a la réponse de Nostradamus dans deux lettres, l'une au roi Henri II et l'autre à son fils[2] César, affirmant que le prophète lorsqu'il parle en philosophe et en savant, applique la connaissance des causes de l'astrologie judiciaire, dont découlent les vérités inscrites dans le ciel. Il explique avoir connu tous les livres sur ce sujet, mais aussi qu'il les a brûlés pour ne pas « mettre l'âme en perdition ». Ces œuvres présentent beaucoup de difficultés de compréhension, enracinées dans la doctrine des grandes conjonctions de l'astrologie arabo-latine médiévale et présupposant une solide compétence mathématique. À l'époque de Nostradamus, c'étaient les nativités individuelles, les pronostics journaliers (ou calendriers du jour), les interrogations horaires et les choix des moments favorables qui étaient très diffusés, alors que la pratique de l'astrologie conjonctionniste ne s'était répandue qu'au moment des épidémies, des crues, des réformes de l'Église, principalement en Italie et en Allemagne grâce aux grands mathématiciens et aux astrologues de ces nations. Cependant, la compréhension des *Centuries* ne dépend pas seulement de la connaissance de cette technique mais aussi de ce qu'il faut entendre. Dans cette casuistique, il n'est jamais question d'avoir recours aux visions surnaturelles propres aux magiciens ou aux faux prophètes qui ont favorisé une adaptation de l'astrologie ptolémaïque-grecque-arabe à la magie et à la religion.

1. Nostradamus, *Settimo millennio*, éd. L. Sanpietro, Casale Monferrato Piemme, 1999, p. 45.

2. *Id.*, *Les Prophéties* (*Centuries* VIII-IX-X), 1555 et 1557, éditions photostatiques, Paris, Michel Chomarat, 1983.

En Europe à la cour des rois d'Angleterre, la situation était analogue avec davantage de médecins astrologues. C'est surtout pendant le règne de Richard II (1377-1399), mais aussi auprès de ses successeurs, que les astrologues jouirent d'une grande faveur à la cour. L'astrologie s'affirma en Angleterre comme en France en tant que moyen de prévision venant en aide à l'analyse politique et militaire du souverain, et en ce sens sa fonction était évidente. C'est pourquoi, soit en Angleterre soit à Paris, les astrologues exercèrent un pouvoir politique dans les luttes de pouvoir à l'intérieur de la Cour. Dans la péninsule ibérique, la faveur dont jouissaient les astrologues de cour entre le XIIIe et le XVIe siècle fut toujours dans la ligne politique d'Alphonse X de Castille, qui avait accordé sa protection aux savants juifs tels que Abraham Zarsal[1].

1. A. de Los Rios, *Historia sociale*, Madrid, Aguilar, 1960.

CHAPITRE IX

LES NOUVELLES MISES À JOUR DU SYSTÈME DE PTOLÉMÉE

Entre le XVe et le XVIIe siècle, des astronomes avertis, Georg von Peuerbach, Kaspar Peucer, Johannes Müller (Regiomontanus), Tycho Brahé, puis Nicolas Copernic se sont appliqués à mettre à jour le système mathématique de Ptolémée à l'aune des *Tables* rédigées d'après leurs observations plus sophistiquées, où le firmament ne correspondait plus au texte officiel de la *Théorie des planètes* de Gérard de Crémone.

En corrigeant toutes ces tables, on en revint en particulier à plusieurs questions déjà repérées avec perspicacité et discutées précédemment par Pierre d'Abano, qui lui aussi s'appuyait sur les corrections des astronomes arabes anti-aristotéliciens de l'école de Maghara dans son *Lucidator*. Une de ces questions concernait la position de la lune immédiatement au dessus du soleil, laquelle n'expliquait pas la parallaxe entre Vénus et Mercure, qui avait déjà été observée au XIIe siècle par Geber Ibn Aflah et présentée dans son *Traité d'Astronomie*[1]. Il s'agissait de la mesure de la variation du diamètre apparent de la lune par rapport au soleil, et c'est à cause de cette anomalie que Pierre d'Abano, en commentant le texte de Geber, dans la *Différence* VI de son *Lucidator*, avait déplacé comme ce dernier la position de ces planètes en situant le soleil au centre. C'est cette disposition des planètes que vont reprendre les astronomes du XVe siècle et qui est un prélude à l'héliocentrisme[2].

Georg von Peuerbach (1423-1461), sollicité par le cardinal Bessarione, avait déjà commencé à écrire une nouvelle *Théorie des planètes*, mais à cause de sa mort prématurée cette tâche fut ensuite confiée à son élève, Regiomontanus,

1. Jabir, *De astronomia libri IX*, Nuremberg, Giovanni Petreio, 1541 ; G. Federici Vescovini, *Pietro d'Albano. Trattati di Astronomia*, Paduvo, Editrice Programma, 1992 (2e éd.), p. 90, 91, 302, 309-324 ; « Petri Apiani Instrumentum sinuum », dans *Trattati di astronomia, op. cit.*, p. 302 *sq*.

2. Copernic a appris la théorie héliocentrique de Regiomontanus par son maître Antonio Maria Novara qui l'aurait appris à son tour par une lettre du même Regiomontanus. N. Swerdlow, « The Derivation ad first Draft of Copernicus's Planetary Theory. A Translation of the Commentariolus with Commentary », *Proceeding of American Philosophical Society*, 117, 1973, p. 445-450.

qui en 1496 fit paraître sa nouvelle traduction de la *Théorie* avec le titre *Epitome Almagesti*, dédicacée au cardinal. Nicolas Copernic s'associa lui aussi à ces astronomes dont les études aboutissaient à une critique générale des réformateurs aristotéliciens de Ptolémée, initiée par Alpetrage, et qui avait été poursuivie par ses adeptes contemporains tels que Jérôme Cardan et Thomas Campanella.

À l'aune de sa nouvelle rédaction des *Éphémérides* (que l'on utilisera jusqu'à la découverte du nouveau calcul), Johannes Müller dit Regiomontanus (1436-1476) plaça le soleil au centre des planètes, premier pas vers le système héliocentrique de Galilée, affirmant que cette découverte était due à sa connaissance de l'astrologie médiévale arabo-latine. En effet, dans son enseignement à l'université de Padoue, Regiomontanus ne lisait pas le *De caelo* d'Aristote, mais l'astronomie d'Al-Farghani ; et dans son introduction aux leçons d'astronomie prononcée devant ses élèves, l'*Oratio habita in praelectione Al-Farghani*, il commence par les noms des maîtres les plus compétents en mathématiques et en astrologie du Moyen Âge, énumérant après Pythagore et Boèce, les modernes parmi lesquels

> il ne faut pas oublier votre Pierre d'Abano de Padoue que la France admire *vehementer* pour sa génialité de philosophe et son excellente capacité à argumenter, témoignée par son *Lucidator* [1].

Néanmoins, aussi bien Regiomontanus que Copernic, lorsqu'il écrit son célèbre ouvrage *La Révolution des sphères célestes* en 6 volumes [2], ont gardé le système géocentrique de Ptolémée avec les excentriques et les épicycles tout en introduisant la centralité du soleil dans l'organisation des planètes. Après avoir perfectionné ce système par ses observations à l'aide de calculs mathématiques très complexes, Copernic n'a pas osé remplacer le système géocentrique par le sien, par crainte des interventions des autorités ecclésiastiques. Il est arrivé par la suite que, lors de la publication de son œuvre à Nuremberg l'année même de sa mort en 1543, l'auteur de la préface, Andreas Osiander, en préférant garder l'anonymat, craignant lui aussi les réactions ecclésiastiques, nuance l'importance des découvertes de Copernic en affirmant qu'il s'agissait de simples constructions mathématiques ne correspondant pas à la vérité. Sur une initiative du pape Paul III, l'intervention du mathématicien et astronome le plus important de l'époque, le jésuite Christophe Clavius [3] du Collège Romain,

1. Regiomontanus, *Oratio habita in Prelectione Al-Farghani* dans *Rudimenta astronomica Al-Farghani, Al-Farghani Elementa astronomie*, Nuremberg, 1537.

2. Nicolas Copernic, *Les révolutions des orbes célestes*, éd. A. Koyré, Paris, Alcan, 1934. E. Rosen, J. P. Verdet, H. Hugonnard-Roche (éd.), *Introduction à l'astronomie de Copernic*, Paris, Blancher, 1975 ; E. Rosen, *Copernicus and his Successors*, London-Rio Grande, The Hambledon Press, 1955 ; A. Pace, « Copernicus as a logician and natural philosophy », *Giornale critico della filosofia italiana*, XIII, 2017, p. 114-164.

3. Christophorus Clavius, *In sphaeram Iohannis de Sacrobosco commentarius*, Romae, Dominici Basal, 1591.

permit alors la justification du système de Copernic en invoquant la théorie selon laquelle l'astronomie était une science de vérités non pas réelles, mais seulement rhétoriques [1].

Tous ces astronomes pratiquaient l'astrologie judiciaire. Jean Kepler, dans un but religieux, en vint lui aussi à se servir de l'astrologie, le lendemain de l'apparition de la comète en 1606 en conjonction avec celle de Jupiter et de Saturne en Sagittaire, pour établir la date *De la véritable année de la naissance de notre Sauveur Jésus-Christ* (*De Jesu Christi Salvatoris nostri vero anno natalitio*). Il établit ainsi en 1614 que l'année de la naissance du Christ était l'an 5 av. J.-C., correspondant à l'année 41 du calendrier Julien, et que l'arrivée des Mages se produit par la conjonction maximale de Saturne et de Jupiter en cuspide du signe cardinal du Bélier, indiquant le changement du millénaire.

En France, les astrologues les plus fameux du XVIe jusqu'au début du XVIIIe siècle accueillirent favorablement les révisions du système géocentrique de Ptolémée sur la base des *Tables* mises à jour par Regiomontanus, qui donnaient plus de certitude mathématique à leurs pronostics, en permettant leur défense vis-à-vis des adversaires. C'est le cas de Jean-Baptiste Morin de Villefranche (1588-1656), médecin, astrologue, mathématicien titulaire en 1629 d'une chaire au Collège Royal, et théoricien de l'astrologie judiciaire. Celle-ci ayant été interdite par la papauté en 1586 puis en 1631, il ne l'enseignait pas – seule l'astrologie météorologique pouvait l'être. Il apparaît comme le premier astrologue scientifique moderne, ayant modifié l'ancien système géocentrique de Ptolémée à l'aide de celui de Tycho Brahé qui, à l'instar de Regiomontanus et de Copernic, avait déplacé l'ordre des planètes autour du soleil mais en gardant les sphères homocentriques. Jean-Baptiste Morin a cherché à perfectionner l'astronomie de Ptolémée dans son œuvre monumentale, l'*Astrologie gallique*, publiée à titre posthume [2]. Il écrivait aussi un livre autobiographique, *Ma vie devant les astres* [3], une narration de ses voyages en Europe, *Nova mundi sublunaris anatomia*, et en 1625 une apologie d'Aristote. L'*Astrologie gallique* visait à bâtir une nouvelle astrologie universelle de Ptolémée à l'aune des nouvelles tables en relevant toutes les erreurs des astrologues « délirants » arabo-latins du Moyen Âge qui avaient corrompu les divisions des douze signes du Zodiaque – et en développant des critiques fondées sur les meilleures connaissances des latitudes et des longitudes du globe grâce aux découvertes du Nouveau monde. En effet, l'astrologue se situant mentalement à l'équateur, les planètes deviennent des signes communs

1. J. Dietz Moss, *Novelties in the Heavens, Rhetoric and Science in the Copernican Controversy*, Chicago, Chicago UP, 1993, p. 215-286.

2. *Astrologia gallica principiis et rationibus proprius stabilita, Astrologia iudiciaria opera et studio Iohannis Baptiste Morin*, La Haye, Adrian Viacq, 1661 ; trad. fr. partielle J. Hieroz, *L'astrologie mondiale et metéreologique de Morin de Villefranche*, Paris, Leymarie, 1946, repr. Paris, Éditions littéraires, 1962.

3. Jean-Baptiste Morin de Villefranche, « Ma vie devant les astres », trad. fr. J. Hieroz, *Cahiers astrologiques*, 1943 (de l'édition 1660 chez la Librairie Jean Hunault).

à toutes les parties de l'univers. Il attaque violemment tous les astrologues modernes, les « corrupteurs », de Thomas Campanella à Cardan, mais surtout les arabes (excepté l'astrologie universelle d'Albumasar)[1], qui sont selon lui responsables du discrédit de l'astrologie par leur inexactitude.

Autre figure importante, le philosophe et historien Henri de Boulainvilliers (1658-1722), témoin de la controverse entre l'héliocentrisme de Galilée et le système aristotélicien adopté par l'Église romaine, est resté fidèle au système géocentrique dans son histoire de l'astrologie mondiale, *Astrologie mondiale* ou *Histoire du mouvement de l'apogée du soleil* ou *Pratique des règles pour juger les événements généraux*, publiée en 1711[2]. Il accepte la nouvelle position centrale du soleil parmi les planètes, en tant que pratique pour juger les événements universels du monde et individuels des génitures, dans son *Traité d'astrologie pratique* ou *Abrégé des jugements astrologiques sur les nativités*, en tirant le titre du manuel classique en 1550 en France d'Augier Ferrier[3].

Dans l'Occident, l'astrologie médiévale a donc fait partie de la culture générale jusqu'à Galilée et Newton. Le regard de l'homme vers le ciel ne s'est pas détourné de la voûte céleste tout au long des siècles, puisque les hommes et les astres formaient un tout compréhensible par l'astrologie de Ptolémée. Contrairement à une idée reçue, l'astrologie n'a pas disparu à cause de l'héliocentrisme de Galilée, dans la mesure où les astronomes modernes n'ont pas cessé de conserver le rapport avec la terre, qui n'est pas un système métaphysique ou religieux, mais physique ressortant des calculs des tables. Elle existe donc en fonction de son domaine d'application, la terre, lequel reste aussi dans le système héliocentrique. Avec la fondation en 1666 de l'Académie des Sciences, où il était interdit aux astronomes de se consacrer à l'astrologie, la rupture a été officiellement consommée. Après la chasse aux astrologues et aux charlatans, depuis les *Fables* de Jean de La Fontaine et les pièces de Molière, on peut lire cette rupture dans le début lapidaire de l'*Encyclopédie* de Diderot :

> Il ne peut y avoir Renaissance que par rapport à un âge de ténèbres, à un grossier *Medium Aevum*. Toute l'Europe était en grand désordre étant possédée par le ravage de la superstition des astrologues. Cette profession était fort commune. Et les plus grands hommes mêmes paraissaient avoir cru à l'astrologie[4].

1. Albumasar, *Flores*, Augsburg, Radtdolt, 1489 ; Venise, Sessa, 1515.

2. Henri de Boulainvilliers, *Astrologie mondiale*, éd. R. Simon, Garches, Éditions du Nouvel Humanisme, 1949.

3. Il avait aussi des intérêts historiques dans son *Histoire universelle de la France*, commençant depuis le premier âge du monde et depuis la Bible, jusqu'aux chroniques du Moyen Âge.

4. *Encyclopédie ou Dictionnaire*, Paris, Briasson, David Le Breton, Durand, vol. I, 1751, p. 783.

L'enterrement advient en réalité en 1796 par l'*Exposition du Système du monde*[1] de Pierre-Simon de Laplace et par le *Cours de Philosophie positive* d'Auguste Comte au XIXe siècle, dont le positivisme scientifique a été partagé par toute la cité savante.

De nos jours, l'approche de l'astrologie a été renouvelée grâce aux psychanalystes les plus célèbres du XXe siècle, Sigmund Freud et Carl Gustav Jung, puis par leurs disciples ainsi que de nouvelles écoles aux États-Unis. Ils ont modifié la psychologie aristotélicienne médiévale qui avait été transmise d'un siècle à l'autre. La psychologie d'Aristote ne connaissait que deux facultés : la passive, celle des sensations, et l'active, celle de l'intellect. Avicenne l'avait modifiée en y ajoutant aux sens externes passifs des activités intérieures (la peur, le rire, les pleurs, voire l'éternuement). Les analystes du XXe siècle ont saisi, dans la psyché, deux autres éléments, le sentiment et les émotions, en bâtissant la doctrine de l'inconscient dont ils ont analysé le caractère et les maladies. Ils en ont cherché les explications pour trouver des thérapies qu'ils ont découvertes en revenant à l'astrologie médicale. Celle-ci a donc profité d'un terrain favorable à son retour.

Le grand philosophe Henri Bergson place l'esprit vital et l'intuition au centre de son *Évolution créatrice* et Freud creuse dans les profondeurs de la psyché. C. G. Jung a modifié aussi bien la théorie du rapport entre conscient et inconscient de Sigmund Freud et de ses trois formes dans son livre sur *Le Symbole et l'interprétation des rêves* (1961)[2], que celle de la réduction exclusive des traumatismes à la vie sexuelle, en étendant à l'univers entier l'archétype de l'inconscient. Il le conçoit comme un modèle d'instincts préformés (des archétypes astrologiques)[3]. Se rapportant aussi à l'inconscient de Carl Gustav Jung, une théorie semblable s'est diffusée en Angleterre et aux États-Unis[4] selon des orientations différentes. Dane Rudhyar (1895-1985) a ainsi énoncé une théorie de l'Astrologie de la personne ou Astropsychologie, à la lumière d'une psychologie profonde en tant que sémiologie astronomique définissant les individus par la force correspondant à leurs planètes, ressortant

1. Pierre-Simon de Laplace, *Exposition du Système du Monde,* Paris, Bachelier, 1933.

2. C. G. Jung, *Symbole und Traumdeutung. Eine erster Zugang zum Unbewussten,* Olten, Walter Verlag, 1981, trad. fr. *L'homme et ses symboles*, Paris, Robert Laffont, 2002.

3. La maladie naît du manque de collaboration de la conscience avec l'inconscient. Jung écrit que les archétypes créent de nombreux mythes religieux, philosophiques et astrologiques, qui laissent leur empreinte sur des peuples et des nations entières. Il identifie le mythe archétypal le plus adapté à sa théorie dans le signe du Scorpion qui est le signe de l'inconscient conçu comme énergie vitale (*libido*) (l'archétype universel développé aussi par l'analyste Luigi Aurigemma dans *Le signe zodiacal du Scorpion dans la tradition occidentale de l'Antiquité gréco-latine à la Renaissance*, Paris/la Haye, Édition Moulon/ÉPHÉ Civilisation et Société, 1976). Ces archétypes peuvent être une sorte de thérapie psychique pour les souffrances qui affligent l'humanité – la faim, la guerre, la maladie, la mort.

4. L. Green, *An astrological guide to living with others on a small planet*, Wellingbourough (Northamptonshire), Thorson Publishing Groups, 1986 ; M. Birabail, *Les cinquante mots-clefs de l'ésotérisme*, Toulouse, Édition Privat, 1981.

par les deux Zodiaques, le Tropical gréco-romain-hellénistique, et le Sidéral hermétique-oriental [1], en la modifiant aussi en un sens individualiste.

De l'impact de quelques études statistiques d'astrologie « scientifique » de Paul Choisnard [2] et de Michel Gauquelin concernant un panel de 2000 horoscopes des personnages de haut rang social entre 1949 et 1973, ressortit le principe de la correspondance astrale entre le microcosme et le macrocosme. L'astrologie psychanalytique a inscrit l'univers à l'intérieur de la psychè humaine dans la mesure où se reflète dans notre créativité psychique l'analogie entre les deux entités – microcosme et macrocosme – permettant à l'analyste l'idée de cette assimilation de l'inconnu au connu, prêtant à l'inconnu la structure du connu. L'idée que des profondeurs ancestrales de l'âme collective, qui est « anthropo-cosmologique », se joignent le microcosme et le microcosme selon un principe holistique du monde, l'un-tout (le secret de la *Table smaragdine* médiévale) [3] est d'origine jungienne. Elle est partagée par A. Barbault [4] dans le livre *De la psychanalyse à l'astrologie* (1975), en tant que phénoménologie psycho-astrologique où l'inconscient est le royaume du phénomène astrologique.

1. D. Rudhyar, *The astrology of personality. A reinterpretation on astrological concepts and ideals in Terms of contemporary psychology and philosophy*, New York, Doubleday, 1970.
2. P. Choisnard, *Calcul de probabilité appliqué à l'astrologie*, Paris, Charconne, 1914.
3. Voir, à ce propos *Le Moyen Âge magique, op. cit.*, p. 54-55.
4. A. Barbault, *De la psychanalyse à l'astrologie*, Paris, Seuil, 1975.

CONCLUSION

« Astrologie » et « Moyen Âge » : ces deux expressions s'associent naturellement, auxquelles on peut adjoindre aussi le terme de « science ».

Cet âge moyen (*aetas media*), selon l'expression née sous la plume de l'historien Christoph Keller (*Christophorus Cellarius*) dans son œuvre *Historia medii aevi* (1688), est-il un espace sans histoire ? Une durée qui trouverait sa limite et son terme avec l'avènement d'un âge de l'Antiquité renouvelée et des nouvelles Lumières de la raison, grâce aux humanistes italiens du XVe siècle et jusqu'aux Encyclopédistes du XVIIIe siècle ? Aux XVIIe et XVIIIe siècles, les philosophes portèrent des jugements impitoyables sur le Moyen Âge, qu'ils définissaient comme une longue préhistoire où l'on ne distingue rien, sorte de Purgatoire de la raison et d'oubli de la science. La physique de la nature des Anciens fut remplacée dans presque toute l'Europe par la Scolastique des philosophes aristotéliciens chrétiens. La culture médiévale se déterminait en fonction de ses notions de Dieu, du ciel, de l'homme, de l'univers et des rapports qu'elle entretient avec eux. Les temps modernes mirent donc en doute toute crédibilité de ce temps perdu, oublieux de la raison, une période stationnaire de la science. Il fallait revenir, une fois les lacunes des siècles médiévaux reconnues, à l'exigence de spécifier avec précision la connaissance de l'univers, du ciel, de la terre, de l'homme. Cependant, cette connaissance s'élabora sous la forme de la physique astronomique grecque de Ptolémée, des traductions de ces textes et de leurs commentaires. Les médiévaux l'enrichirent des élaborations de grandes mathématiques arabes, qu'ils accordèrent à la vision métaphysique du monde d'Aristote. On développa alors deux modèles de science dont celle d'Aristote fut dominante tant que la mentalité religieuse de ces siècles aspirait à l'éternité et non à la connaissance des événements accidentels du monde – ce que visait au contraire l'astronomie astrologique, théorique et pratique, de Ptolémée.

Le chemin de ce savoir fut donc complexe, tortueux, mouvementé. En traversant des domaines très divers, l'astrologie provoqua des rencontres fructueuses, donnant ainsi naissance à la mathématique arabo-latine de l'école des traducteurs de Tolède au XIIe siècle. La société de ces siècles de rois, de papes et d'empereurs en découvrit l'utilité et l'intérêt. L'astrologie fut employée en médecine, appliquée aux soins de la santé et utilisée pour prévoir les épidémies ou les phénomènes météorologiques majeurs.

Cette astrologie se nourrissait aussi de savoirs souterrains, survivant depuis des paganismes anciens. Ils se manifestaient par les pratiques nécromantiques d'oraisons, d'invocations, de cérémonies aux images des esprits ou à celles des planètes en tant que divinités à prier. Elles furent réfutées et bientôt condamnées dans les procès d'hérésie qui en suivirent.

Puis, lorsque l'homme tourna les yeux vers le ciel, il vit la lumière du soleil et de la lune ; il fit de nouvelles découvertes qui transformèrent la modeste robe de la vielle Dame géocentrique en la veste resplendissante de la Dame héliocentrique.

BIBLIOGRAPHIE

ABRAHAM IBN EZRA (AVENARE), *Liber sapientie*, translatio Petri de Abano, Venetiis, Liechtenstein, 1507.

ABRAHAM SAVOSARDA (SAVOSURDA) BAR HIYYA (BAR CHIJJA), *Liber revelatoris* (*Meghillat a Megallet*), ms., Lipsia, Biblioteca Universitaria, lat 1452; ms., Wolfenbuettel, Herzog August Bibliothek, lat. 479; trad. esp. M. Vallicrosa M. J., *La obra enciclopedica di R. Abrha bar Hiyya*, dans *Estudios sobre Historia de la Ciencia Española*, Barcellona, C. S. I. C., 1949, p. 219-262

ACKERMANN SMOLLER L., *History, Prophecy and the Stars, The Christian Astrology of Pierre d'Ailly*, Princeton, The Princeton UP, 1934.

AL-BÎRÛNÎ, *The Book of Instructions in the Elements of the Arts of Astrology*, trad. angl. R. Ramsay Wright, London, Kessinger Publishing, 1934.

ALBERTO MAGNO, *Speculum astronomiae*, éd. S. Caroti, M. Pereira, S. Caroti, P. Zambelli, Pisa, Domus Galelaeana, 1977; nouv. éd.: *De « Speculum astronomiae » and its Enigma*, texte latin, trad. angl. P. Zambelli, Ch. Burnett, K. Yamamoto, Dordrecht, Boston, 2 vol., 1992.

ALBUMASAR, *De magnis coniunctionibus*, dans *Introductorius maius*, Augusta, E. Ratdolt, 1485; Lemay R. ed., *Opera*, textes latin et arabe, Napoli, Istituto Universitario Orientale, 1995-1999, 9 vol.

AL-FARGHANI, *De scientia astrorum*, ou *XXX Differentie*, éd. R. Campani, Città di Castello, Ed. Citta di Castello, 1910.

ALPHONSE X, *Libros del Saber de astronomia del Roy don Alfonso X de Castilla*, ed. M. Rico y Sinobas, 5 vol., Madrid, 1863-1867.

ALHAZAN MUHAMMAD IBN AL-HAYTHAM, *De li aspecti (Liber Alacen in scientia perspectiva)*, éd. G. Federici Vescovini dans « Le *De li aspecti* d'un manuscrit du Vatican (moitié du XIVe siècle) et le *Troisième Commentaire de l'optique* de Lorenzo Ghiberti », *Arabic Sciences and Philosophy*, 8, 1998, p. 67-97.

– *De mundo, Tractato de astronomia en traduccion Latina desconosciuta*, ed. J. Millas Vallicrosa, dans *Oes traduccciones orientales en los manuscriptos de la Biblioteca Catedral de Toledo*, Madrid, Ed. de la Catédral, 1942, Appendix II.

AL-ASAN (MUHAMMAD) IBN AL-HAYTHAM, « The Configuration of the Universe », and a Book of al-Hasan Ibn al Haytham, ed. R. Rashed, *Revue d'histoire des sciences*, 60, 2007, p. 47-63.

ALKABISE, *Liber introductorius*, Venise, Erhard Ratdolt, 1482 ; F. Carmody (ed.), *Arabic Astronomical Astrological Sciences in Latin Translation, a critical biobliography*, Berkeley-Los Angeles, University of California Press, 1956, p. 1-144.

AL-KINDÎ, *Trois Épitres*, ed. D. L. Vaglieri, G. Celentano, *Istituto Orientale di Napoli*, 34, 1974, p. 523-562.

– *De aspectibus*, dans R. Rashed, J. Biard (éd.), *Les doctrines de la science, de l'Antiquité à l'âge classique*, Leuven, Peeters, 1999.

ANTOINE DE MONTOLMO, *De occultis et manifestis*, éd. N. Weil-Parot, dans *Hermétisme*, Turnhout, Brepols, 2004, p. 545-586.

ARFÉ P., « L' "Ars geomantie" di Ugo di Santalla », texte et trad. A. Palazzo, I. Zavattaro (eds), *Geomancy and Other Forms of Divination*, Firenze, Edizioni del Galluzzo, 2017.

Aristoteles latinus, éd. G. Lacombe, A. Birkenmajer, Bruges/Paris, Brepols/Desclée de Brouwer, 1939-1961 ; nouv. éd. G. Verbeke, J. Brams, Leiden-Boston-Köln, Union Académique Internationale, 1961-2008, 26 vol., en cours.

ARNAUD DE VILLENEUVE, « De tempore adventus Antichristi », dans J. Perarnau (ed.), *Arxiu de Textos Catalans Antics*, 7-8, 1988-1989, p. 67-135.

ARQUATO Antoine, *De eversione Europa (1493-1494)*, avec commentaire, dans E. Garin, *L'età nuova*, Napoli, Morano, 1969, p. 105-111 (texte p. 108-111).

AUGUSTIN RICCI (AUGUSTINUS RICCIUS), *De motu octavae sphaerae*, Paris, Simon Colinaes, 1521.

AVICENNA, *Opera philosophica omnia, Sufficientia*, Venezia, 1508, réimp. Louvain, La Bibliothèque de la Société de Jésus, 1961, fol. 18 r.a.

BELLANTI L., *Responsiones contra Picum*, Firenze, G. de Haerlem, 1498.

BERIOU N., « Pierre de Limoges et la fin des temps », dans *Mélange de l'école française de Rome*, 98, 1986, p. 65-107.

BLAISE DE PARME, *In quodam iudicium anno currente 1386*, dans G. Federici Vescovini, *« Arti » e filosofia, Studi sulla tradizione aristotelica e i « moderni »*, Firenze, Nuova Edizioni Vallecchi, 1981, p. 212-213.

– *Iudicium anno 1386 Bononie*, dans G. Federici Vescovini, *« Arti » e filosofia, Studi sulla tradizione aristotelica e i « moderni »*, Firenze, Nuova Edizioni Vallecchi, 1981, p. 210-212.

– *Iudicium rivolutionis anni 1405*, ms. Parigi, BnP, lat 7443.

– *Questiones de anima*, ed. G. Federici Vescovini, Firenze, Leo Olscki Editore, 1974.

BOLL F., *Spaera, Neue Griechische Texte und Untersuchungen, Geschichte der Sternbilder*, Heidelberg, Universität Bibliothek zur Heidelberg, 1903.

CAMPANUS DE NOVARE, *De theorica planetarum Gerardi*, introd. et trad. angl. G. J. Benjamin, F. S. Toomer, Madison (Milwaukee)-London, The University of Wisconsin Press, 1971.

CARBONE L., *Facezie*, Livorno, Salsa Editore, 1900.

CARDANO G., *De iudicis astrorum* in *Cardano e la tradizione dei saperi*, ed. M. Baldi, G. Canziani, Milano, Franco Angeli, 2003, vol. II.

CASPAR PEUCER, *Commentarius de praecipuis divinationum generibus*, Francoforte, 1646.

CECCO D'ASCOLI (Francesco Stabili), *De sphaera mundi mundi enarratio*, Venezia, Simone Pavese, 1499 ; Venezia, Ottaviano Scoto, 1518.

– *L'Acerba* [1927], éd. A. Crespi, Milano, La vita felice, 2011.

– *Chartularium de l'Université de Montpellier (1181-1400)*, éd. A. Germai, Montpellier, Université de Montpellier, vol. I, 1890.

– *Chartularium Universitatis Parisiensis*, I, Paris, 1888, n. 184.

CHEYSSAC M. M., *Reproduction des Fresques de la Crypte de Saint-Bonnet-le-Chateaux*, Lyon, Helio Lescuyer, 1959.

CHRISTOPH CLAVIUS, *In sphaeram Iohannis de Sacrobosco commentarius,* Romae, Ex. Officina Dominici Basel, 1591.

COLUCCIO SALUTATI, *De fato et fortuna*, ed. C. Bianca, Firenze, Olschki, 1985.

– *De nobilitate legum et medicinae*, texte latin, éd. H. Barton Gerl, introd. E. Grassi, München-Wiesbaden, Fink Verlag, 1990

CORNELIUS AGRIPPA, *De occulta philosophia libri tres*, ed. V. Perrone Compagni, Leiden-New York-Köln, Brill, 1992.

COTTE R., « La symbolique de Saint-Bonnet-le-Château », dans M. M. Cheyssac, *Reproduction des Fresques de la Crypte de Saint Bonnet Le Château*, Lyon, Helio Lescuyer, 1959, p. 24-29.

D'ALVERNY M. Th., « Dante et les astrologues de son temps », *Bulletin de la Société d'Étude Dantesque du Centre Universitaire Méditerranéen,* XIX, 1970, p. 3-15.

DANTE ALIGHIERI, *La divina commedia*, testo critico secondo i più antichi manoscritti fiorentini, ed. A. Lanza, Anzio, De Rubeis, 1995 ; trad. fr. A. Pézard, *Œuvres complètes*, Paris, Gallimard, 1965.

DE NEMORE JOURDAIN, *De numeris datis (circa 1225)*, texte, trad. angl. B. B. Hughes, Berkely-Los Angeles, California UP, 1981.

DE BOULANVILLIERS Henri, *Astrologie mondiale*, éd. R. Simon, Garches, Éditions du Nouvel Humanisme, 1949.

DE LAPLACE Pierre-Simon (Marquis), *Exposition du Système du Monde,* Paris, Bachelier, 1933.

DE ROSSI GIAMBERNARDO BATTISTA, *Della vana aspettazione degli Ebrei del loro Messia Trattato* (dedicato a Vittorio Amedeo II), Roma, 1773.

De vetula (*The peudo-ovidian*), texte, introd. et notes D. M. Robathan, Amsterdam, Hakkert, 1968.

DELASSUS R., *De officio medici sive de vita clarissimi viri Domini Francisci Sanchez,* dans F. Sanchez, *Opera medica*, Tolosa, 1636.

DIDEROT D., *Encyclopédie ou Dictionnaire*, Paris, Briasson, David Le Breton, Durand, vol. I, 1751.

DOMINIQUE GONDISALVI, « De ortu scientiarum translatio Scoti », dans C. Beaumker (Hrsg.), *Beiträge zur Geschichte der Philosophie des Mittelalters*, XIX, 1916, p. 17-22.

– *De scientiis*, ed. M. A. Alonso, Madrid-Granada, CSIC, 1954.

ENGEL J., *Astrolabium planum in tabulis ascendens continens, equationes domorum, nec non horas ineguales pro quolibet climate mundi,* dans R. Haage, « Eine Handschriftenfunde zum *Astrolabium planum* des Petrus de Abano », *Litterae ignotae*, 50, 1977, p. 87-. 105.

EVRART DE CONTY, *Les* problemata *par Evrart de Conty*, éd. Fr. Guichard-Tesson, M. Guyen, G. Duma, « Partie I », avec la coll. de A. Bloem, Paris, Honoré Champion, 2021.

FRANCESCO PETRARCA, « Invectiva contra Eum », dans G. Martellotti *et al.* (a cura di), *Prose*, Milano, Ricciardi, 1955, p. 798-800.

FREUDENTHAL G., « Levi ben Gershom as a Scientist : Physic, Astrology and Eschatology », *Science in the medieval Hebreuw and Arabic Tradition*, Ashgate, Variorum Reprint, 2005, t. VI, p. 65-72.

FUBINI F., « Umanesimo e secolarizzazione. Da Petrarca a Valla », *Rivista storica italiana*, 54, 1992, p. 581-585.

GALEOTTO MARZIO DE NARNI, *De doctrina promiscua*, cap. V, ms. Florence, Bibl. Laur., ms. Plut 52,18, f°. 33v.

- *Chyromantia perfecta*, ed. M. Frezza, Napoli, Pironti, 1954.

- *Della varia dottrina promiscua*, ed. M. Frezza, Napoli, Pironti, 1949.

GARFAGNINI G. C. « Questa è la terra tua », *Savonarola a Firenze*, Firenze, Sismel/Ed. del Galluzzo, 2000.

GARIN E., « Il pronostico dell'Arquato sulla distruzione dell'Europa », dans *L'età nuova*, Napoli, Morano, 1969.

GHIBERTI L., *Le fonti ottiche medievali del Commentario terzo di Lorenzo Ghiberti*, dans G. Federici Vescovini (a cura di), *Lorenzo Ghiberti nel suo tempo, Atti del convegno internazionale di Studi, Firenze 18-21 ottobre 1978*, vol. II, Firenze, Leo Olschki, 1980, p. 349-387.

GIOVANNI GIANFRANCESCO PIC, *L'opera e la fortuna di due studenti ferraresi, Atti del Convegno dell'Unversità du Ferrara*, ed. P. Castelli, Firenze, Olschki, 1998.

GIUNTINI F., *Speculum astrologiae*, Lyon, 1581.

GRIGNASCHI A., « La diffusione del "Secretum secretorum" (*Sirr al-'asrar*) nell'Europa occidentale », *Archives d'histoire doctrinale* et *littéraire du Moyen Âge*, 47, 1980, p. 7-70.

GUIGONIS DE CAULHICO (GUY DE CHAULIC), *Inventarium sive chirurgia magna*, 2 vol., ed. M. R. McVaugh, Leiden, Brill, 1997.

Hermetism from Late Antiquity to Humanism, ed. P. Pucentini, V. Parri, Perrone Compagni, Turnout, Brepols, 2004.

HIEROZ J. (éd.), *L'astrologie mondiale et metéreorologique de Morin de Villefranche*, Paris, Leymarie, 1946.

HISSETTE R. (éd.), *Enquête sur les 219 articles condamnés à Paris le 7 mars 1277*, Louvain/Paris, Publications Universitaires/Vander-Oyez, 1977.

HÜBNER V., « Zodiacus christianus », *Beiträge zur classischen Philologie*, 144, 1982, p. 385-420.

HUGONNARD-ROCHE H., « La classification des sciences de *Gundissalinus* et l'influence d'Avicenne », dans J. Jolivet, R. Rashed (éd.), *Études sur Avicenne*, Paris, Les Belles Lettres, 1984, p. 41-75.

ILDEGARDA DI BINGEN, *Il Libro della opera divina*, ed. M. Pereira, Vercelli, Gabrielli Editore, 2017.

ISRAELI I., « De definitionibus », éd. J.-J. Muckle, *Archives d'histoire doctrinale et littéraire du Moyen Âge*, IX, 1937, p. 299-344.

GEBER, *De astronomia libri IX*, incunable, Nuremberg, Giovanni Petreio, 1541.

JACQUART D., « Médecine et astrologie à Paris dans la première moitié du XIVe siècle », dans G. Federici Vescovini (a cura di), *Filosofia, scienza e astrologia nel Trecento europeo*, Padova, Il Poligrafo, 1992, p. 121-135.

JOHANNIS DE DONDIS, « *Astrarium* », Fac-simile du ms. et trad. fr. E. Poulle, Padova/Paris, Edizioni 1+1/Les Belles Lettres, 2 vol., 1988.

JOLIVET J., « Classification des sciences arabes et médiévales », dans R. Rashed, J. Biard (éd.), *Les doctrines de la science de l'Antiquité à l'âge classique*, Leuven, Peeters, 1999, p. 211-236.

JONES A., *Portable Cosmos, The Antikythera Mechanism*, New York, Springer Publishing Company, 2007.

JUNG C. G., *Symbole und Traumdeutung. Eine erster Zugang zum Unbewussten*, Olten, Walter Verlag, 1981.

KIBRE P., « "Astronomia" or "Astrologia" Ypocratis », dans *Science and History Studies in honor of Edward Rosen*, Krakow, Ossolineum, 1978, p. 133-155.

KILWARDBY R. (O.P.), *De ortu scientiarum*, ed. A. G Jud (O.P.), Toronto, The Pontifical Institute of Mediaeval Studies, 1976.

L'Université de Médecine de Montpellier et son rayonnement. Actes du colloque international de Montpellier, 17-19 mai 2001, éd. D. Le Bléver, Turnhout, Brepols, 2004.

La scienza della fisiognomia tolta il Segreto de segreti attribuito ad Aristotele traslato in volgare, texte latin et éd. G. Cesena, Livorno, Tipografia F. Vico, 1876 ; *Le Livre de Psaumes illustré,* New York/Paris, Black Dog Publishing-Hachette/Édition du Chêne, 2005.

LE COC A.-M., « D'après Pigghe, Nifo et Lucien. Le rhétoriqueur Jean Thénaud et le déluge à la Cour de France », dans P. Zambelli (éd.), *Astrologi Hallucinati,* Berlin-New York, De Gruyter, 1986, p. 215-237.

LEOPOLDO D'AUSTRIA, *De scientia astrorum*, Augsburg, 1489.

« *Liber tabularum Arzekel Hispani,* (*Tables tolédanes*) *réformées des astronomes d'Alphonse X de Castille au milieu du* XIIIe *siècle* », dans A. Birkenmajer, *La Bibliothèque de Richard de Fournival, Études d'histoire des sciences et de la philosophie au Moyen Âge* [1970], Krakow, Ossolineum, 1930 (2e éd.), p. 174-215.

LÉVI-PROVENÇAL E., histoire de l'Espagne musulmane, 3 vol., Paris, Maisonneuve et Larose, 1950.

LINGBOURG Jean et Paul, *Les très riches heures de Jean de Berry* (circa 1417), Chantilly, Musée de Condé.

LITT T., *Les corps célestes dans l'univers de saint Thomas d'Aquin*, Louvain, Éditions Universitaires, 1963.

Livres des Images, ed. F. Carmody, Berkeley-Los Angeles, University of California Press, 1960.

LORENZO DE MEDICI, *Canzoniere,* ed. P. Orvieto, Milano, Mondadori, 1984.

LUCENTINI P., PARRI I., PERRONE COMPAGNI V. (eds), *Hermetic from Late Antiquity to Humanism*, Turnhout, Brepols, 2003.

MADKOUR J., « La physique d'Aristote dans le monde arabe », dans *Les arts libéraux au Moyen Âge.* Actes *du* IVe *Congrès International de Philosophie Médiévale*, 31 août-5 septembre 1964, Milano, Vita e Pensiero, 1966, p. 219-228.

MANSION A., *Introduction à la physique aristotélicienne*, Leuven/Paris, Peeters/Vrin, 1945 (2e éd.).

MARIN M., *Espagne musulmane d'* « *Al-.Andalus* » *y sus habitante andaluz*, Barcelona, IDOB Ediciones, 2002.

MARROU M. H. I., « Qu'est-ce que l'histoire ? » dans *L'histoire et ses modes*, « Encyclopédie de la Pléiade », Paris, Gallimard, 1961.

MARSILIO FICINO, *Apologia quaedam in qua de medicina, astrologia, vita mundi, item de Magis qui Christum statim salutaverunt*, dans *De triplici vita,* Lione, 1560, trad. it. auteur, Milano, Franco Angeli, 1994.

– *De stella magorum, Praedicationes*, dans *Opera*, Basilea, 1576, vol. I, p. 489-491.

– *Disputatio, in Supplementum ficinianum*, ed. P. O. Kristeller, Firenze, Olschki, 1936, vol. II, p. 12-76.

– *El libro dell'amore*, ed. crit. S. Niccoli, Florence, Olschki, 1987.

– *Enneadi,* dans *Opera omnia*, Bâle, Enricus Petrus, 1576, vol. II, réimp. Torino, Bottega d'Erasmo, 1962.

- *Epistolarum Liber VII*, dans *Opera omnia*, Bâle, Enricus Petrus, 1576, vol. I.
- *Opera*, Basilea, 1576.

MATERNUS JULIUS FIRMICUS, *Matheseos libri septem*, ed. F. Negro, Venezia, Simone Bevilacqua, 1497, dedicacé au Cardinal Ippolito D'Este.

MERLINI F. et BENOIST J., *Après la fin de l'histoire, temps, monde, historicité,* Paris, Vrin, 1998.

MICHAUD-QUANTIN P., « *Universitas* » *expression du mouvement communautaire dans le Moyen Âge latin,* Paris, Vrin, 1970.

MICHELE S., *Liber particularis, Liber physionomie*, Firenze, Ed. del Galluzzo, 2019.

MILLAS-VALLICROSA M. J. (ed.), *La obra enciclopedica di R. Abraham bar Hiyya*, dans *Estudios sobre Historia de la ciencia española*, Barcellona, C.S.I.C., 1949, p. 219-262.

MOREL Ph. (éd.), *L'Art de la Renaissance entre science et magie*, Roma, Académie de France à Rome, 2006.

MORÉLON R., « Tabit b. Qurra and Arab Astronomy in the 9th Century », *Arabic Sciences and Philosophy,* 4, 1994, p. 111-139.

- *Astronomie « physique », astronomie mathématique dans l'astronomie pré-copernicienne,* dans R. Rashed, J. Biard (éd.), *Les doctrines de la science, de l'Antiquité à l'âge classique,* Leuven, Peeters, 1999, p. 105-165.
- *Thabit, œuvres d'astronomie*, Paris, Les Belles Lettres, 1987.

MORIN JEAN BAPTISTE DE VILLEFRANCE, *Astrologia gallica principiis et rationibus proprius stabilita, Astrologia iudiciaria opera et studio*, La Haye, Adrian Viacq, 1661.

- « Ma vie devant les astres » [1660 à Librairie Jean Hunault], trad. fr. J. Hieroz, *Cahiers astrologiques*, 1943.

NAGY A. (Hrsg.), « Die philosophischen Abhandlungen des Ja'qub ben ishaq Al-Kindî », *Beiträge zur Geschichte der Philosophie des Mittelalters*, II/5, 2013.

NALLINO C. A., *Al-Battânî sive Albateni Opus astronomicum latine versum adnotationibus instructum*, 2 vol., Milano, Pubblicazioni del R. Osservatorio di Brera, 1903-1907.

NAMER E., *Documents sur la vie de Jules César Vanini de Taurisano*, Bari, Adriatica, 1965.

NARDI B., *IL problema della verità. Soggetto e oggetto del conoscere nella filosofia antica e medievale*, Roma, Edizioni di storia e letteratura, 1960.

NAUDÉ GABRIEL, *Apologie pour tous les grands personnages qui ont été faussement soupçonnés de magie*, Paris, 1625.

NICOLAS COPERNIC, *Les révolutions des orbes célestes*, éd. A. Koyré, Paris, Alcan, 1934.

NICOLA CUSANO, *Gli esperimenti di statica, I Dialoghi dell'Idiota*, trad. it. G. Federici Vescovini, Firenze, Olschki, 2003, p. 95-96 ; trad. fr. H. Pasqua, *Opuscules* (*1440-1447, 1459*), Rennes, Centre de Recherche de l'Institut Catholique de Rennes, 2011.

- *La congettura sulla fine del mondo*, trad. it. G. Federici Vescovini, *La pace della fede e altri testi*, Firenze, Ed. Cultura della Pace, 1993, p. 69-82
- *Ubi est qui natus est Rex Judaeorum*, in *Cusanus Texte*, I, *Predigten*, 2/5, hrsg. v. J. Koch, Heidelberg, Meiner, 1937, p. 84-86.

NICOLA ORESME, *De commensurabilitate et incommensurabilitate motuum caelestium*, Madison, Univ. of Wisconsin Press, 1971.

- *Quaestiones super de generatione et corruptione*, ed. S. Caroti, München, Akademie der Wissenschaften, 1996.

Nicole Oresme and his « De proportionibus proportionum » and « Ad pauca respicientes », ed. E Grant, Madison, Univ. of Wisconsin Press, 1966.

NORTH J., « Roger Bacon and the Saracen », *dans* G. Federici Vescovini (a cura di), *Filosofia e scienza classica arabo-latina medievale e l'età moderna*, Louvain-la-Neuve, FIDEM, 1999, p. 120-160.

- « The Western calendar… four Centuries of discontent », dans G. V. Cogne *et al.* (eds), *Gregorian Reforme of the Calendar*, Città del Vaticano, Specula Vaticana, 1983, p. 75-111.

NOSTRADAMUS, *Les premières Centuries ou Prophéties*, éd. Macé Bonhomme, Lyon, 1555.

- *Édition et Commentaire de l'Epître à Césare de 335 premiers quatrains*, éd. Pierre Brind'Amour, Genève, Droz 1996.

- *Les Prophéties* (*Centuries* VIII-IX-X), 1555 et 1557, éditions photostatiques, Paris, Michel Chomarat, 1983.

- *Settimo millennio*, éd. L. Sanpietro, Casale Monferrato Piemme, 1999.

- *Nostradamus, ses origines, sa vie, son œuvre*, éd. Edgar Leroy, Bergerac, Trillaud, 1979.

PALAZZO A., ZAVATTARO I. (eds), *Geomancy and Other Forms of Divination*, Firenze, Edizioni del Galluzzo, 2017.

PALTOW J., *The Arts Course at Medieval Universities*, Urbana, Urbana-Champaign University Pess, 1910.

PEDERSEN O., *A Survey of the Almagest*, Hauniae, Odense University Press, 1974.

- « The "Teorica planetarum" and its Progeny », dans G. Federici Vescovini, F. Barocelli (a cura di), *Filosofia, scienza e astrologia*, introd. R. Klibansky, Padova, Il Poligrafo, 1992, p. 53-78.

PELZER F., « Die Quaestio Heinrichs von Harclay über die zweite Ankunft Christi und die Erwartung des baldigen Weltendes zu Anfang des XIV. Jahrhundert », *Archivio italiano per la storia della Pietà*, 4, 1948, p. 27-82 et texte p. 53-83.

PICATRIX, A *medieval treatise on astral magic*, ed. D. Pingree, London, The Warburg Institute, 1987.

PICO GIOVANNI, *Conclusione sive Theses de magia DCCCC* [Roma, 1486], ed. B. Kieszkowski, Genève, Droz, 1973.

- *Disputationes adversus astrologiam divinatricem* [Bologna, 1496], ed. E. Garin, Firenze, Leo Olschki, 1942, 1946, 1952 ; reimp. Torino, Nino Aragno, 2004.

PIERRE D'AILLY, *Questions sur les Sentences*, Paris, s.d.

PIERRE DE LIMOGES, *Iudei feriant in sabbato*, dans Pietro d'Abano, *Lucidator dubitabilium astronomiae*, ed. G. Federici Vescovini, Padova, Esedra, 1992 (2e éd.).

PIETRO D'ABANO, *Lucidator dubitabilium astronomiae, diff. [mot entier] V, Petri Apiani Instrumentum sinuum*, dans G. Federici Vescovini, *Trattati di astronomia*, Padova, Esedra, 1992 (2 ^e^ éd.).

POMPEO FARACOVI O., *Gli oroscopi di Cristo*, Venezia, Marsilio, 1999.

POULLE E., *Les sources astronomique, Textes, Tables, Instruments*, Turnhout, Brepols, 1981.

- « De astronomia Alphonsi Regis », dans *Acta del Simposio sobre Astronomia Alfonsi*, Barcellona, Universidad de Barcelona, 1987, p. 51-70.

- « Oroscopes princiers des XIVe et XVe siècles », dans *Astronomie planétaire au Moyen Âge latin*, Aldershot, Ashgate, 1996, p. VIII.

PRUCKNER H. (Hrsg.), « Studien zu den astrologischen Schriften des Heinrich von Langenstein », *Studien des Bibliothek Warburg*, XIV, 1933, p. 89-139.

Ptolomaeus Claudius, *Almageste*, texte arabe P. Kunitzsch, *Der Almagest, Die Syntaxis matematica des Claudius Ptolomaeus in arabic-lateinischer Überlieferung*, Wiesbaden, Otto Harrassowitz, 1974.

– *Quadripartitus Terabriblos* (texte grec), trad. it. S. Feraboli, Milano, Fondazione Lorenzo Valla, 1983 ; trad. fr. A. Barbault, *Quadripartite*, Paris, Le Club du Livre, 1972.

– *Opera III*, éd. E. Boer, Leipzig, 1961.

Rabelais François, *Le tiers livre* [1895], éd. crit. A. Lefranc, vol. V, Paris, Champion, 1931.

Regiomontano Giovanni, (Johannes Müller), *De iudiciis nativitatum liber praeclarissimu*, Nuremberg apud Joannem Petreium, 1540.

– *Editio Al-Battânî Opus*, Nuremberg, 1537, réimpr. Bologne, 1615.

– *Oratio habita in Prelectione Al-Farghani* o *Rudimenta astronomica Al-FarghaniElementa astronomie*, Nuremberg, 1537.

Roger Bacon, *Opera hactenus inedita*, ed. R. Steele *et al.*, fascicolo 16, Oxford, OUP, 1905-1940, p. 8-9 et p. 42-50.

– *Moralis philosophia*, ed. E. Massa, F. Delorme, Zurich, Thesaurus Mundi, 1953.

– *Opus maius*, ed. R. Burke, Firenze, Quaracchi, 1909.

– *Un fragment inédit de l'Opus tertium*, éd. P. Duhem, Firenze, Quaracchi, 1909.

Rubino E. et S. Pagani, *Il* « De mineralibus di Avicenna » traduit d'Alfredo de Shareshil, *Bulletin de philosophie médiévale*, 58, 2016, p. 87.

Rudhyar D., *The astrology of personality. A reinterpretation on astrological concepts and ideals in terms of contemporary psychology and philosophy*, New York, Doubleday, 1970.

Rutkin H. D., « Astrology and Magic », dans *Astrology and Magic, A Companion to Albert le Grand*, Leiden, Brill, 2012, p. 451-505.

Sadan (Abu Sa'id Shadan b. Bahr), « Una versio latina des "Excerpta de secretis Albumasar" di Sadan », *Archives d'histoire doctrinale et littéraire du Moyen âge*, 65, 1998, p. 273-330.

Samec Ludovici S., *Il « De sphaera » estense e l'iconografia astrologica*, Milano, Martello Editore, 1958.

Sanchez F., *Opera medica*, Tolosa, 1636.

Sasportas H., *The Good of Change*, London, Arkana, 1989.

Savonarola Gerolamo, *Contro l'astrologia divinatoria*, Firenze, 1497 (IGI, 8787).

Savonarola Michele, *Speculum physionomie*, Venise, ms. Biblioteca Marciana, Lat. VI 156 (2672), f. 41ra.

Savosarda Abraham, *Liber revelatoris o de Redemptione Israel* (*Megillat a Megallet*), ed. G. Federici Vescovini, Wolfenbuettel, ms. lat. 479, Lipsia lat. 3472.

– *Una versione Latina medievale dell'opera escatologica di Abrahamo bar Hijja* (*Savosarda*) *Megillat a Megallet* (*Liber quintus*) *de Redenptione Israel* in *Filosofia e cultura*, ed. M. Ciliberto, C. Vasoli, Roma, Editori Riuniti, vol. I, 1991, p. 5-37.

Saxl F., *Lectures*, ed. G. Bing, London, The Warburg Institute, 1957.

– *La fede negli astri*, Torino, Bollati Boringhieri, 1985.

Schmitt B. (ed.), *Francisco Storella and the last Printed edition of the latin Secretum* [*1555*], dans *Pseudo-Aristotle*, « *The Secret of Secrets* ». *Source and Influence*, London, The Warburg Institute, 1982, p. 124-131.

SCHWARTZ D., « La magie astrale dans la pensée juive rationaliste en Provence au XIVe siècle », *Archives d'histoire doctrinale et littéraire du Moyen Âge*, 69, 1994, p. 31-55.

SECRET F., *Les Kabbalistes chrétiens de la Renaissance*, Milano-Neuilly sur Seine, Arché, 1985 (nouv. éd.).

SELA S., « Gersonides'Astrology and Abraham Ibn Ezra », *Aleph, Historical Science and Iudaism*, 17, 2017, p. 291-321.

– « Origins and transmission of Liber Abraham Iudei "De Nativitate", *Revue des Études Juives*, 177/3-4, juillet-décembre 2018, p. 317-352.

– « Pierre d'Abano Translator of Abraham Ibn Ezra's Astrological Writings », *Sefirad*, 79, 2029, p. 7-87.

SWERDLOW N., « The Derivation ad first Draft of Copernicus's Planetary Theory. A Translation of the Commentarious with Commentary », *Proceeding of American Philosophical Society*, 117, 1973, p. 445-450.

TARDIEU M., « Sabiens coraniques et sabéens de Harran », *Journal asiatique*, 274, 1986, p. 1-44.

THÂBIT, *Œuvres d'astronomie*, éd. R. Morelon, Paris, Les Belles Lettres, 1987.

THOMAE BRADWARDINI ARCHIESPISCOPI OLIM CANTAURIENSIS, *De causa Dei contra Pelagium, libri tres*, ed. H. Savile, London, 1618.

THOMAS D'AQUIN, *Summa contra gentiles*, Roma, Editio Leonina, III, 1976.

– *Summa theologiae – De iudicis astrorum*, *Opera omnia,* Romae, Ed. Leonina, 1903, t. XI, pars tertia.

THORNDIKE L., *Latins Treatises on Comets between 1328 and 1368 A.D.*, Chicago, Universiry of Chicago Press, 1950.

– *The Sphere of Sacrobosco and its Commentators*, Chicago, Chicago University Press, 1957.

VANINI GIULIO CESARE, *Amphiteatrum aeternae Providentiae*, Lione, De Harsay, 1615 ; réimp. Lecce, Galatina, 1985.

VAN STEENBERGHEN F., *La philosophie au XIIIe siècle*, Paris-Louvain, Publications universitaires, 1932.

VILLANI GIOVANNI, *Nuova cronica*, ed. G. Porta, Parma, Guanda Editore, 1991 ; réimp. London, Institute University of London, 1958.

WICKERSHEIMER E., *Recueil des plus célèbres entres les astrologues et quelques hommes faits par Symon de Phares du temps de Charles VIII*, publié d'après les manuscrits uniques de la Bibliothèque Nationale, dans *Dictionnaire biographique des médecins en France au Moyen Âge*, Génève, Droz, 1929, p. 157-202.

– *Supplément du Dictionnaire*, éd. D. Jacquart, Génève, Droz, 1979.

INDEX NOMINUM

LITTÉRATURE SECONDAIRE

TABLE DES MATIÈRES

ACHEVÉ D'IMPRIMER
EN SEPTEMBRE 2021
SUR LES PRESSES
DE
L'IMPRIMERIE F. PAILLART
À ABBEVILLE

DÉPÔT LÉGAL : 3e TRIMESTRE 2021
N°. IMP. 16862